上图：内藏一把短剑的十字架。这个刑具可能是用来救赎和杀死一个异教徒，他或许在宗教审判大会上由宗教裁判所官员公开地处决。如果受刑人宣布放弃“错误的信仰”并拥抱十字架，宗教审判官或许会怜悯他，用短剑痛快地杀死他，而不是让他在烈火中缓慢痛苦地死去。

下图：这个简单而精巧的刑具用于残害受刑者的肢体。它可以切割舌头、嘴唇、乳头或者手指关节等。这一制作精良的工具的最早用途，可能是在犹太人割礼仪式中由割礼执行人所使用。

左图：很多人应该对《铁面人》(*The Iron Mask*)中据称是法国国王路易十四的双胞胎兄弟的故事很熟悉。

这个故事的灵感应该（至少部分地）来自于被称作“口钳”或者“羞辱面具”之类的刑具。

上图：这个项圈以及挂在上面的铃铛，会戴在很多被挑出来进行公开羞辱的各色人等的脖子上。无论是一个泼妇还是一个令人讨厌的行会成员，他们的脖子都会被套上这个刑具，然后游街示众，同时受到愤怒民众的鞭笞、殴打或者其他折磨。

左图：羞辱面具（或者更常用的称呼“口钳”）有着各式各样奇特的样式。这种刑具外观的变化部分取决于制作它们的工匠的想象力，部分受到地区差异或者犯罪类型的影响。

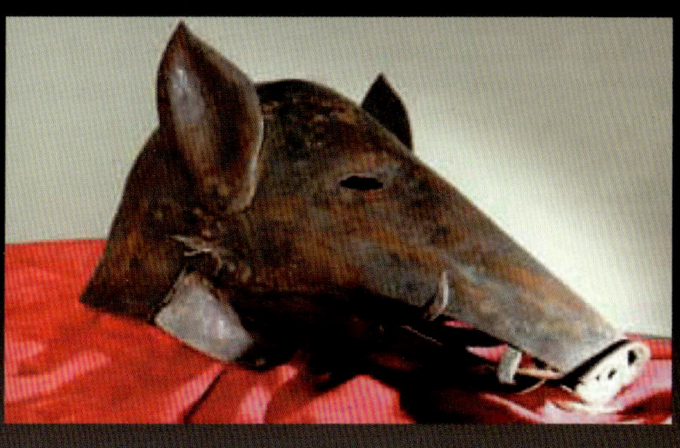

这里显示了五花八门、奇特的口钳。从左上角开始按顺时针方向依次是：一个嘴巴封着的驴面面具；一个野猪头形状的面具；一个形似国王或教皇的面具；一个驴或羊头状的口钳。中间的图片是一张德国明信片，描绘的是一个受到公开羞辱的泼妇，被戴上了“河东狮吼”的口钳。

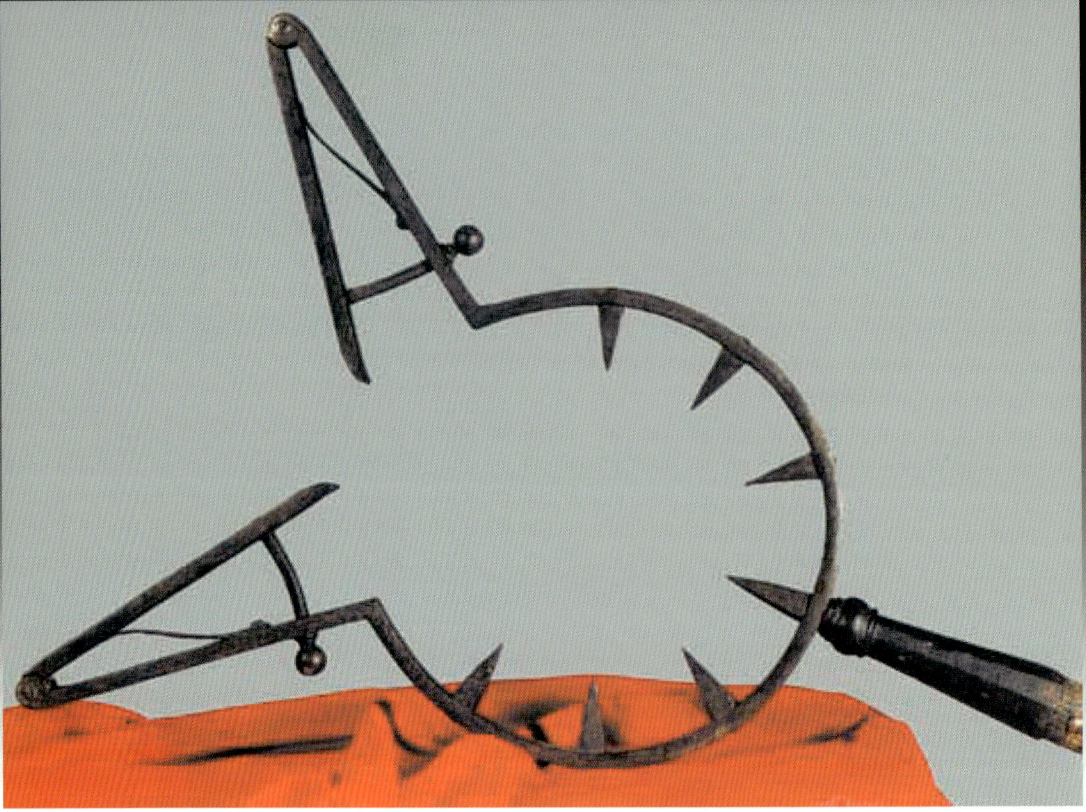

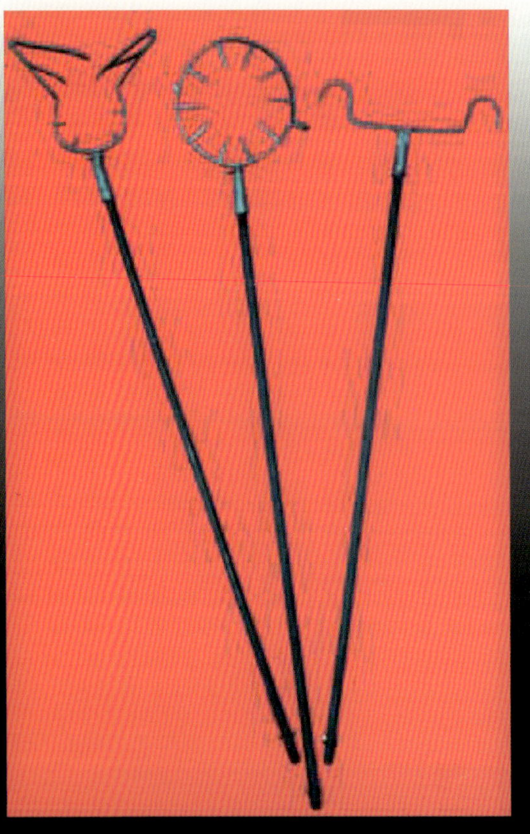

这几个刑具被称作“脖颈捕捉器”（Neck-Catchers），形状各异，目的不一。可用于把囚犯从牢房到酷刑室之间来往押送。也可用于把死囚犯送至刑场，或者押着罪犯游街示众。很显然，罪犯的脖子一旦套上这个刑具，就很难逃脱或者灵便地行动，只能受握杆者的摆布。从本页顶部这幅清晰的图片中，我们不得不佩服这些刑具设计之精巧，它很容易就能卡住罪犯的脖子，令其毫无脱逃的可能。倘若使用这个刑具，不用任何直接的身体接触，也能控制和逼迫受刑人。

这种刑具有一个好似无害的名字“开花梨”，但是实际上这个可怕的刑具非常残忍。机械原理（很清楚地展示在下面两张图中）是转动花纹手柄，令梨的“花瓣”开放，并且只有反转螺母装置才能令其缩回去。把这个“开花梨”插入受害者的阴道或肛门，随后撑开，能够造成很可怕的后果，甚或把其塞入受害者口中，然后打开，直到牙齿碎裂，下巴脱白。它被精心设计和制作成精美巧致的形状，而背后却隐藏着阴暗和邪恶的念头。

这几幅图描绘的是各种不同的束缚器械。在本页右上部，可以看到束缚手腕和脚腕的手铐和脚镣，中间的装置是拇指夹或者指铐。

页中是一个笼头，可以作为一种公开羞辱人的束缚刑具（类似于上文提到的口钳与下文将描述的泼妇笼头）。

在页末是保存完好的两种拇指夹。右上图的那个拇指夹上面有一个铁环，可以连接在束缚器械上，页末的这两个可能是专为施加疼痛而设计的。

三个不同的铁笼。它们更准确地应被称为“吊笼”，尽管这个称呼多少会与绞刑架相混淆，且早期的断头机有时候也称吊笼。无论装载尸体公开示众，还是把活着的受害者锁在里面让其死于暴晒，这类奇观都助长了这些刑具的使用。

吊笼一般是一种司法惩罚，由法官强加在死刑判决中。它通常被用作惩罚叛国者、谋杀犯、公路劫匪和偷羊贼，以此震慑宵小。

这些刑具常常悬挂在公路旁。尽管它的目的是警告他人，但是公众的反应却较复杂。塞缪尔·佩皮斯对这种行动表示厌恶。基督教会反对它的理由是，对罪犯的迫害应在他们死亡之时结束。腐烂尸体的气味和景象令人不快，而且被认为能“引发瘟疫”，是对公共卫生的一种威胁。一些情况下，直到尸体的衣服腐烂，甚至尸体几乎完全腐烂掉，骨头很快会散落时，吊笼才会被取下来。

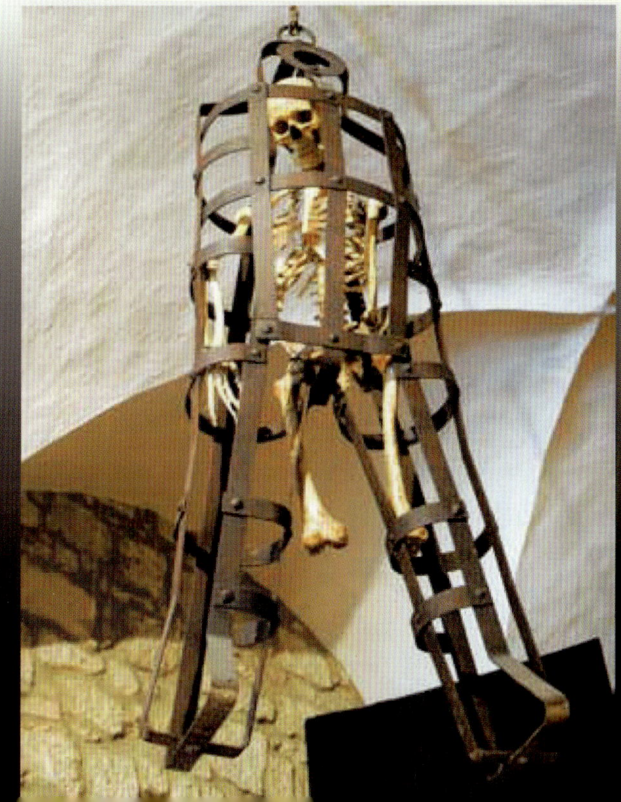

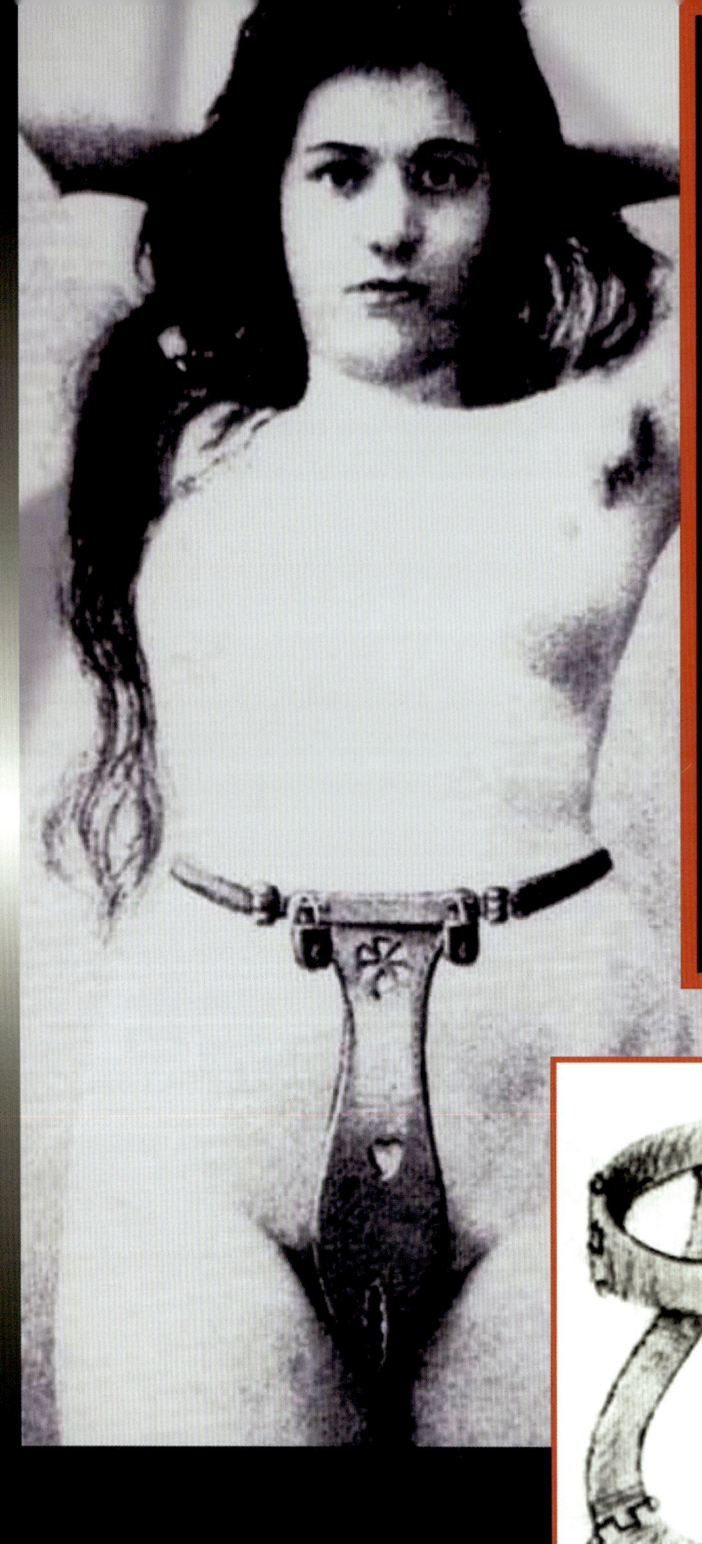

在西方世界中第一次提到贞操带（Chastity Belts），是在康拉德·凯泽尔·冯·埃赫施塔特的《战争防御工事》（*Bellifortis*，公元1400年左右）中，书的主要内容是关于那个时代的军事技术。书中有一幅图（见页末），还附有一句拉丁文：“佛罗伦萨的妇女们就像这样被禁锢在一条沉重的铁带里。”

有关早期贞操带的常见的传说是，它们是那些前往圣地的十字军战士所使用的，以此确保等待他们归来的妻子们的忠诚。这种说法似乎难以令人信服，因为那些早期的贞操带非常令人不舒适，要让她们长时间穿着似乎非常不可能。另一种较为可信的说法是，这些贞操带是妇女们为了免遭强奸而自己要穿的，比如在受到围攻的城市投降的时候。

“贞洁带”(Girdle of Purity)、“处女腰带”(Girdle of Venus)、“佛罗伦萨带”(Florentine Girdle):在这个装置的众多名字中,最为大家熟知的是贞操带。腰带所造成的痛苦比预想的要严重得多。右边这幅图描绘了一种设计形式,它的前面(阴道处)所开的一个孔非常小,为的是可以让人小便,除此之外即使很小的物体都难以进入。但是,上图右边的那个装置,留着一个很大的孔,只是上面布满了非常锋利的铁刺。

上图左边的那个装置是一个完全不同的酷刑刑具,专为女性生理部位设计。这个刑具应被称作“乳房钳”(Breast Ripper)。它既可以作为惩罚工具,也可作为审讯器械。在用作惩罚之用时,它被烧成赤红,烙在未婚生子的妇女的乳房上。在审讯中,它用来穿透和刺破已定罪妇女的裸露的乳房。

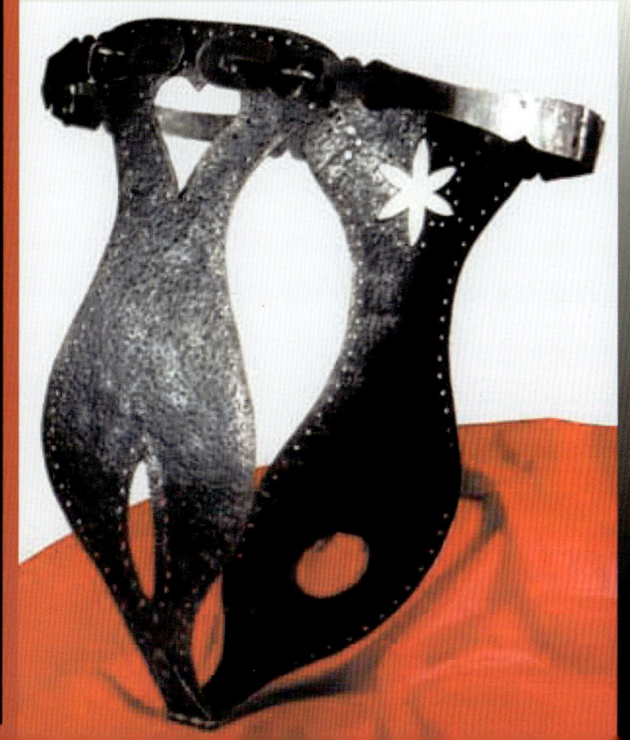

这里有一个相当引人注目的工艺品。贞操带是否被锁在女人们身上，由那些担心她们忠诚的男人们或者为了免遭强奸的妇女们自己决定，这关系到这些装置能否被归入酷刑的类别中。但是，不论你持何种解释，都不能不惊叹它设计之精巧和镀金的工艺水平之高超。

我们可能会把这些当作是遥远时代的野蛮遗物，但是请看以下这个事例：2002 年 4 月，南非开普敦的 Uwe Koetter 珠宝公司完成并交付给一位英国顾客一件镶着钻石和珍珠的贞操带。据报道，它价值 16 万南非兰特，是一位未婚夫为新娘准备的结婚礼物，要在婚礼仪式上穿。

这个装置，有时候被称为“王座”，是一个类似于颈手枷的椅子，目的是固定住受害者的双脚，令其倒立。正如我们在弗朗西斯科·戈雅的这幅图中（页左）看到的，受害者一旦被锁在上面，通常会受到鞭打（请注意该图左边阴影中的行刑人），或者把水灌进他嘴里，令其窒息（图中可以看到一个水罐）。另外，在审讯过程中，会有一个审讯员（中间那个人），还有一个记录受害者所说每句话的书记员。这个刑具受到一些地区的审讯人员的青睐，因为他们的法律只允许对受刑者进行一次酷刑折磨。如果使用这个刑具，他们会宣称，他们只进行了一次折磨——尽管一次可能持续了几周。倘若小心施刑，这种令人痛苦的酷刑不仅是不致命的，而且还不会在受害者身上留下明显的伤痕。

右图：经受这个刑具折磨的囚犯会被牢牢地固定住，然后把它塞入他或她的口中，慢慢拧开。这会导致牙齿碎裂，下颚骨折，最后（如果他们的脸被固定住的话）会损伤脖子后面的颈椎骨。他们不仅受到这一酷刑的折磨，还会被下巴粉碎机折磨一段时间。

上图：这个工具被称作“女巫蜘蛛”（Witch's Spider）和“西班牙蜘蛛”（Spanish Spider）。这些有4个尖爪、剪刀柄的钳子是酷刑室的基本工具。它们，不论是烧得通红还是冰凉的，都能够把受害者钩起来，一般钩住臀部、乳房、腹部，或者头部（通常是用两个尖爪钩进耳朵或眼睛里）。在现在的第三世界国家中，依然可以发现它们的踪影，特别是在对女性的审讯中。

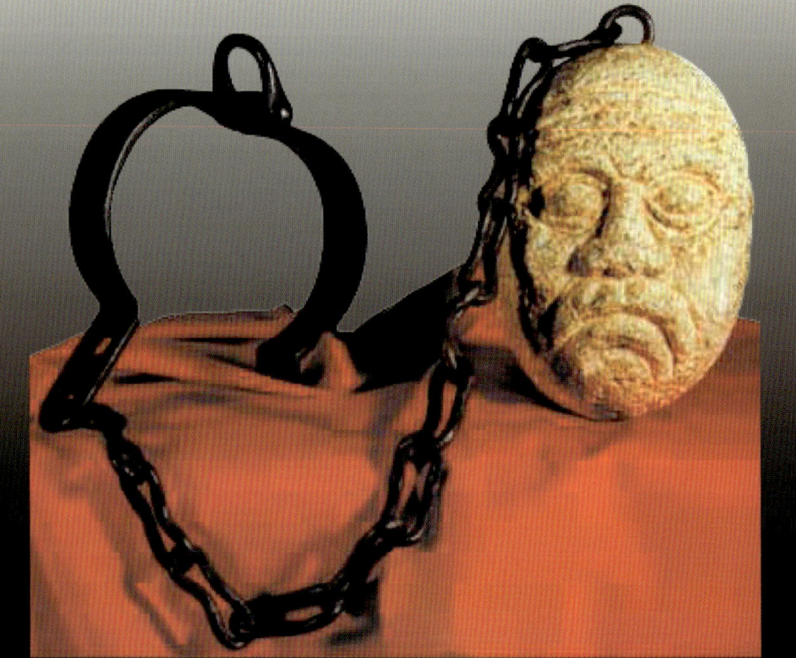

左图：有很多式样的镣铐用来把重物绑在人身上：脚镣、臂铁、腰带以及各种各样的项圈。图中是一个奇特的石球和铁链的组合。被锁进这个铁项圈中的犯人，将被迫长时间携带着这个重物，时间可长达几周、几年甚至整个后半生。这个奇特的石头重达27磅（超过12公斤）。

这个刑具（左上图），每一面都布满了尖钉，它重达11磅（5千克）多，一旦锁绕在受害者的脖子上，能够持续地磨损脖子、肩部和下巴上的肉，直至伤及骨头。感染、生坏疽、化脓以及最后骨头（特别是暴露在外的脊椎）的腐烂，会致人死亡。带刺的项链（右上图）可以导致相似的后果。在右下图中，可以看到一种“戒律带”（Cilice Belt）。虽然施刑人曾经使用它折磨受害者，但更常见的用法是那些苦修者施加在自己身上。不论戴在上身还是绕在大腿或者手臂，内侧布满尖钉（该图中的有222根）的这些刑具曾经且如今依然在一些圈子中受到宗教苦修者的青睐。左下图是一件带刺的外套。它不仅可用作一种惩罚，在一些地区，施刑人和刽子手自己也会穿着这样的衣服；这肯定是为了保护自己，以免遭到受害者的反抗攻击。

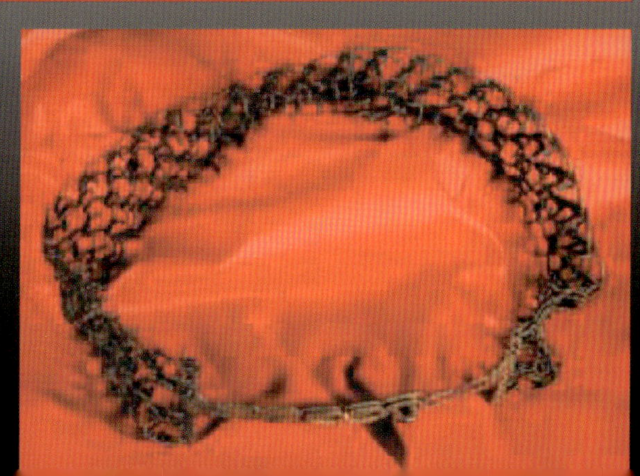

这种钉桶的惩罚相当简单直接。受害者被剥光衣服，然后被强塞进内壁有几百根尖钉的大桶里（就像图中所描绘的）。然后把大桶密封，滚下山，或者在城镇里滚动，甚至被扔进大海，在海浪中颠簸滚动，撞击在海岸上。很明显，经受这种折磨的受害者毫无生还的希望。

其实只要看过了这幅插图，对锯刑就无须赘言。下图中的那个工具通常需要两个人四只手并用，几个世纪里被伐木工和木匠广泛使用。

历史上有很多遭受这种厄运的殉道者，它与在火刑柱上被小火慢慢烧死，或者被反复浸入沸油里相比，可能更痛苦。倒立的姿势使得脑部可以得到充分的氧气，还可以避免失血过快而死亡。在锯至肺部或者心脏之前，受害者一般还有意识。

据圣经《撒母耳记·下》(*Samuel* II）第 12 章第 31 节记载，大卫王屠杀了拉巴城的居民，男人、女人和小孩被用铁锯、铁犁和斧头所杀害，有的还被赶入砖窑里。

锯刑（与斧头和火刑一样）被自认为正义的人们当作一种处决方式，它经常被用来惩罚男性或女性的同性恋者，但主要针对男性。有很多关于这种可怕刑罚的记载，它们存在于西班牙、德意志、法国和意大利——还有很多其他的国家——一直持续至 19 世纪。

上图——卢卡斯·克拉纳赫（Lukas Cranach）于 1548 年创作的一幅木刻画——和下一页的图片清楚地展现了这一酷刑的实施。

THE BIG BOOK OF PAIN

torture & punishment through history

人类酷刑简史

揭秘文明面具下的恐怖人性

［美］马克·P.唐纳利［美］丹尼尔·迪尔◎著　张恒杰◎译

中国友谊出版公司

图书在版编目（CIP）数据

人类酷刑简史 / (美) 马克·P.唐纳利，(美) 丹尼尔·迪尔著；张恒杰译. -- 北京：中国友谊出版公司，2018.2（2020.8重印）

书名原文: The Big Book of Pain : Torture & Punishment Through History

ISBN 978-7-5057-4150-8

Ⅰ. ①人… Ⅱ. ①马… ②丹… ③张… Ⅲ. ①刑罚-法制史-世界 Ⅳ. ①D914.02

中国版本图书馆 CIP 数据核字(2017)第 196390 号

著作权合同登记号　图字：01-2017-8100

书名　**人类酷刑简史**
作者　[美] 马克·P.唐纳利　[美] 丹尼尔·迪尔
译者　张恒杰
出版　中国友谊出版公司
发行　中国友谊出版公司
经销　新华书店
印刷　香河县宏润印刷有限公司
规格　710×1000 毫米　16 开
　　　16.5 印张　32 插页　220 千字
版次　2018 年 2 月第 1 版
印次　2020 年 8 月第 5 次印刷
书号　ISBN 978-7-5057-4150-8
定价　59.00 元
地址　北京市朝阳区西坝河南里 17 号楼
邮编　100028
电话　(010)64678009

往昔犹若一个陌生的国度，那里的人行事与吾辈不同。

——L. P. 哈特利（L.P.Hartley），《幽情密使》（*The Go-Between*）

理智沉睡，恶魔诞生。

——弗朗西斯科·戈雅（Francisco Goya）

这种公开处决方式是一种缓慢的折磨，犯人被迫长时间蜷缩在这个吊笼里，忍受着饥渴、脱水、曝晒，无望地等待着死神的造访。

那些只会欺小凌弱的懦夫，
一遇相抵的对手和些微的痛楚，
总是第一个畏缩。

——伯特兰·罗素（Bertrand Russell）

施刑人是一个无法言喻的魔鬼。你在黑暗中转个弯，就会碰到他。你惴惴不安、行尸走肉，你麻木不仁、了无生气，但终究逃不出他的魔掌。现在轮到你了……

——亨利·米勒（Henry Miller）

序 言

马克·P.唐纳利（Mark P. Donnelly）和丹尼尔·迪尔（Daniel Diehl）合著的《人类酷刑简史》中译本即将付梓，出版社邀请我为之撰写中文导言。本人结合自己掌握的知识，乐意在此谈点阅读感受，以期对中文读者的解读有所裨益。

近半个世纪以来，西方的"通俗史学热"逐渐滥觞、升温，衍生出以满足大众需求为主旨的文字、图像历史叙事。历史学开始走出"青灯黄卷"的"象牙塔"，步入诸多的寻常百姓家。在西方，通俗史学之文字作品常被称之为"叙事史学"，所涉及的范畴十分宽泛，包括文化史、战争史、地方史、科学史、家族史、考古、历史名人传记等方面的内容。从事这类作品写作的人既有新闻记者、民间学者、政治家、戏剧家、小说家，也有研究机构和大学中的专业史家。他们在作品中远离深奥的学理阐发，摈弃枯燥的论证，以浅显简明、生动活泼的方式来书写，赢得大众的倾心关注。这部《人类酷刑简史》正是当代西方通俗史学日益兴起、广泛流播的产儿。

本书的两位作者，正是有着深厚专业学术底蕴的著名的美国"通俗史学"家。马克·P.唐纳利曾在约克大学和牛津大学攻读中世纪考古学博士学位。他不仅勤于治史，出版了多部历史著作，同时更热衷于史学传播的大众化，先后为《历史频道》、《发现频道》、BBC 等制作了近 200 个小时的历史档案类的电视节目。丹尼尔·迪尔是一位有进取心的文化史学者，尤以历史叙事见长。他曾为多个出版社工作，编辑和撰写了关于中世纪家具、美国海盗等不少著作。他自 1995 年以来就一直与马克·P.唐纳利合作，两人不仅协同录制历史类电视节目，还合撰有《邻人相食》(*Eat Thy Neighbour: A History of Cannibalism*)、《伦敦塔传奇》(*Tales From The Tower of London*）和《中世纪庆典》(*Medieval Celebrations*）等著作。这部《人类酷刑简史》的问世，正是他们两人在西方“通俗史学”领域中的新建树。该著自2008年出版以来，声誉鹊起，多次重印，甚至成为美国很多大学“变态心理学”课程的指定读物。

《人类酷刑简史》之所以受到社会大众乃至学术界的广泛青睐，依我之见，主要是在于它在如下几个方面的突出优点：

首先，该著具有宏阔的历史视野和厚重的知识基础。本书以不长的篇幅，比较系统地考察了自古代到20世纪酷刑实施的社会根源和历史嬗变，涵盖了古代东方、古希腊罗马、中世纪西欧、近现代西方以及前近代时期的中国、印度、日本、非洲等国家和地区，列举了历史上五花八门的让人惨不忍睹乃至闻所未闻的酷刑。此外，书中附有很多有关刑具、刑场的插图，如木刻画和照片等，给读者以一种直观逼真的感受，让人读后印象深刻、心有余悸。作者的叙事并未停留在酷刑对受刑人的身体残害和生命终结上，而是更进一步地通过一些特殊酷刑的剖析，揭示了其对受刑人的肆意的精神羞辱与兽性蹂躏，由此给他们的人格和心理带来无以复加的重创。这样的揭露，也给读者带来一种巨大的心灵震撼，让人对酷刑的“兽性”有更深刻的体悟。

其次，该著在叙事过程中，突破了西方学术界长期潜存的文明发展史上所存在的种族、地域上的思想偏见，秉笔直书地进行历史叙事。众所周知，在“西方文化优越”论或“西方文明中心”论的熏陶下，西方人一直都以其“光荣”历史而自豪。古典希腊的民主制，中世纪英国的“大宪章”乃至近代英国革命，清教徒建立北美殖民地，乃至近现代西方社会，都在西方人的笔端下被过度“文明化”。而该著则敢于冲破这样的思想传统，叙述了在这些时期中所存在的西方人对于殖民地人民，西方人对西方人自己的一些非人道的酷刑。该著指出，在西方，酷刑作为一种刑罚手段，一直沿用到18和19世纪。随着启蒙思想渗透到社会的各个方面，刑罚改革的深入，情况才有所改观，流放和监禁逐渐取代了酷刑。不过酷刑还是时有出现。笔端所指，不仅希特勒法西斯主义受到批判，而且美国在“9·11事件”后的反恐行动也受到责难。诚如该著作者所言：“我们是历史学家。因此，像任何优秀的历史学家一样，在确定把哪些惩罚和肉体虐待的方式收录这本书中时，我们决定采用一种完全客观和实用主义的方法，实事求是。”这样的不囿于偏见而求实求真的学术理路，集中地彰显了历史学家的优秀品质，而基于这种理路所揭示的西方世界各个时期的酷刑现象，对于广大读者认识西方文明史演进的曲折历程，无疑是十分有益的。

再次，该著中浸润着作者浓烈的人文精神和鉴史取向。该著对历史上林林总总之酷刑刑具的复杂的设计、使用的探讨，对不断翻新的血腥行刑场景的描述，并非是为了追求轰动效应而去猎奇历史，而是为了对那种残暴践踏生命和人性的野蛮行为进行激烈的批判。该著认为，酷刑既是刑罚的一个重要组成部分，也是施刑人为了获取其所需要的信息的一种残忍手段，而从根本上说，则是残暴的独裁者为了维护统治的有力工具。在行文过程中，该著每每分析历史上滥施酷刑的阴暗动机，揭露施刑人的种种暴行，批判麻木不仁、助纣为虐的卑劣人性，处处透现出其对蒙难者和受害者的现实人文关怀。同时，该著也对现代社会中不时出现的酷刑现象深感忧虑。该著认为，当代社会虽然日益文明化，但酷刑仍然不同程度地在很多国家和地区顽固地延续，即便是美国这样的国家也难以幸免。为了消除酷刑，就应该了解酷刑的历史，以史为鉴，警醒世人。由此，该书强调：“如果我们忘记历史，拒绝历史——正如一些西班牙人拒绝承认宗教裁判所真的那么恐怖血腥一样，一些修正主义历史学家否认阿道夫·希特勒的死亡集中营——那么我们注定会重蹈历史覆辙，暴行将会重现。”正是由于贯穿了尊重人性的人道观和鉴古知今的责任感，该著给读者提出了一个沉甸甸的问题：“对世界上的惨状和不公熟视无睹助长了非人道行为的继续存在吗？熟视无睹能否被看作是一种默认或者接受呢？”“是否真的如埃德蒙·伯克（Edmund Burke）所说的：‘恶人得胜的唯一条件就是好人袖手旁观？’”这样的观点和问题，无疑会将读者带入一个深层的理性思考。而这正是该著中所蕴涵的最珍贵的思想价值。

无可讳言的是，《人类酷刑简史》也存在着一些不足之处。其一是在历史内容的分布上，存在着某种程度上的不均衡。或许是由于某种宗教信仰上的忌讳，该著几乎没有涉及伊斯兰世界中的相关状况，个中缘由当然可以理解。但历史上的蒙古人国家、印第安人国家、拜占庭帝国等地的情况没有囊括其中，不能不说是一种遗憾。其二是该著中的个别史实叙述存在错误。如在叙述1381年英国农民大起义时，该著称国王理查德二世（Richard II）让农民享有更多自由和废除农奴制等承诺有诚意，而义军领袖泰勒刺杀国王未遂，命陨阶下。其实，只要翻检一下这个时期英国的编年史，即可发现这样的叙述并不接近于真实的历史实际。

综上所述，《人类酷刑简史》虽然存在着某种瑕疵乃至缺陷，但无疑是一部优秀的通俗史学著作。它对历史上五花八门的酷刑的根源、表现乃至作用的解读与批判，它所包含的人文道德良知和鉴古至今取向，对于广大读者多角度地理解人类文明史发展演进的复杂而曲折的历程，对于当代中国社会主义现代化法制的健康而合理的建构，无疑是大有裨益的。因此，笔者相信，《人类酷刑简史》中译本的出版，将会引起广大中国读者的热情关注。

孟广林
于中国人民大学

孟广林，中国人民大学历史学院教授，博士生导师、世界古代中世纪史教研室主任，长期从事世界中世纪史的教学和西欧中世纪政治史与思想文化史的研究。

作者序

在编写本书的几个月里，我们多次被问及，为何过去几年间我们的作品选择了这种可怖的话题。本书紧随我们上一部关于人食人的《邻人相食》面世，无疑又会惹出此类疑问。一位学者甚至建议我们把本书命名为《邻人相暴》。撇开其中幽默不谈，作为历史学家，我们认为历史所教给我们最重要的东西并不全是令人愉悦的。正如本杰明·富兰克林（Benjamin Franklin）曾经说的："不能从过去的错误中吸取教训的人注定会重蹈覆辙。"在他的箴言的指引下，我们着手写作此书，本书内容引人入胜，且为探究人类更深刻的本质提供了翔实的资料。本书并不纠缠于政治术语，亦不拘囿于某些自相矛盾、无法辨明的模糊概念，而是试图解析所论主题的原因和方式。欣闻《邻人相食》被很多美国大学指定为变态心理学课程必读书，我们备受鼓舞，更觉得应把这种研究继续下去，并希望《人类酷刑简史》也能够广受欢迎。

写作此书时所面临的一大挑战，就是找到一种关于究竟什么才构成酷刑的共识。在《联合国禁止酷刑公约》（*United Nations Convention Against Torture*）中，对实际中的肉体酷刑与所谓的"残忍的和有辱人格的待遇"没有作出区分，公约认为，酷刑是任何一种导致持续精神伤害（即我们有时所称的"创伤后压力综合征"）的审讯方式。大赦国际（Amnesty International）似乎认为，几乎任何剥夺行动自由的行为，如把受害者捆绑在墙上或者简单的监禁，都是对基本人权的践踏，因而构成了酷刑。另一方面，美国政府则认为，只有旨在制造长时期肉体的或精神的伤害而强加于人身的行为，才能称为酷刑。通过以上比较，酷刑的定义就变得明晰了。与为出版社和公共研究机构编著官方报告的那些受过专业训练的人士不同，我们不是心理学家、精神病学家、人权活动家，也不是试图为审讯方式辩护的行政或军事组织的成员。我们是历史学家。因此，像任何优秀的历史学家一样，在确定把哪些惩罚和肉体虐待的方式收录这本书中时，我们决定采用一种完全客观和实用主义的方法，实事求是。

本书并未收录20世纪发明的林林总总的酷刑。对于可怕的纳粹德国毒气室和曾经风行的电棍，几乎每个有社会常识的人都很熟悉，因而没有收录书中的必要。对过去几个世纪众多社会所采用的五花八门的酷刑方式，本书进行了一番更为详尽的考察。从这些丰富的参考资料中，我们逐渐认识到，政府对犯罪嫌疑人和国家的敌人施加酷刑有两大根本原因。第一，通过逼迫犯人招供，或者通过常见的方式，即逼迫囚犯揭发真实的或者臆造的阴谋中同谋者的名字来榨取信息。第二，酷刑作为一种惩罚形式而使用。虽然酷刑作为惩罚已不如它在两个世纪之前那么常见，但是，它在世界各地的很多国家和文化中仍有留存，这令人不安。用大赦国际的创始人彼得·班奈森（Peter Benenson）的话说：“尽管酷刑遭到禁止，但世界上2/3的国家仍在秘密使用。很多政府依然允许其官员不受追究地非法滥用酷刑。”

无论如何定义，酷刑仍然在几乎每个地方或大或小的范围内存在，并且只要警察不得不从犯人口中获取信息，它就可能继续存在。如果没有了暴力手段和监禁的震慑，实际上没有犯人会招认他们的罪行，社会将会彻底崩溃。

尽管我们对书中所论及的问题没有提出解决之道，但我们诚挚地希望，我们的努力能够使您（亲爱的读者）更好地理解为什么人类自古以来就一直迷恋酷刑的使用。人类如此而为是一个事实。实际上，2000多年以来，我们人类就明白严刑拷打下的供词几乎毫无价值，酷刑作为惩罚对震慑犯罪也无济于事，这使得这一问题更加可怕与可悲。

在道出了我们又一次选择这一严肃话题的一些理由之后，留您安静地品味本书的其他内容。我们发现，过于冗长的序言本身就是一种对他人的最过分和不文明的折磨。在您对书中所记录的恐怖事情进行阅读时，还望明了，文中所述的刽子手都是技术娴熟的行家里手：读者在家中切勿模仿。

马克·P.唐纳利

丹尼尔·迪尔

目　录

第一部分

酷刑：动机、方式和疯狂

酷刑一词使用得如此频繁与不恰当，从而在详细考察酷刑的使用之前，有必要准确地定义其含义：或者更具体地说，要廓清该词的众多定义所引发的混乱，从而恰如其分地确定我们所言之“酷刑”的含义。与通常的理解不同，所有形式的惩罚，甚至当它涉及身体虐待时，也不能被看作酷刑。第 13 版的《不列颠百科全书》（*Encyclopedia Briannica*）这样解释酷刑：“酷刑（Torture），源于拉丁语‘*torquere*’（扭曲之意），是对变态的才智所设计的造成疼痛的众多方式的一种统称，尤其指被古代和现代的欧洲文明国家的法律所采用的。”按照这种观点，酷刑常常适用于以下两个目的：

1. 定罪前抑或定罪后，从证人或者被告那里获取证据的一种方法；

2. 惩罚的一部分。

第二种使用较早，而作为一种搜集证据的方法，其功能则由法律专家在实践中逐步完善。《韦伯斯特新大学词典》（*Webster's New Collegiate Dictionary*）对它的解释更简明扼要：

1. 为惩罚、威逼或获得施虐快感（通过火烧、碾压或伤害）而施加剧烈的疼痛；

2. 肉体或精神的极度痛苦；

3. 通过制造令人难以忍受的苦痛来惩罚或威逼；

4. 制造痛苦，折磨拷问。

用这些基本的前提作为开篇，我们立刻便知，肉体残害，必须为达到一些特定的目标而施加时，才被当作酷刑。如果一个街头犯罪团伙攻击、殴打和有计划地虐待某人，严格地说，他们没有对受害者施以酷刑。诚然，他们殴打受害者，可能造成严重的身体伤害，但是因为他们的行动不是任何行政的、军事的或者司法机构所授意，故而，这种殴打不是技术层面的酷刑。另一方面，做出同样暴行的一伙革命游击队员实际上则是在施以酷刑。一个简单的野蛮行为与完全的酷刑之间的主要区别，就是有无更高权力机构的授权。这个定义的一个内在的却很少言明的含义是，当酷刑是国家机关授权进行的时候，它具有一定的合法性。通过把酷刑引入法律制裁中，那些实施政府所授意的酷刑的人有了开脱个人罪责的借口："我只是执行命令而已。"

正如我们将会不断看到的，那些认可使用酷刑的政府往往是虚弱的和心怀恐惧的（譬如最早期的原始社会与现代第三世界中的独裁统治）。在后一种情况下，或出于忠诚，或只是为了让民众安分守己，通常存在这样一种观点，即社会上存在一心要毁灭这种"制度"的大阴谋，必须在它们颠覆社会之前将其制服。这些宣称即将毁灭的耸人听闻的种种言论时常是一种使人民处于长期恐惧状态且更易受到控制的好办法。它也是一种使领袖受民众欢迎的有效手段：首先他会通过描述这种含糊的、莫可名状的威胁来营造恐怖气氛，然后着手逮捕、拷打和处决尽可能多的阴谋分子以摧毁威胁。当然这种威胁不可能真正地被消除：因为它自始至终就不存在，或者因为一旦"敌人"不复存在，那么领导人可能会失去对权力的掌控。

最早期的酷刑通常是一种惩治手段。在原始社会中，所有人都寿命短暂、野蛮、残忍，所谓的法律其实就是施以惩罚。当一个罪犯或者违反公认的道德准则的人公开受到鞭笞、折磨，或者被残忍地处死、摧残，其结果是法律得到维护，社会安定有了保证，善良守法的人们能够安然入睡。这些有法必依的生动范例通常可以取悦民众，使他们对事情的“正当性”有良好认知。它既是一种廉价的娱乐，同时也是清除政敌的有效手段。

几千年以来，数以千计的文明潮起潮落、兴衰更迭，但是酷刑的使用及其背后的深层原因几乎没有什么变化。对酷刑和惩罚最早的使用往往是心理层面的。受到怀疑的党派或者被征服的群体被指控有罪，遭到逮捕和惩罚。但是随着时间推移，随着酷刑的动机从简单的惩罚变为榨取信息的手段，酷刑的实施过程也随之完善。受刑者首先被送到酷刑室，施刑者向他们展示即将施加其身的刑具。为了吸引受害者的注意，他会夸大其词地描述整个刑讯过程。随后将犯人带回牢房，留出时间让他们好好思量一番。除非蠢笨如牛，多数人都能想象酷刑的严苛，因此唯一的打算就是立即供出自己知道的一切事情以及不知道的很多事。但是，偶尔也有人意志非常坚定，也有一些人自知命运已定，即不论他们招供什么，都会受到严刑拷打。

1307 年，法国国王菲利普四世（Phillip IV）在教皇的倾力支持下以异端罪名大肆搜捕圣殿骑士团（Knights Templar）成员。他真的相信他们是异端吗？或许并非如此。他欠他们一大笔债务且有心赖账吗？正是如此。但是如果直接坦白自己的动机，国王的颜面何在？于是，菲利普把几千名圣殿骑士逮捕，投入监狱，对他们严刑拷打、劝诱、禁食，他们被折磨得奄奄一息，最后招认了臆造的、无比荒诞的指控。他们一旦招认，菲利普就可以随意地对他们定罪、审判、处以火刑，然后没收他们的土地和财产。几乎所有圣殿骑士随后都拒认这些屈打成招的口供，但是木已成舟，大势难以挽回。这个屈打成招的范例只是本书所考察的几百个实例之一，这一事例可使酷刑利弊简明易懂。酷刑经常用来套取口供或者其他信息——几乎每个人都会供出能够使苦痛停止的任何事情。

需要指出的是，酷刑只有一个可能的结果——榨取信息或者施加制度所需要的惩罚。在第一种情况下，施刑人（Torture Master）将会持续使用酷刑，直到对方供出被要求坦白的内容，否则将被折磨致死。很容易看出，这一过程其实存在缺陷。事实上，如果审讯者真想知道实情，酷刑会适得其反。自古以来的立法者、哲学家和僧侣都意识到并承认了这一令人悲哀的事实，但是总体来说，他们赞成而且使用酷刑来获取口供和惩罚。这是何故呢？因为酷刑的真实目的不是使真相大白，而是确保定罪。酷刑之下的每个人迟早会招认，但这并不代表他们真的违法犯罪，即使没有做这些事，他们还是会承担这些罪名，而真正的罪犯却逍遥法外。偶尔也有受刑者能够克服恐惧和长时间的疼痛，使迫害者的目的不能得逞。

在16世纪西班牙宗教裁判所（The Inquistion）恣意妄为的时候，一个名为玛利亚·德·柯茜卡（Maria de Coceicao）的葡萄牙妇女被指控为异端，遭到逮捕，她被送至酷刑室拷打。为了避免四肢被拉断，柯茜卡夫人很快招供，但是一从刑具上脱身就立刻反口。第二次受刑的时候也同样如此。这种情况反复发生：为了使疼痛停止而招供一些东西，刑讯一停止就反悔。在这个案例中，柯茜卡非常聪明，也极其勇敢，她告诉施刑人：“一旦酷刑停止，我将否认拷打下所招认的所有事情。”与西班牙宗教裁判所其他数以万计的受害者相比，玛利亚·德·柯茜卡要幸运得多。她被公开鞭笞，判处流放10年，她坚定的勇气使其免遭在火刑柱上烧死。那么她是否对审讯者坦白了什么事情吗？也许不是。我们很容易推测到这位审讯官其实知道酷刑不能查明事实。可是像他们这样的人在几千年的历史中为什么还干这种勾当呢？因为它是现行制度的一部分，能够帮助当权者巩固地位，使民众安分守己。

奇怪的是，自1215年《大宪章》（*Magna Carta*）颁布以来，英国把为了挖掘信息或获取供词而使用酷刑视为非法。我们说“奇怪”是因为，在整个中世纪和文艺复兴时期，英国像欧洲其他国家一样犯有拷打臣民的罪行——它们只是从不承认这个简单的事实而已。1583年，托马斯·史密斯（Sir Thomas Smith），随后曾担任英国女王伊丽莎白一世（Queen Elizabeth I）的国务大臣，写道：

> 酷刑或刑讯——根据民法条例和其他国家的习惯，严酷地折磨犯人，从而使其坦白罪状或者供认同伙——在英国没有被采用……（因为）我们国家本质上是自由的……而且它不会容忍殴打、奴役、监禁拷打和惩罚。

史密斯爵士写下这些——毫无疑问十分诚恳——却忽略了一个事实，即历史上的任何时代、任何地方，再没有比16世纪的英国更盛行酷刑了。许多英国国王和他们的政府对臣民施以酷刑，同时完全否认所做之事，这是如何发生的呢？其实很简单。只有在国王批准的时候才允许使用酷刑，而国王在现实中高于法律，他们的话可以取代任何成文法。英王查理一世（Charles IV，1625~1649年在位）时期出现了一个颇为有趣的案例，显示了一个人如何试图克服英国法的这个技术“缺陷”并挫败了施刑人。

1628年4月，刺死白金汉公爵的约翰·菲尔顿（John Felton）被逮捕，按英国委婉的说法是被“提交审讯”。菲尔顿的犯罪事实明确无疑：他在一大群围观民众面前行刺，被民众当场制服并扣押，直到被正式逮捕。法庭面临的问题是，菲尔顿究竟是单独作案还是一个大阴谋的一部分。像平时的类似案件，法庭假定菲尔顿在刺杀时是独自一人，但在拟订计划时肯定有人协助。在多塞特伯爵（Earl of Dorset）对他进行首次审讯时，菲尔顿被告知，除非说出同党的名字，否则会受到严刑拷打。菲尔顿随之对伯爵说道："尊敬的爵爷，我不相信这是国王陛下的意思，因为他公正仁慈，不会让他的臣民遭受非法的酷刑。"在岌岌可危的情况下，他鼓起勇气，随后补充说，"另外顺便告诉您，尊敬的多塞特伯爵阁下，若我受到拷打，将会指控您是我唯一的同伙。"多塞特明显进退维谷、骑虎难下：酷刑之下的供词被认为是绝对真实可信的，可他却不愿被菲尔顿拉着一起掉脑袋。他请示了查理一世，国王知道这个情况后，命令在法律所允许的最大范围内折磨菲尔顿。因为国王没有特别批准施加酷刑，因此这个难题就留给十二名法律专家组成的小组自行揣摩："依据法律，菲尔顿不应受到酷刑对待，因为这种惩治方式不为大家所知，也不为法律所允许。"菲尔顿挑明了一个"古老而快乐的英格兰"生活中的最荒诞的事实，从而免受了残酷的拷打，但这并不能保住他的性命。1628 年 11 月 28 日，他被处以绞刑。

尽管对查明真相没有用处，酷刑还是总能撬开人们的嘴巴。在施刑过程的背后，如何从心理层面上运作，古代和中世纪的施刑人可能知之甚少。正如我们在书中所提到的，要说服一个潜在的受刑者开口，第一个步骤中的一个方法是向他们展示刑具。这种方式贯穿整个刑讯过程，审讯官通常并不真正使用酷刑。这些被看作是"斯德哥尔摩综合征"（Stockholm Syndrome）的组成部分。它因 1973 年瑞典斯德哥尔摩的一起劫持人质事件而得名，当时两名银行劫匪劫持四名人质长达六天，斯德哥尔摩综合征说明了这一过程，即受害者的意志陷入崩溃之后，他会配合劫持者。这个过程包含两个不同的步骤，首先是重塑被囚者的正常思想意识：

> 被囚者逐渐相信逃跑是不可能的，他们形成了这种看法——不论正确与否——他们的生死取决于囚禁他们的人。囚禁他们的人通过无足轻重的小恩小惠获取被囚者的信任。

被囚者与世隔绝，与外界难以取得任何联系。

一旦受害者完全失去判断力，意识到他们的生命依赖于施刑者的宽仁，他们会被送入审讯过程的下一个步骤：要使他们招认，或者提供一些逮捕他们的人想要的信息。

受害人受到肉体的（有时是性的）虐待，从而使他们感觉更加虚弱。

被囚者通常被关在黑暗的地牢或囚室，丧失了对时间和方位的正常感觉。

被囚者没有任何隐私。守卫在任何时间能以任何理由干涉被囚者的活动。

只有囚禁他们的人认为是必要的时候，才会给他们食物。

当囚犯置身于这种境况，会在不可预知的时候受到拷打，从而失去了掌控自己生命的任何感觉。那个通常坐在他旁边、准备听到“供词”的人控制着囚犯和施刑人。这个人不仅是所有痛苦的来源，也是能让疼痛停止的唯一途径。一旦受刑者想要回答审讯者的问题，施刑人就会被制止。

随着这个程序渐次完善，从逮捕到监禁，以及向受刑者展示一个人被慢慢地挤压、火烧、煮沸或撕裂，通常在实际中并不需要真的对受刑者进行拷打。他们自己的恐惧心理会做出施刑人理论上所不能达到的事情。从 Fr.约翰·杰拉德（Fr. John Gerard）的日记中，我们可以看到一份对审讯程序如何运作的个人描述，他是一名耶稣会教士，因为涉嫌参与未遂的盖伊·福克斯火药阴谋，在 1605 年以颠覆国家罪被逮捕。阴谋分子妄图炸毁议会大厦，杀害英国政府和詹姆士一世（James I）王室的全体成员。这不是杰拉德第一次触犯法律：女王伊丽莎白一世在位时期的 1597 年，他因相同罪名受到逮捕，因此他已经熟悉了当局的审讯程序。他对嫌疑犯被逼迫招认罪行的叙述，成为现存的描述这一

时期伦敦塔酷刑室的第一手资料。

> 我们排成肃穆的一队走向酷刑室，看守们举着蜡烛走在前边。酷刑室在漆黑的地下，各种折磨身体的器械和刑具摆在阴暗的门口附近，触目惊心。他们指着其中的一些，告诉我马上就会品尝到其中的滋味。随后他们再次问我认罪不认罪。我说：“我是无辜的。”

图为**一个中世纪酷刑室的内部设施**。拉肢架、滑轮、漏斗、脚镣在其中很显眼。它或许是宗教裁判所的刑讯室，因为里面有两个十字架和供言薄。

杰拉德神父因顽固不化而受到折磨和拷打，不过后来他想方设法逃离了那里，流亡到相对安全的欧陆。

在杰拉德神父暗室惊魂的仅仅五年之后，法国国王亨利四世（Henry IV）被一个名叫弗朗索瓦·拉瓦亚克（Francios Ravaillac）的人谋杀。像他的前辈菲尔顿和杰拉德一样，拉瓦亚克自然被假定为一个大阴谋的冰山一角。但是在这个案件中，拉瓦亚克在被拷问出同伙之前就受到审讯，被判死刑。他明白最终都难逃一死，所以并没有期望通过供出同伙姓名以免除死罪。由于没有提供能使犯人开口的任何好处，唯一可行的方法就是对其施加难以忍受的痛苦来撬开他的嘴。尽管他在法庭上供认自己是单独行动，拉瓦亚克还是被押到酷刑室，受到“木靴”（brodequin）——用大锤把沉重的木楔钉入腿部肌肉的酷刑——的折磨。

根据法庭记录，当第二根木楔钉入时，拉瓦亚克尖叫道：“我是一个罪人。我发誓，我所知道的都已经交代了，我向上帝和法庭坦白的都是实情；我所说的一切事情都告诉了一位圣方济各会的修士（忏悔室的一个神父）。我所要说的是……请法官不要使我的灵魂陷入绝望。”酷刑继续实施，但是拉瓦亚克一口咬定凶手只有他一个人。最后，腿已经残废而不能自己登上刑台的

图为**花样繁多的酷刑工具**。这些幽冷的刑具，不论是常见的还是奇特的，在闲置时似乎温顺无害。倘若目光从该图左上角按顺时针方向游走，我们依次可以看到链枷（或鞭子）、猫爪、贞操带、肢解斧、漏斗、绳索、镣铐、指枷、膝盖粉碎机、大剪刀、钉齿网状耙、带刺的腰带（或带刺的链枷）。

弗朗索瓦·拉瓦亚克因谋杀罪被处死。

真正的酷刑一旦开始，只有那些具有难以想象的坚定意志的人、因盲从而精神错乱的人或者由于特殊癖好而乐在其中的受虐狂，才会拒绝招认审讯者想听到的内容。在酷刑已成为常态的那些社会，每个人都清楚，如果他们被逮捕，肯定迟早会招供。在16世纪中叶的波希米亚（Bohemia），斯堪瓦伯爵（Baron Scanaw）被控为异端，遭到逮捕。他被告知，如果不主动供出同伙的姓名，就会被一直拷打，直到开口为止。当狱卒来到牢房要把斯堪瓦伯爵拖到酷刑室的时候，发现他已经割断了自己的舌头，不省人事了。他身旁有一张字条，上面写道："我之所以做出这种不同寻常的举动，是因为无论使用何种手段或酷刑对付我，我都不会认罪，或指认其他人，但在拷问架的痛苦折磨下，我可能会说谎。"勇敢的斯堪瓦可能使其朋友免于和他一样的遭遇，却不能挽救自身。由于无法再开口，他被活活地折磨致死。

在为诱使嫌疑人开口而特别设计的最简单、最奇特的酷刑中，

这幅图描绘的是**“挤压刑”**。受刑者被迫平躺在一个锋利坚硬的刀刃上，它正好放在肩胛下面。他胸口的木板上的重物不断增加，直到他说出行刑者希望听到的事情。请注意，在背景中还有一人双脚被置于足枷或者倒置的椅子里——或许他就是下一个挤压刑的受害者。

有一种“挤压刑”(Pressing)。依据中世纪和文艺复兴时期的法律，只有当嫌疑人坦率承认自己的罪行时，他们才会受到正确的对待。犯人们拒绝认罪时最让人伤脑筋，因为如果他们认罪，其财产就会被国家没收。如果他们拒绝认罪，很可能保住自己的清白，这样他们的财产会被传给法定继承人。对政府而言，在处死敌人之外要想得到尽可能多的满足（和利益），必须使疑犯认罪。“挤压刑”其实非常简单，将受刑者平放在牢房或酷刑室的地面上，拿一块门板压在他身上，并在门板上堆上越来越多的石头（或其他重物）。不到一分钟的工夫，受刑者就会呼吸困难，随后窒息。由于该刑主要目的是套取供词，因此重量是一点一点地增加的：如果受害者在认罪前暴毙，他的田产仍归其家族。窒息死亡非常痛苦，只有意志最坚强的人才能扛得住重压和呼吸困难的双重痛苦，因此可以确信，为免受痛苦，受刑者必然会开口。有记载的最后一个使用挤压刑以榨取信息的事情，发生在1692年马萨诸塞的塞勒姆镇（Salem）的巫术审判中。在那个时候，与之前很多类似案例一样，受害者选择拒不承认这一完全捏造的罪名。

不论是否有效，酷刑都能使一个人认罪或揭发自己的同党（真实的或凭空想象的）。当酷刑被用作一种惩罚手段时，一定会奏效。它或许不能阻止其他人犯罪、减缓不断增长的犯罪率，亦不能改造受惩罚的人，但是在依法进行惩罚这个意义上，它完全起到了应有的作用，而且几乎每个案例中，惩罚都是在大庭广众之下进行的，政府需要给予民众一种持续的信念：他们的政府是在“严惩犯罪”。

准确界定哪些形式的惩罚是酷刑是一件麻烦事。在从一个囚犯那里获取所需信息的整个过程中，由于无辜者没有信息要交代，而真正的罪犯则不愿意供出他们知道的信息，因此审讯的每个阶段都很有可能施用某种形式的酷刑。另一方面，就其本质而言，刑罚意指罪犯会被或轻或重地处罚。惩罚的程度由罪情决定。不论何罪，只要破坏了社会规训，必须实施某种形式的惩罚，如果这个国家的法律得以维护，公众就会相信他们的政府在履行职责。倘若不能遵循这个简单规则，社会就陷入混乱，最后不可避免要崩溃。

那么惩罚什么时候成了酷刑呢？毫无疑问，当罪犯被以一种极其痛苦的方式缓慢处死的时候，完全可以说他们是死于酷刑。轻微惩罚是否被法律认定为酷刑，只能由当时的社会风俗决定。在古代世界，即使是在最安定的时候，生活也是严苛和残酷的，当时只有3种基本的刑罚：鞭刑，用于惩治轻微犯罪；“以眼还眼”的报复性惩罚，针对较严重且不构成死罪的犯罪；最后一种刑罚最严酷，死刑。施鞭刑时，可能使用一根棍棒、粗藤条、简单的皮鞭，或者使用由鞭尾缀上锋利金属条的皮带制成的九尾猫（cato-nine tails，亦称九尾鞭），这要取决于罪行轻重以及社会规

图为**公开的鞭刑**。迟至18世纪，这种场景在整个欧洲相当常见。图中的受刑者是一个女人，正被人用几束树枝鞭打着（尽管双手被捆绑并吊起来已经十分令人难受了）。鞭打她的男人很可能就是她的丈夫，他有权对她的泼妇行径或不忠行为施加这种惩罚，不过也只是在鞭刑是公开进行的时候才如此。

范严酷与否。

在酷刑惩罚过程中，常常伴随着羞辱和侮辱的理念。羞辱的整体理念实际上在现代社会就已消失，这很大程度上归因于城市人口过剩引发的匿名性，以及社会生活和家庭生活的瓦解。以前则并非如此。那时候人们居住于一些小型的社区，人人相互熟识，对彼此的行当一清二楚，这可是一个进行百般羞辱、摧残人心的好舞台。小型的封闭社区从文明初到18世纪晚期一直存在，在这样的社区里，当一个人逾越了社会可接受行为的界限时，朋友、邻居和家人都拒绝与之交谈或生意往来，这绝对是一件可怕的事情。另外，罪犯宁愿到阴暗的地牢里待上几个月，一个人遭罪，也不愿在整个社区居民的围观下被鞭打，遭受公开羞辱。

与轻微犯罪一样，对更严重犯罪的惩罚主要是由这个社会的文明或野蛮的程度决定的。自人类社会肇始以来，很难发现惩罚形式有任何文明化的迹象。正如我们将在本书下一部分中讲到的，古代埃及的文明程度相当高，但是4000年或5000年之后，即黑暗时代和中世纪早期所采用的惩罚却恐怖到令人难以置信。炙烙、肢解、剥皮、拔舌，把人扔下悬崖，从活人身上剥皮和挖出内脏，都是早期欧洲社会常见的惩罚。文明似乎倒退了。实际上，它完全没有退步。正如我们上文所讲到的，与一个不稳定的社会相比，稳定的社会往往更不容易产生酷烈的刑罚。古代埃及社会稳定、组织良好，由法老和祭司统治，二者并不时刻担忧自己的权力会受到挑战。另一方面，黑暗时代和中世纪早期的西欧社会激烈动荡，往往由当时最强大的武士领导。对这些常怀忧惧的领导人来说，每个违法者都提供了一个杀一儆百的好机会。直到文艺复兴时期，整个欧洲的刑罚制度仍然像1500年之前的罗马帝国那么冷酷。下面这个案例就说明了这一点。

10世纪后期，英格兰温彻斯特郡一个名叫提欧斯克(Teothic)的钟表匠，因触犯了某一小偷小摸的“轻微罪”遭到逮捕。依照盎格鲁－撒克逊（Anglo-Saxons）时期英格兰（这是那个时代西欧最稳定的社会之一）的法规，不幸的提欧斯克被捆绑着手脚吊起来，第二天早上才放下来，然后施以无情的鞭打，再将其吊

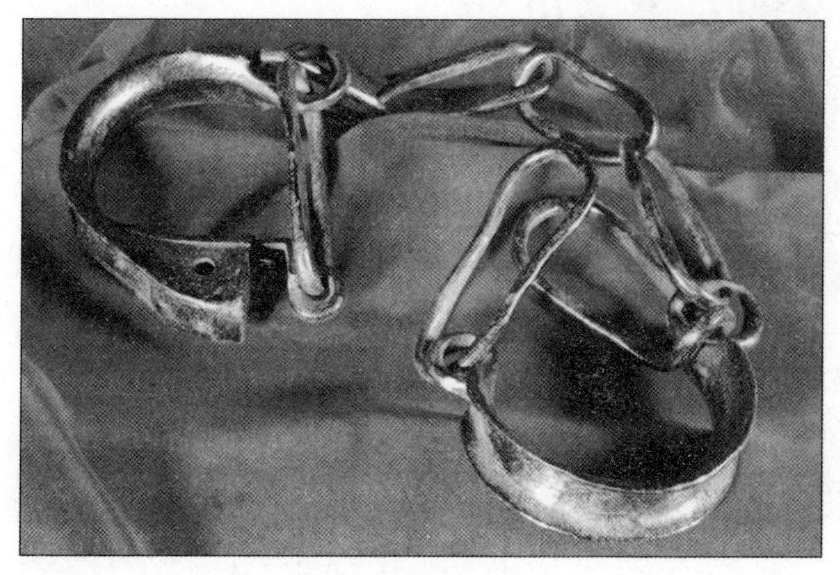

这些是18或19世纪的脚镣，当时越来越多的人道主义者对囚犯境况的关注影响了人们对关押或监禁的看法。这些脚镣很明显是为长期使用而设计的，既为犯人减少了痛苦，又能保持禁锢。

起。我们不知道这个残酷的惩罚到底持续了多长时间，因为提欧斯克似乎逃脱了监禁，在当地一个修道院得到庇护。

当犯人罪行比可怜的提欧斯克更严重的话，惩罚可能剥夺囚犯生命。需要明白，直到 18 世纪后期，偷一块面包都是死罪。一旦有人犯下严重罪行，那么他就丧失了一切保护，守法良民才配享有社会提供的安逸和保护，基于这个理念，最残忍的酷刑都被认为是合理的。一旦罪犯所作所为超出社会容许的范围，他就会依法受到惩治——用干净利落或最难以形容和想象的方式。如果想要他死得快些——相对而言——最常用的死刑是绞刑。

这幅描绘公开绞刑的雕刻展示了**处决是如何变成公共奇观的**。可以肯定的是，图右侧拿着斧子的蒙面刽子手的出现，表明这将不是一次简单的绞杀致死，很可能是一个绞死、掏出内脏、分尸的复合酷刑，下文对此将有详述。

到了 19 世纪，绞刑架上安装了一块活动板门，它能让受刑人瞬间死亡。而在此之前，绞刑的施行方式是把一个绞索套在囚犯脖子上，将其悬吊到空中，犯人摇晃挣扎，一二十分钟后窒息而死，尽管如此，绞刑还是未被看作是酷刑。绞刑的优点是成本低廉、简单、快捷，且从未被当作酷刑，可是为什么还要发明那么多五花八门、血腥而痛苦的死刑方式来处决众多犯罪呢？在回答这个问题之前，最好细数一下直到 16 世纪仍在使用的最常见的死刑执行方式以及与之相对的罪行。下边的名目出自 1578 年英国编年史家拉尔夫·赫林西德（RalphHollinshed）的著作：

> 倘若一个妇女杀死自己的丈夫，她将被活活烧死；若一个仆人杀害自己的主人，他会以轻叛逆罪而被处死；即使当事人没有在投毒案中遇害，用毒药杀人的

罪犯仍会被投入沸水或铅水中烹煮而死；谋杀案中（犯罪之前和之后）所有的同谋者都将面临死神的考验。伤人者会被割掉一只或两只耳朵……偷羊贼的两只手会被砍掉。异端邪说者将被绑在火刑柱上烧死。

弗朗西斯科·戈雅的这幅画描绘的是**一次绞刑处决**。这种死刑从西班牙宗教裁判所时期开始流行，一直沿用到18世纪。受刑者坐在椅子上，一根皮带套在他的脖子上。刽子手通过转动“椅子”后面的一个螺杆慢慢地勒紧皮带，渐渐把受刑者勒死。在它的一些变化形式中会在脖子后面安上一根长钉，目的是刺穿和割断颈椎骨，这样能使受刑者在行刑过程中瘫痪不动。

一些简单的绞刑没有出现在这个名目中。当贵族被判为叛逆罪时，会被斩首，而平民犯了这种罪，则会被绞死、掏出内脏和分尸。在火刑柱上烧死是非常恐怖的，主要有几种情况。当一个嫌疑犯被认定为异端时，若他们宣布放弃信仰，在拖入烈火之前，他们通常会先被勒死或绞死。如果他们固守自己的异端信仰，则会被判为用火慢慢地烧死。在简单的谋杀案中，男性罪犯会被送上绞刑架，而女性罪犯更有可能被烧死。这是因为施刑的时候通常要剥光罪犯的衣服，使其尸体在受刑后随风飘荡，而女人的裸体暴露在众目睽睽之下被认为是不雅观的。

那些施加可怕酷刑的野蛮冷酷的国王、贵族、法官和教士早已湮没在历史长河中，在我们愤然谴责他们之前，最好记住：除非一个国家被外部势力侵占，政府当局才会关注、迎合臣民们的需要，尊重他们的信仰和爱好，通过仁政来保持自己的权力。酷刑和公开处决不仅受到普通民众的认可，也是他们自己所要求的。任何一个国王，如果剥夺了臣民从偶尔的鞭刑和绞刑中寻求刺激及快乐的权利，将会面临被精通于如何取悦民众的下属贵族赶下台的危险。

到目前为止，我们只是把酷刑作为刑罚或威逼的一种手段，由政府当局依法施加于不顺从的臣民或不幸的受害者。在把研究转向更全面的酷刑历史之前，我们探讨一下间或被写进酷刑史中的另一个方面，即酷刑参与者的心态，也就是受刑者、施刑者和围观的普通民众的偏见和期望。

自从人类最早认识到在宇宙中存在着比我们渺小的自身更强

这是欧洲人描绘的**几内亚一些部落的死刑方式**。跪着的受害人可能是一个战俘，将会被另一个部落的人手持长矛或者原始的斧头、剑、棍棒杀死。在后面可以看到一具尸体，但不能确定它究竟是处决还是屠杀的结果。

大家可能注意到尸体的双腿已经没有了，有可能是被另外两个部落民拿走了——也许是拿去当作晚餐了。

大的力量的时候，人类心中就产生了一种怀疑，也即，神祇们——和之后的上帝——需要一种以人类遭受痛苦为方式的献祭。最初，它是祈求神祇们驱走雷电的一种方法，随后它被认为可以使庄稼生长，或能确保在即将到来的战斗中取得胜利，最后，它成为取悦神祇们的一种方法。在原始的社会，这种痛苦祭礼采取活人献祭的方式——阿兹特克人（Aztecs）挖出数以千计战俘的心脏。在更进步的社会中，献祭的痛苦变为一种更私人的事情："倘若我做了错事，就必须付出偿赎。"这种承担个人责任的观念起源于古代埃及。记载显示，为伊希斯神服务的埃及祭司在特定节日里会鞭打自己。印度神职人员也进行类似的痛苦的自我惩罚，他们对自身施加一系列令人吃惊的痛苦折磨，来彰显他们对神祇们的虔诚。早期基督教徒们也进行各种各样的精神上的自洁行为。所有的这些行为都旨在显示忏悔者的自责、对宽恕的渴求和对上帝力量的服从。

在早期的基督教会中，唯一通用的惩罚是绝罚，即把教徒从教会中逐出、革除教籍。为使一个人在保留教籍的情况下也能洗涤自己的罪恶，一套详尽的自我惩罚制度慢慢地建立起来。其中较为常见的自罚方式有禁食、祈祷和朝圣。自罚的持续时间和严厉程度依据罪过的轻重而定。在那些违犯神职人员阶层（修道士、教士、修女）的规则或者教会戒律的人中，另一种自罚方式也变得很常见——鞭笞（Flogging）。到9世纪末，鞭笞成为弥补罪孽和罪过的一种惯用方法，其行刑规则非常详备，精确到如何鞭打一个修士或修女，以及不同罪行的鞭笞次数；伴随鞭笞的，还有其他的自我惩罚。悔罪者在受笞之前会脱去所有的衣服，惩罚将在众目睽睽之下进行。惩罚的轻重取决于罪行的大小，但是在所有情况下，把惩罚仪式化的意图都是相同的——让团体中其他成员见证这些神职人员遭受痛苦的过程，警戒他们要谦恭自省、恪守纪律，使多数人都能领悟生活充满了痛苦，而其中的大多数苦难又是由我们罪恶的生活方式所造成。中世纪基督教神职人员也常常把生活中的每件事情当作其他事情的隐喻。因此，当他们看到一个兄弟或姊妹受到鞭打，很可能会联想到耶稣在十字架上受苦受难，他为了拯救有罪人类的灵魂做出了巨大牺牲。能让人们记起这件事情是好的，即便需要团体中一个成员经受痛苦才能凸显这一点。

痛苦本身——不管是施加还是经受它——最后变成了一种信仰。经受痛苦——作为赎罪的一种行为——变成一种宗教行为。虽然这个事实可能从未被很好地理解，但是它逐渐被认可，甚至最受人尊敬的圣徒们，比如阿西西的圣方济各（St. Francis of Assisi，现在能为大家所熟知，是因为据说他能够和动物交流）经常把自己鞭笞得鲜血淋漓，还鼓励追随他的人也这样做。显而易见，当诸如圣方济各这样尊贵的人都沉湎于自我施加的痛苦时，其他人也开始相信鞭打有益于灵魂。中世纪的大多数人从未加入男女修道院，但这是一个虔诚的时代，几乎每个人都渴望成为虔诚地为上帝奉献生命的人。因此，从当地教士那里接受一番痛快淋漓的鞭打或者进行自我鞭笞，与朝圣或者禁食一样，成为一种常见的赎罪方式。

1424 年，一位名叫约翰·弗罗伦斯（John Florence）的英国人被控犯有异端罪，他有两个选择，要么被革除教籍，要么接受适当的惩罚。一个真正的异端无疑会选择革除教籍，但弗罗伦斯选择接受惩罚。一连三个礼拜日，他在诺维奇教堂前当着教友的面受到鞭打，在附近教堂也接受了相同惩罚。这种惩罚一般人无缘得享，倘若它能够清除罪恶的污点，那么即便是世俗社会中最显贵的成员也将渴望忍受鞭子的痛抽。英国国王亨利二世（Henry

鞭子、链枷、皮鞭、九尾鞭等等，它们的形状、尺寸、样式五花八门，伤害程度不一。图中所示可能用于体罚或司法处罚，可归为“鞭子”的样式。它很可能是为那些苦修的极度虔诚的自笞者制造的。据称，他们通过自我惩罚会寻到救赎，以此拯救他们自己和世人。

II）的遭遇很可能是最著名的事例。在1170年，亨利或许是有意，或许是在不合适的地点口出误言，导致他的好友坎特伯雷大主教托马斯·贝克特（Thomas Backet）被谋杀。教皇盛怒之下革除了亨利国王的教籍，并让他在一段时间里反省忏悔，然后才会收回绝罚。由于明白一个受绝罚的国王难以保住王位——也或许是真的对贝克特的惨死感到悔恨——亨利赤着足，在严冬酷寒中从伦敦一直走到坎特伯雷。在那里，他自愿接受严厉的鞭笞。坎特伯雷大教堂的五位高级教士每人在国王的裸背上抽打五下，然后80名修士每人又给了他三下。在忍受了265下鞭打之后，亨利穿上了麻布衣，抹上灰尘，来到坎特伯雷大教堂的祭坛（贝克特被杀的地方），跪在这里祷告了整整一天一夜。

鞭笞用以自我惩罚的观念被社会接受并广泛传播，为了迎合那些选择这种痛苦的自我赎罪的人们的需要，各式各样的兄弟会出现并发展。

1259年，意大利爆发了一场瘟疫。当时，兵祸肆虐，政治腐败，社会几近崩溃，巡游的教士和修道士们开始鼓吹世界末日即将来临，反基督者将要出现。由于惊恐过度，一个被称为“严守耶稣基督垂训之人”（Disciplinarians of Jesus Christ）的自笞者兄弟会，开始在乡间游行，他们鞭打自己来赎偿世界的罪恶，他们在经过的城镇和村庄吸引了很多追随者。男人、女人甚至小孩子都加入他们的行列，数月间，一万多名满身鲜血的信徒组成的游行队伍在意大利的道路上踉跄而行；他们高唱着赞美诗和颂歌，遮住他们的脸以抵抗世上的屈辱，裸着他们的背以承受自我的鞭笞。场面是如此壮观可怖，以至于正在交战的军队全都放下了兵器，士兵们站在路边，让这个哀伤的队伍不受干扰、继续前行。

这或许可被看作是民众歇斯底里的集体行为的一次爆发，1347 年，黑死病（Black Death）在欧洲爆发。黑死病在两年半的时间里摧毁了欧洲三分之一的人口。随着黑死病的传播——以及伴随而来的一种观念即疾病是上帝对人类罪恶的惩罚——鞭笞的武器又被信徒拿起。一个世纪前的事情此时重现，但这时的自笞者们态度非常激进。当教士们公然反对民众自我虐待的时候，自笞者们便闯入教堂，当他们游行至犹太人隔离居住区时，竟迫害犹太人。鞭笞在数月间风行意大利，并传至瑞士、匈牙利、波希米亚、波兰、德意志诸邦国、丹麦、荷兰和佛兰德斯，且在自笞者变得更具攻击性的时候扩展至更远。1349 年，教皇克雷芒六世（Clement VI）宣布自我鞭笞派为非法，坚持认为这种极端行为等同于异端邪说。

后来黑死病逐渐消失，自我鞭笞者随之销声匿迹。当时无人认识到，疼痛像毒品或者酒精一样能够让人上瘾，尤其是处于情绪极端激动或巨大压力下。一个时代的问题越多，情绪宣泄的要求就越强烈。在恐怖的战争和瘟疫中，自我鞭笞者在祈求弥补人类的罪恶的同时，犯下了一种新的“施虐受虐罪”（sin-sado-masochism，尽管这个词几个世纪前才出现）。类似情况出现在性压抑氛围中实施肉体鞭笞的男女修道院；鞭笞——无论施加还是承受——变成性满足的一种替代品。

施加或者接受疼痛是因为它能提供情感或性的满足。上文描述的很多宗教性鞭笞形式的肉体惩罚的案例表明，快感与痛楚通常会交织在一起。在更一般的意义上，对无助的受害者施加痛苦，或许不是寻求一种性的或情绪刺激的满足，而是因为施刑人是一个能够吸引人格堕落者的行当。同样的，法官、神职人员或者其他官员等监督酷刑实施的这些人，也能够看到受刑者血肉横飞，双臂双腿从关节处脱臼的惨状，他们处在能感受间接刺激的绝佳位置。沉浸于这种工作乐趣的人在本书下一部分将不难找到。正如最上瘾的人一样，沉湎于——或者自笞者所自愿接受的——痛苦的那些人，甚至对习惯性鞭笞有了免疫力，从而渴求更强剂量的鞭笞。故而，某些国王、独裁者、法学家、神职人员，特别是如西班牙宗教裁判所第一任大审判官托马斯·德·托尔克马达（Thomas de Torquemada）那样的人，他们施加的恐怖会不断升级。

西班牙宗教裁判所吸引了远比宗教狂热分子多得多的施虐狂，这样的证据数不胜数，我们发现，宗教裁判所允许看守们在非行刑时间和场合鞭笞囚犯。若囚犯说话（除非他们在祷告），他们将受到鞭笞；若他们唱歌或和看守讲话，也会挨鞭子。鉴于这样严苛的规则，以及施虐者凭一时之突发怪异念头随时随地施刑，西班牙宗教裁判所的很多日常工作似乎不是侦破异端和有嫌疑的国家敌人，而是通过在身体和精神上摧残无助的人来寻求极度的刺激。而且宗教狂热者深信自己如此而为是正确无误的，并依仗权力和权威推行他们的意志，人类历史上再没有比这更可怖的了。

从文明社会最早使用绞刑开始，到西班牙宗教裁判所大规模的死刑处决，到法国大革命时期断头台上接二连三的人头落地，直至随身带着午饭，到伦敦泰伯恩刑场观看绞刑的围观者们的欢呼和嘲笑，都表明了民众对权力和“正义”的展示的嗜好。满足大众观赏处决罪犯的欲望，是处决公开化的诱因——如果“人民”不想见证这些事情，它们会在私下进行。但事实是，公众也像施刑人、法官、宗教审判官和罪犯一样残忍。看着一个人在绳索尾端窒息或者扯出他们的内脏令人们感到兴奋刺激。1685 年，

当蒙茅斯公爵（Duke of Monmouth）因蓄谋推翻他残暴的叔父英王詹姆士二世（James II）被斩首的时候，围观的几千民众尖叫、大喊，把手帕浸在他的鲜血里，仿佛他是一位神圣的殉道者。他们这样做，是因为他们爱他。不到一个世纪后，当法国恐怖统治的当局把国王路易十六（Louis XVI）和王后玛丽·安托瓦妮特（Marie Antoinette）推上断头台的时候，台下民众的反应几乎也是尖叫大喊，二者的原因却不同——路易十六为他们所恨，蒙茅斯公爵为他们所爱，不过两次行刑都让民众们陷入狂热兴奋之中。施刑人享受他们工作的一个原因——疼痛是令人兴奋的、上瘾的，使得酷刑在历史上变得极为普遍和危险。虽然社会和政府一直坚持认为酷刑是一种查明真相的合法手段，或是对已定罪犯人的严厉惩罚，或是对教会中的罪人彰显上帝的律法，但事实则是，不论个人还是政府都赞成对那些违反社会普遍规范的人施加极端暴力。

1685 年对蒙茅斯公爵的公开处决。这是一个可怕的场景，刽子手杰克·凯奇在行刑时表现非常糟糕。据一个目击者说："这只凶残的狗行事如此残忍，他（用斧子）砍了五次，也没能使公爵身首异处。"最后，凯奇拔出随身佩带的刀，割下了公爵的头颅，使他解脱了痛苦。

第二部分

酷刑的历史

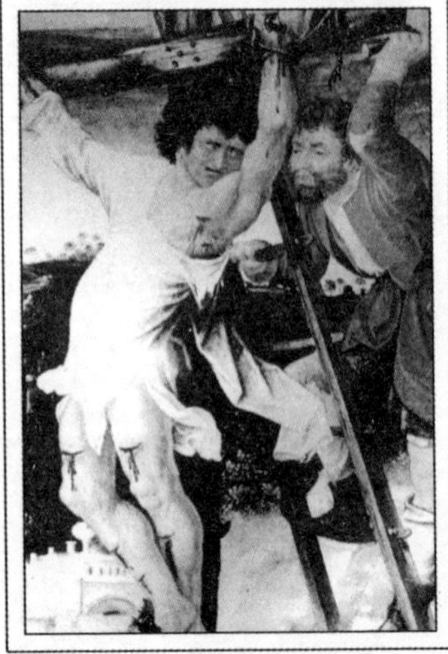

第1章　古代与古典时代的酷刑

在第一部分中，我们知道酷刑可能是虚弱和忧惧多疑的政权普遍使用的手段。那么从逻辑上说，与更现代、更进步的文明相比，早期的、原始的文明应该更倾向于使用酷刑。但事实却并非如此简单。虽然无人确知酷刑的概念始于何时，但我们可以考察那些最早保留司法记录的文明，并比较它们处置违法犯罪者和敌人的方法。

大部分有文字记载的早期社会——主要在地中海的东部、底格里斯河和幼发拉底河流域——在一些重大罪行上拥有共同的量刑标准。弑父、通奸和沦为战俘都被视为不可宽恕，应受重罚。除了以上几个共同情况，这些社会如何惩罚其他罪行则基于各自的文化特征。

总的来说，法老时代的埃及文明相当发达。埃及人从来不对已定罪的犯人强加不合理的惩罚。死罪，如谋杀，通常被处以绞刑。这一法规的少数例外之一是杀害了自己的孩子。在这类案件中，会判处将孩子的尸体绑在父母的脖子上，直至尸体腐烂：毫无疑问，场面异常令人恶心。另一个例外的情况是弑父。犯人会被处以一种独特的缓慢而痛苦的死亡方式，他会被一束芦苇鞭打身体，扔进荆棘丛里来回打滚，直到皮开肉绽，然后在活着的时候被扔进熊熊烈火中。罪行较轻者接受的惩罚也相对较轻。

对大部分非死刑犯来说，标准惩罚均为公开的鞭刑。令人惊奇的是，鞭刑的方式与罪犯的性别还有关联。受鞭刑的女人以跪立的姿势接受惩罚，而男性要四肢伸展脸朝下趴在地上。行刑前会剥光犯人上身的衣服，露出脊背。从逻辑上讲，罪行越重，则受到的鞭打越严厉。当一名男性犯下与奴隶通奸的罪过时，他将遭受一千多下的鞭笞。不过这并不等于是实际的鞭打数，刑具也可能不是一束锋利的芦苇鞭或一根重鞭，倘若使用这类刑具，有可能真把受刑者打成碎片。奇怪的是，当一个女人犯下通奸罪时不会被处死，而会把她的鼻子割掉。这种惩罚虽对生育无关大碍，不过一个女人若变得如此丑陋，肯定很难拢住自己男人的心了。肢体残害并不只针对女性通奸者，很多其他的罪犯也会受到各种不同的肉体残害。有意思的是，当一个人被指控的罪名是错误的时候，他还是会被判为这种罪名，受害者也只能接受这个判决。

埃及的战俘或罪犯受到鞭笞。不能确定的是右边那个人到底是在恳求宽恕还是协助行刑。

这幅图展现了**两个战俘被亚述人活剥皮的场景，第三个战俘已经被斩首了。**这种图像在当时是重要的宣传画。它昭示与亚述作对的人会受到严厉而残酷的惩罚，同时也是对邻国的一种警告。

埃及是一个骄傲的民族，最让他们感到耻辱的是沦为战俘。这种耻辱比死亡更可怕。因此，当埃及军队俘获了敌方士兵后，会毫不客气地对待他们。在被押往囚禁地点的路上，俘虏们一个挨着一个，排成一长队，脖子上套着绳子，他们会被绳子勒得非常难受，但不会被勒死。为了让犯人更加痛苦，他们的双手被死死地反绑在背后。有时候，倘若法老的军队陷入鏖战、处境艰难，他们对战俘的折磨也会加倍，会用绳子把战俘的双手反绑在背后，然后将绳子缠在已经套上绳索的脖子上。战俘为减轻肘部和手腕的痛苦就会挣扎，越是挣扎，就越有可能勒死自己。那些在漫长押送途中幸存下来的囚犯的下场也很悲惨，在失去了眼睛或者舌头之后会被当作奴隶卖掉。这是在警告其他人：永远不要与法老进行战争。

以修纳（Eshunna）城邦属于稍后的中东文明，留存下来的司法记录非常少，它于公元前 2000 年 ~ 公元前 1720 年之间走向繁荣，位于今天伊拉克巴格达北部仅三十 英里（五十公里）处。以修纳似乎有一套涵盖日常生活各个方面的法典，包括常见的犯罪如偷窃、抢劫、绑架、谋杀、身体伤害、性犯罪和故意伤害动物等。对于稍轻的罪行，以修纳的法官可能是先强征罚金而非施以肉体惩罚——与观看罪犯的脊背受到鞭笞而得到些许满足感相比，罚金至少对实际的赔偿更有意义。发生在夜晚的犯罪活动比白天的惩罚更严厉。倘若白天偷盗他人的庄稼，将处以十个银舍客勒的罚金，若是晚上，将被处死。

还有一个问题是以修纳人怎样判决女性罪犯，因为代称男性与女性的书写语言似乎没有性别区分——他和她可以互换。因此，法律规定："当抓住一个女人在一个男人膝上时，（他/她）必须死。"显然，通奸罪是一种相当严重的罪行，但不确定的是哪个罪犯会被处死。综合各方面的因素，我们有理由认为，被处死的会是处于不利地位的女性。

评价这些早期社会中酷刑制度的困难之处在于，酷刑实施具有随意性，依当地司法部门的一时兴致而随意施加。目前所知的最早编纂法典、为特定罪行规定特殊刑罚的尝试之一，出现在巴比伦国王汉谟拉比（King Hammurabi of Babylon，公元前 1792 年~公元前 1759 年在位）统治末期。为了使 282 条法令和与之相关的刑罚能广为人知，汉谟拉比命令把法令刻在一个六 英尺（约合两米）高的石柱上，类似于石柱的副本竖立在整个帝国的主要城市里。虽然以现在的标准看，很多规定极其野蛮，但是私人复仇与虐待奴隶和妇女都被视为非法。在许多案件中，根据传统的"以眼还眼"的同态复仇（talio）进行惩罚：如果一个人打断了另一个人的骨头，那么他自己的那根骨头也要被打断；若一人故意挖出他人的眼睛，他自己的眼睛也会被挖出。其中特别有意思的一条法令规定，倘若医生在手术过程中使病人不治而亡，或使病人留下残疾，那么医生就要被砍掉双手——显然是为了防止以后治疗失当。《汉谟拉比法典》值得称道之处是赋予女性特定的权利，比如无过错离婚和免遭强奸的保护；对性犯罪者的惩罚是宫刑。倘若一个男人控告其妻子与人通奸，在休掉她之前，他必须提供妻子罪行的有力证据，若她被判有罪，将被扔进幼发拉底河。如果神灵认为她是清白的，她会安全到达对岸；如果确实有罪，必然会淹死。这种水刑审判，重现在千年之后对被控施巫术的女人进行大肆迫害的猎巫运动中。

奴隶也获得保护，免遭主人的无端虐待，但毫不奇怪的是，奴隶比自由民享有更少的权利，特别是罪行是否达到被判死刑方面。死刑适用于一系列的犯罪，包括偷盗、故意接收赃物、纵火、绑架、包庇逃跑的奴隶、谋杀、通奸（令人吃惊的是适用于男人和女人）以及拥有一家声名狼藉的酒馆。其中特别有意思的是，“以眼还眼”被作为纵火或在火灾后抢劫的惩罚。在这些案件中，罪大恶极的人会被扔入火中。

正是由于文明的原始性，汉谟拉比时期巴比伦的司法出人意料地不偏不倚。无人会在缺乏充足证据的情况下被定罪，做伪证者舌头要被割掉，倘若受害者确实有罪的话，做伪证的控

这幅图虽然描绘的是**中世纪后期的一个场景，**却展示了《汉谟拉比法典》所规定的一种“泳刑”。被控者的手脚被绑住，然后扔进河里。倘若他们成功穿越宽广的河面到达对岸，那么他们将被认为是无罪的。如果他们淹死了（这的确是大多数人的命运），则被认为是有罪。

▶**右页上图：**可以说，几乎每个人（确指西方世界的）都很熟悉十字架刑。它有很多不同的形式，如何施用则取决于施刑人打算让犯人承受多大的痛苦。死刑犯被绑在十字架上或钉在上面，或二者兼有。可能会有一个能让他们站立的小平台，也可能没有。他们受到鞭打、刀砍等等。倘若一个人受到殴打、鞭笞、戳刺，然后失血而死，这比他只是被捆绑住而死于曝晒或窒息所需要的时间更短。

▶**右页下图：在这幅图中，标为“B”的那个人正被锯成两半。**其实无须赘言，都知道这种折磨是多么的痛苦与缓慢。很显然，这是一个死刑判决，但是，甚至当他的下半身被锯掉的时候，就像古代的魔术师在戏法中对待灰熊一样，他仍可存活一段时间，直到最终因失血而死。同时，标为“A”的那个人即将被斩首，这种处决相对仁慈一些。

告者将受到与受害者同样的处罚。另一进步之处是上诉权利：不论何种罪名，所有罪犯都拥有这一权利，罪犯不仅可从当地法庭上诉至高级法庭，甚至还可上诉至御前。很多遗存下来的记载显示，汉谟拉比经常会审理来自各阶层各色人等上诉至御前的案件。

与其邻居埃及人和巴比伦人一样，古希伯来人制定了自己的法律，且尽量确保惩罚合理。《摩西法典》（*Mosaic Code*）是摩西及其继承者们的法律，于公元前1200年前后编成，它构成了一个完善的刑罚体系，几乎涵盖了当时各种类型的酷刑。同与希伯来人关系长期处于紧张状态的埃及人一样，最常见的民事刑罚是鞭刑，不过鞭打从来不会超过四十下。死刑罪包括吃还带着血的肉、亵渎神明、把孩子献祭给异教的神、未婚先孕以及儿子拒不服从父亲的命令，这是希伯来律法独有的。

根据希伯来律法，处决方式包括焚烧、投下悬崖和十字架刑，但法律判决中最常见的处决方式是石刑。在早期文明中，所有的死刑均为公共事务；精心准备的仪式以及随之施加的痛苦，给围观民众留下深刻的印象，从而能够震慑其他人不要犯下类似罪行。石刑有特别的仪式。死刑犯会被带至城外一个专门的行刑场地。那里平时就堆着一些石头，想必是为了提醒过路人这个地方的重要性。最开始对罪犯提起控诉的那个人，要身穿白色的流苏长袍，投出第一块石头。一旦第一块石头投出，其他围观民众便如法炮制，直到罪犯被砸死，身体完全被石头埋没。

尽管十字架刑几乎快变成罗马独特的刑罚，但它也是早期犹太人常用的一种处决方式，而且有很多不同版本——常被称为“吊在一棵树上”（《旧约》有所记载）。从《圣经》的语言中很难判断这些死刑究竟是传统绞刑，还是简单地把犯人绑在树上，使其死于风吹日晒。

在希伯来人的死刑中，较奇特与少见的是活埋；这种刑罚的

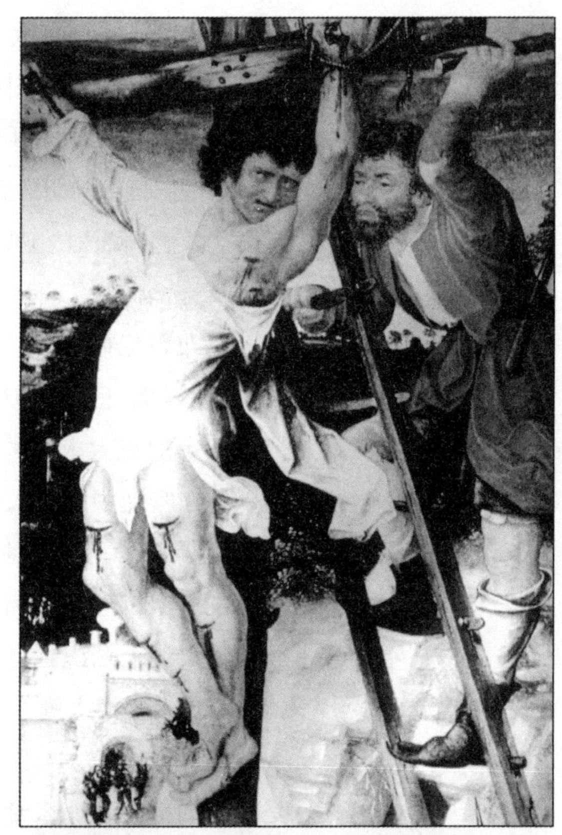

一个极其残忍的变化形式是把犯人扔进装满灰烬的一座塔状物里。该塔须足够高，以便能把犯人填进去，使他在慢慢地陷入灰烬的过程中窒息而死。可能会有一些通向塔中的阶梯和平台，从那里审判案件的官员可以目睹罪犯的死亡过程。在其漫长而动荡的历史中，希伯来人似乎使用了五花八门的独特酷刑。妓女一般会被活活烧死，祭司的女儿犯下通奸罪也是同样的下场。当大卫国王（King David，公元前 1005 年 ~ 公元前 965 年在位）在长时间围攻后最终占领拉巴城时，他下令把市民锯成两半，或埋在土里只露出脖子，然后犁过去。大卫屠杀拉巴城和把死囚扔进灰塔里的这种事情，并不是古代犹太人所广泛接受的惩罚方式。这些极端行为更像是激情犯罪或者简单的施虐行为，而非执行《摩西法典》。

除少数例外，希伯来人认为他们的司法与刑罚体制与他们对万能上帝的信仰一样文明。的确，当他们与邻国关系破裂时，征服者施与战败的犹太人的惩罚，与希伯来人施与本族囚犯的惩罚几乎同样野蛮。但结果往往与征服者的意愿相违。

当巴比伦国王尼布甲尼撒二世（Nebuchadnezzar II）于公元前 589 年入侵并摧毁犹太王国时，他视犹太人为被征服的民族。不过他也提拔了一些犹太人在他的政府中任职。其中三人是沙得拉、米煞和亚伯尼歌。尼布甲尼撒建造了一座金像（可能代表火神或太阳神），并命令臣民崇拜它。这三人拒绝执行，随后被押至国王面前。对他们亵渎神明的惩罚就是把他们扔进一个火炉，火炉温度非常高，以至于烧火的卫兵都被烤死了。按照《但以理书》(*Daniel*) 的描述，上帝派来的天使拯救了这三个希伯来人，使他们免于被烧死，并令尼布甲尼撒二世认识到上帝的神圣力量。仅仅一代人之后，波斯国王大流士一世（Darius I of Persia）就打败了巴比伦，控制了沦为囚虏的犹太人，并任命先知但以理在宫廷中担任重要职务。但以理在宫廷中的敌人们散布不利于他的谣言，大流士相信了这些流言蜚语，下令把但以理扔进狮子坑。第二天，大流士前来查看，发现但以理竟然和这些狮子相安无事，很显然受到了上帝的庇佑。大流士意识到自己犯下了严重错误，就释放了但以理，并把那个控告者投入狮子坑，他的结局肯定是尸骨无存。

如果古代的大卫王、所罗门王、基甸和约书亚这些犹太英雄是有名的勇士，那么希伯来人历史上最著名的勇士家族毫无疑问应属马加比家族（Maccabees）。从公元前 165 年到公元前 63 年，马加比家族揭竿而起，反抗旧约时代最残暴的民族之一——亚述人（Assyrians），并试图重建犹太王国。亚述人好战野蛮，以下事实可以为证：几个世纪之前，在亚述国王亚述巴尼拔（Ashurbanipal，公元前 669 年～公元前 627 年在位）的统治下，他的军队把俘虏的敌方士兵活生生地剥皮，使用刑具在俘虏的头上打上烙印。亚述巴尼拔所征服城市中的孩童会被烧死，极少数幸存下来的成年人被挖眼、活剥、钉在尖桩上，他们的手脚、耳朵或者鼻子会被砍掉。五个世纪之后，到马加比王朝兴起的时候，亚述人稍微文明化了，但并未有少许的宽仁。

犹太人之所以憎恨亚述人，是因为他们是一个长期的威胁；亚述人憎恶犹太人，是因为他们尽管已经失败了，却还是顽固地拒绝臣服。最后，亚述国王安提阿古·伊皮法尼（Antiochus Epiphanies）失去了耐性。他把耶路撒冷洗劫一空，在所罗门圣殿的内室立了一座朱庇特神像，并把圣殿的其他房间改为一家妓院，还命令把每个守安息日的人都活活烧死。犹太人不甘心接受失败而起义反抗；犹大·马加比身边聚集了一支起义军队。这些人就是马加比家族。

图中的酷刑和处决有很多不同的版本。有时，受害者被固定在地面上，用一个较大的轮子碾碎他们的四肢和包括臀部、肩部在内的所有关节。有时，受害者被绑在轮子上，施刑人用棍棒或铁锤来造成同样的伤害，目的是打碎身体上的每一块骨头，而不毁坏皮肤或引起致命的伤害。在这两种情况下，受害者绵软的四肢经常被“编在”轮子辐条上，然后把轮子安装在一根木杆上，公开示众，让他们在上面缓慢而痛苦地遭受风吹日晒，最终饥渴（以及可能的内出血）而死。

安提阿古对这一切深恶痛绝；他想要把犹太人变成温顺的奴隶，就像被他征服的其他民族一样。但很明显的是，对安提阿古来说犹太人需要一些形象的例证，来显示他们的新国王是多么的强大，而他们自己的信仰是多么的荒谬。让安提阿古尤为恼火的是犹太人禁食猪肉的饮食习俗。有一次，一个拒吃猪肉的男孩被绑在一个轮子上，他的关节脱臼，骨头碎裂，皮肉被炽热的铁钳撕裂。为了增加男孩的痛苦，轮子下面有一张炭火床，炭火最后竟被他自己流下来的血给浇灭了。还有一次，七个兄弟和他们年迈的母亲因同样的罪被拖到安提阿古面前。国王向他们保证，如果他们在胁迫下吃了猪肉，他们的上帝会理解并原谅他们的罪过，他还威胁说，如果他们拒绝，就在其母面前把他们都残忍地处死。七兄弟和母亲还是没有妥协。七人中年龄最大者被绑在轮子上折磨拷打、四肢砍掉之后，国王说，倘若余下的六兄弟与他一起共进一顿美味的猪肉晚餐，他将赦免他们六人。他们再次拒绝了。第二个兄弟的四肢被砍掉，在还未咽气时被放进一个大煎锅里炙烤。第三个被活剥并开膛破肚。第四个人遭拔舌，然后被固定在铁叉上活活烤死。第五个烧死在火刑柱上。第六个被扔进盛满沸水的大锅里。年龄最小的那个自己跳进沸水锅，与哥哥死在一起。安提阿古有一种挫败感，恼羞成怒之下就指控他们的母亲不许他们背弃信仰，使他们被杀，判处活活烧死她。到公元前 63 年，马加比起义失败，犹太人依然是亡国的民族，但亚述人的力量也在慢慢衰落。一个新的、更进步的文明站到了世界舞台的中央，他们带来了新的、更高级的酷刑方式。

古希腊人是一个文明的民族。至少他们自认为文明。早在公元前 1179 年，希腊法律就禁止谋杀，而是采用一种典型的文明方式，即死刑只能由国家的法庭来判决。这似乎是一个好的开端，但不幸的事情很快降临。公元前 700 年前后的数十年间，僭主德拉古（Tyrant Draco，此后，僭主与独裁官一样成为正式称号）认为，倘若死刑是好的，那么岂不是多多益善。因此他宣布，如果对所有的犯罪只处以一种刑罚——死刑，那么实施法律会变得极其简单。从偷一片面包到谋杀的任何犯罪行为都被处以死刑。在被问及为何要颁布这种法律的时候，德拉古嘲讽道：“穷人应该去死，而且我想不到更重的惩罚来施加到富人身上。”德拉古——有意思的是它被翻译为“魔鬼”（serpent）——或许掌权不是太久，但是“德拉古式的”（draconian）这个词却从此与严酷的法律联系在一起。

大部分读者应该对这个刑具很熟悉。它不只是一个简单的桎梏，还可以把受刑者的头和手卡住，让他毫无防卫能力，只能忍受着城镇中的围观民众的攻击、抛掷东西和折磨。

在德拉古时代的 350 年之后，雅典的立法者卡伦达斯（Charondas）提议把被称为《梭伦法典》（*Thurian Code*）的法律刻在石板上。我们这里要考察的不是法典本身——它采用了很多早期社会中流行的“以眼还眼”的法律原则——而是它如何实施。为了防止有野心的改革者武断地修改他所制定的新法律，卡伦达斯颁布法令，规定任何提议修改法典的人，在其建议被立法者会议充分讨论的时候，要在他脖子上套一根绳索，一旦这个提议被否决，此人会立即被勒死。因此，在卡伦达斯当权的时候，提议要对法典进行修改

不幸的受害者被塞进“铜牛”，下面生起一大堆火。它就像一个青铜制的烤箱，很快被烧到炙热无比。犯人的嚎哭和尖叫声从公牛的嘴里传出来，就像牛的鼻息声和吼叫，令行刑人和法官感到兴奋。

的事情只出现过三次，也就不足为奇了。值得一提的是，顽固的卡伦达斯完全致力于遵守他的法律。当他无意中佩带着剑出现在公共集会时（这被《梭伦法典》视为非法行为），他拔出剑，刺进了自己的心脏。

在更文明的一些时期，希腊人较早地采用了一些对罪犯不造成身体伤害的惩罚。其中就有颈手枷(Pillory)，它在18世纪晚期依然被普遍使用，可以把犯人的头和手锁进一个安装在木杆上的木框里。这个刑具令人非常难受，倘若迫使犯人戴着它在公共场合示众，遭受过往行人的嘲笑和谴责，无疑会加倍痛苦，但这对他们身体不会造成长期的伤害（至少颈手枷本身不会）。通常会施用颈手枷的罪行是公共场所酗酒。有点奇怪的是，当有人犯下这种罪行时，他们会受到两次指控和审讯——第一次指控酗酒，第二次指控与之相关的其他罪行。显然，希腊的法律制度并不同意亚里士多德（Aristotle）所说的“酒后吐真言”（In vino veritas）。并非所有的希腊酷刑目的都是惩罚，使用酷刑榨取信息很可能就起源于古希腊。为此，他们采用了拉肢刑（Rack）和轮刑(Wheel)。在希腊的轮刑中，受害者被绑在一个车轮上，然后一直旋转，直到他们供出所需要的信息。更严酷的轮子“旋转”能够导致死亡，死亡原因可能是被自己的呕吐物窒息、脑溢血或心脏病发作。令人讶异的是，甚至如亚里士多德和德摩斯梯尼(Demosthenes）这样非常“开明”的希腊哲学家，亦完全赞成把酷刑作为一种挖掘信息的手段。亚里士多德写道，他之所以赞成这些方法，是因为它能够提供“一种似乎绝对可信的证据”。很明显他没有认识到一个事实，即在罹受难以忍受之痛苦时，几乎每个人都会招认任何事情。难道亚里士多德就没想到“铜牛”

(Brazen Bull）这一构思巧妙的希腊刑具吗？

铜牛据说由一个叫佩里劳斯（Perillus）的人发明，是为了讨好阿格里真托（Agigentum）的僭主法拉里斯（Phalaris）。这个刑具其实就是一个空心的、真牛大小的青铜公牛，牛身一侧有个活动板门，鼻孔和嘴里有一些孔洞。在行刑时，把死刑犯从牛身的小门塞进牛肚子里，然后在下面生起一堆火。当铜牛被烧成通红的时候，受害者的尖叫声从牛的鼻孔和嘴里传出，声音非常像一头疯牛在嘶吼。虽然法拉里斯似乎对刑具本身还算满意，但对这个逢迎拍马的小人却非常厌恶，不幸的发明者成为第一个受刑者。然而，城邦居民对法拉里斯的厌恶超过了他对佩里劳斯的厌恶。在备受其暴政摧残之后，公元前563年，愤怒的民众把僭主法拉里斯填进了铜牛。

古希腊没有统一的政治制度。相反，它是一个地理位置分散的多元文化的众多城邦之集合体；其中的一些城邦，如雅典（Athens），比其他城邦（譬如法拉里斯治下的阿格里真托）的文明发达。较偏远和文明程度较低的城邦，似乎更善于发明一些令人难以置信的独特酷刑。据古希腊历史学家琉善（Lucian）记载，有一次，一个年轻女人被缝进刚宰杀且掏出内脏的驴尸体里，只有她的头还留在外边。在地中海地区的烈日暴晒下，驴的尸体开始紧缩和腐烂。伴随这种酷刑的是缺食少水和风吹日晒，驴尸腐烂招引来蠕虫和昆虫，它们啃噬着动物尸体和受害者的肉。记载中没有提到受害者到底苟延残活了多长时间。另一种类似的恐怖酷刑是古希腊喜剧作家阿里斯托芬（Aristophanes）的

这是一种**烙铁**，用于惩罚被认为是同性恋的斯巴达男性。

作品所描述的。犯人被锁在颈手枷里，浑身涂满了能吸引昆虫的牛奶和蜂蜜。如果他能经受住一连二十天的饥渴、暴晒和昆虫啃噬而最终活下来，将会被从枷具里放出来。更确切地说，释放他只是为了将其拖到悬崖边，然后抛进深渊。

古希腊人中较为坚强和利己的是斯巴达人（Spartans）。斯巴达人勇敢、好战，厌恶雅典人的那种安适生活。若一个斯巴达人过于肥胖，会受到公开鞭笞；若他长时间不结婚（从而被疑为喜欢男人而非女人），将会在公开场合用烧红的烙铁打上烙印。僭主纳比斯（Nabis，公元前205年~公元前194年统治斯巴达）发明了一种非常奇特、能给自己带来乐趣的刑具来折磨惹他不高兴的人。纳比斯命人依照他妻子爱琵加（Apega）的形象塑造了一个铁质雕像。它的手臂可以用铰链打开，手臂内侧和胸部安装有很多锋利的长钉。当纳比斯亲自审讯罪犯并对疑犯的供述不满意时，据说他会讥讽道："倘若我的能力不足以说服你的话，或许我的妻子爱琵加能够说服你。"铁制"爱琵加"一次致命的拥抱就可能终结这次讯问，但是纳比斯却乐在其中。

虽然我们没有关于"爱琵加"的真实记载，但是**"纽伦堡的铁处女"**这幅图应该能表现与她拥抱的危险后果。这一刑具有很多不同的变体。其中一些是致命的，也有一些只是对受刑者造成一定的伤害。

与之前的巴比伦人和亚述人一样，古希腊也最终走向了衰落，被一种新文明取代；罗马人成为这一地区的霸主。罗马文明和酷刑理念可以分为两个不同的阶段：罗马共和国时期和罗马帝国时期（即在尤利乌斯·凯撒之前与之后的两个时期）。

与古希腊人一样，早期的罗马人设法建立一种相对统一的社会。早在公元前6世纪，罗马的第六位国王塞尔维乌斯·图利乌斯（Servius Tullius）就将民事犯罪与其他罪行区分开。在这种新的、更文明的司法路径中，死刑以及相伴而来的可怕痛苦留给了诸如谋杀、叛国、纵火、做伪证和神庙中的童贞女不贞等罪行。在一些案件中，如纵火，刑罚原则依然是“以眼还眼”——纵火者会被烧死。做伪证者被扔下悬崖，不贞的童贞女被活埋。严重的民事犯罪，比如身体伤害或抢劫，一般也只是被处以高额罚金，不过盗窃农民的庄稼有时会被处以绞刑。祭司、十四岁以下的孩子和孕妇免受任何形式的酷刑拷打。在罗马共和国时期，法律是相对公正的，与今天的我们相比，罗马的自由民不必担忧受到司法暴力的随意侵害。不过在公元前50年前后，一切都改变了。

一个男人正被其他两人鞭打，他们所使用的似乎是打结的绳索，也可能是较重的铁链。右边那个受害者背部被滴上熔铅，同时，后面的那个男人由于一些未知的原因被赶进一个洞里，另一个人被火焚烧并用棍棒殴打。

尤利乌斯·凯撒（Julius Caesar）仅掌权了大约六个月，根本没有机会作出改变。然而，他所做的事情却为之后的皇帝们铺平了道路。在凯撒被暗杀后不久，罗马大权落入三个人手中：马克·安东尼（Mark Anthony）、屋大维·凯撒（Octavius Caesar）和马尔库斯·雷比达（Marcus Lepidus）。部分由于当时处于内战时期，部分是天性使然，他们彼此猜疑，钩心斗角。公开抨击政府在罗马历史上第一次被视为非法。当哲学家西塞罗（Cicero）批评马克·安东尼的时候，很快受到逮捕、审讯和处决。对新的罗马帝国而言，这不是一个好的开端，而且事情很快每况愈下。正如所有的独裁政权一样，罗马帝国的皇帝们担忧自己掌控权力的能力，惧怕每一个可能篡夺权力的人。对他们而言，维系自己权力的唯一方法就是营造恐怖的氛围：所有的密谋（无论真实的还是臆想的）都会被揭露出来，而所有的阴谋分子必须受到严厉惩处。如前所述，正是在这种恐惧和猜疑的妄想氛围下，酷刑才大量增加。

帝国严苛暴政的首要对象就是罗马军队。这不足为怪，因为正是凯撒的军队颠覆了旧共和国，所以绝不能让士兵自以为能够随意更迭政府。在罗马帝国时期，士兵惧怕上级军官更甚于惧敌。

在这个木刻画的右侧，可以看到**滑轮在酷刑中的应用（也称为吊刑）**，他脚踝上系着的重物加剧了肩关节承受的痛苦。在画的左侧，另一个人的腋窝被一个火把灼烧（尽管表现的似乎更像是一根羽毛掸子在搔痒）。在后面，一个罪犯的双手被砍掉或砸坏。在施刑人审讯的时候，书记员专注地记下受害者说的每一句话。

与普通民众一样，罗马军队最常见的刑罚也是鞭刑。鞭刑并不新颖，像其他许多东西一样，它是罗马人从希腊人那里承继来的，只不过在这一过程中把普通的鞭子升级为种类繁多的酷刑刑具。轻微罪行的刑具是简单而扁平的皮带，这令受刑者痛苦难当，却无性命之虞。第二种由羊皮纸编成的鞭子能把受刑者脊背的皮肉抽得稀烂。还有一种多尾鞭，即“重皮鞭”（plumbatae），鞭尾缀有很小的铅球。还有一种类似九尾鞭，称作“爪”，它的尾部缀有锋利的金属片或铁刺，只需几下，即出现深可见骨的伤口。最后是专为取人性命而设计的一种类似牛皮鞭的鞭子。该刑具非常简单，最多只需要几张牛皮和一点创意而已。

罗马人是一个富有创造性的民族。他们的工程师是古代世界中的佼佼者。工兵经常使用的很多筑路和攻城的器械同样可以用于酷刑。其中就有普通的滑轮。借助于滑轮，可以把人吊到高处，然后使其猛然坠地。若罪行严重，他会被反复地坠落到一堆锐利的石头上，直到血肉模糊、骨头尽折。另外，滑轮还可用来制成临时的拉肢架，能够把人的四肢拉扯至脱臼。四个小滑轮、四个小绞盘和几段绳子就可以把人的四肢紧紧拉住，嫌犯在几分钟内就会肢身分离。很多刑具并非作为一种死刑执行方式被罗马人使用，而是作为一种从“疑犯”或证人口中榨取信息的手段。在这些多疑的独裁者的统治下，酷刑（和随之而来的恐惧状态）成为在帝国内维持权力的惯用手段。随着被用作处决的刑具变成逼供的工具，新的、更独特的死刑被发明出来。就像他们经常做的一样，罗马人又一次采用并改进了已有的技术。

古罗马最险恶的刑具之一就是上文提及的轮子。与希腊的刑轮不同，古罗马的刑轮更像一个圆桶而非车轮。最简单的轮刑是直接把受害者捆绑在轮子上面或轮缘，然后连人带轮滚下山，直到他们被碾死。另一种形式是把轮子安在一根轴上，置于一个火坑上方，然后使轮上的罪犯来回地转动，慢慢地被烧死——与串烧没什么区别，只是更为缓慢。更直接有效的是另外一种轮子，其轮缘上安有长钉，可以碾过被捆绑的受害者。轮下的地面也安上一层钉子，当轮子碾过的时候，可怜的受害者血肉模糊、寸骨尽断。

罗马人所独有的刑罚可能是对弑父者的惩罚。弑父者被装进一个大帆布袋里。人们会往袋子里放入几条毒蛇，之后缝紧，然后把整个袋子扔进附近的河流、湖泊或者地中海。

罗马人最热衷于使用的死刑是十字架刑（Crucifixion）。早在共和国晚期，十字架刑就成为一种处决犯下死罪的奴隶的方法，不过直到帝国时期，这种极其残忍的刑罚才施用于奴隶之外的人。因为十字架刑是一种缓慢而痛苦的死亡，也是一种大型的公开展示（尤其是一大群受害者被一起钉十字架的时候），所以它成为处决“国家敌人”的惯用手段。十字架刑最后广泛地施加在以下两种人身上：巴勒斯坦地区的犹太人反抗者和在耶稣受难之后的两三个世纪中罗马帝国境内大量的基督徒。

耶稣被钉十字架的时候，即约公元 27 或 28 年，罗马各省大

规模的恐怖统治还处于起步阶段；皇帝提比略（Tiberius）正忙着回罗马进行清洗报复。半个世纪以后，当犹太人反抗罗马统治的时候，皇帝韦帕芗（Vespasian）有充足的时间来屠杀他们。当罗马将军提图斯在公元70年围攻耶路撒冷时，他以每天五百人的速度用十字架刑处死犹太人。以至于到了最后，十室九空，十字架林立，却抓不到足够的犹太人来受刑。

提比略于公元14年~37年在位，是一个性格多疑、行为乖张的遁世者，他讨厌其臣民，而民众也极其憎恶他。他从来不是一个勤政爱民的君王，晚年的大部分时间隐居在卡普里岛，留下亲信大臣来折磨罗马市民。为了消磨无聊的时光，提比略经常命人往岛上押送犯人，然后挖空心思，想出五花八门的奇特方法来残害他们。这些受害者大部分是他的政敌（至少是他所认为的敌人），未经任何审讯就被抓到卡普里岛。他们就这样人间蒸发了。这种折磨反对者的令人惊叹的巧妙方式，被后世反复使用——特别是非洲、南美洲的独裁者和德国一位特别邪恶的暴君（希特勒）对此很是青睐。就像任何时代处于独裁统治下的民众一样，少数罗马人抨击酷刑。其中就有哲学家塞涅卡（Seneca，公元前4年~公元65年），他认识到酷刑不仅是不公正的，而且与查明真相背道而驰。幸运的是，塞涅卡从来没有指名道姓地指责皇帝，从而也未被邀至卡普里岛走上一遭：

四个女人被处以十字架刑。请注意，这些女人只是被绑在十字架上，死亡是饥渴和暴晒导致的。左边那个女人被长矛刺穿，这样她会死得相对快一些。不确定的是，其他三个女人是否会得到类似的“怜悯”。

他的言论和观点即使传到了提比略那里，也会被当成耳旁风。作为对罗马人最后的羞辱，提比略挑选他患精神病的侄子来继承皇位——即盖乌斯·凯撒（Caius Caesar），他另一个更为我们所熟知的名字是卡里古拉（Caligula）。

与其叔父一样，卡里古拉更喜欢私下里（比如在他开晚宴的同一个房间）折磨别人，而不是残忍地蹂躏全体民众。实际上，卡里古拉知道怎么取悦罗马民众，正是他将罗马竞技从真正的竞技比赛变成了血腥的死亡狂欢。幸运的是，卡里古拉在29岁时被谋杀，仅在位四年。他的继任者克劳狄乌斯致力于使罗马恢复正常，但他的努力注定要失败。在他统治了13年后，公元54年被自己的妻子所毒杀。她安排自己在前一个婚姻中所生的儿子——尼禄（Nero）继承了王位。

尼禄肥胖、愚蠢、骄纵、虚荣，虽然可能不像提比略或卡里古拉那样凶残，不过也好不到哪里去。公元64年7月中旬，当尼禄在乡村度假时，一场大火席卷了罗马，几乎摧毁了整座城市。与传说的相反，没有任何证据表明尼禄与这场灾难有关联，但是人们喜欢传播流言，特别是关于政府的。当说他可能涉嫌纵火的谣言传到尼禄耳中时，他知道自己必须找一个替罪羊。当时似乎没有可供利用的犹太人，因此他选择了基督徒，开始了历史上有记载的最残忍的大清洗之一。成百上千的基督徒被屈打成招，更多的人以涉嫌共谋的罪名遭到囚禁。

几个月里，不断有基督徒受害者在竞技场中被杀害。几十种新的、残忍的方法出现，用来杀死罗马的“敌人”和取悦嗜血的民众。他们被逼迫穿上动物的皮，受到一大群饿狗的攻击；他们手无寸铁，与训练有素的角斗士进行决斗；他们被绑住拇指吊起来，用火慢烤，被殴打致死或者活活剥皮。一些人被扔进酒醡里轧碎；或套上一身通红炽热的盔甲；被尖桩给刺穿，或者剖开他们的肚子，在他们还活着的时候，让野兽撕吃他们的内脏。据编

早期基督教的两个殉道者在沸油中迎接死亡。他们不仅被逼着在沸油中洗澡，同时还用沸油浇在头上沐浴，这进一步加剧了难以想象的痛苦。

年史家玛根图斯·拉班努斯·茅努斯（Magentus Rabanus Maurus）记载：

> 一些人被用剑砍死；一些被大火烧死；一些受到鞭笞；有人被（三叉戟）刺死；有些人被钉在十字架上；有些被投入海中溺死；还有人被活剥皮；有人被割掉舌头；有人被乱石砸死；还有人被砍掉双手或者肢解。

有些人甚至被放进大煎锅里煎炸——就像几个世纪前大流士对待希伯来人一样。编年史家伽洛尼若（Gallonia）对这一特别的酷刑作了一番描述，他写道：

> 煎锅里面有油、沥青或树脂，然后生上火；当溶液开始

> 沸腾冒泡时，不论男女，那些基督徒被一股脑扔进锅里……像鱼一样被烧烤和煎炸。

当这些残忍的游戏在夜晚举行时，基督徒会被捆在木桩上，浇上油并点着火，作为照亮整个游戏场地的人体火炬。甚至对基督徒并不是那么友好的古罗马历史学家塔西佗（Tacitus）都写道：“他们被处决，不是为了公共利益，而是为了满足个人强烈的欲望。”这可能是人类历史上第一次把实施酷刑作为全民运动。

恐怖统治一直持续到罗马于公元 5 世纪黯然崩溃，但事实上，这些古代人都不懂得如何有效地使用酷刑，在执行残酷的折磨和血腥的处决时并没有考虑到心理方面的痛苦。古代人未能认识到，对酷刑的等待与实际的折磨同样有效，而且比直接和无控制地使用暴力能够挖掘出更多的情报。把一个人折磨拷打一段时间之后，留他在肮脏的牢房里待几天，让他自己好好思量一下，在他下次被带到地牢时，更有可能会招供，这比在第一轮审讯的时候就把他撕成碎片有效得多。与这些古人相比，他们的后辈是否已懂得更有效地使用酷刑呢？在下一章中我们将考察中世纪所使用的酷刑技术，以及在之后一千多年的时间里，酷刑是如何由简单变得复杂烦琐。

第 2 章　中世纪的酷刑

5世纪早期罗马帝国崩溃后，权力中心移至君士坦丁堡（Constantinple）。西欧处于日耳曼部落中的哥特人（Goths）和汪达尔人（Vandals）的支配下。依据常识人们通常会认为，比起罗马帝国的暴虐统治，日耳曼人肯定会有过之而无不及。事实证明，所谓蛮族部落其实在执法手段上比罗马帝国更为“进步”。三个半世纪之前，罗马历史学家塔西佗记载，日耳曼人认为只有战场逃兵、怯战者、勾结敌国者以及同性恋者罪以致死。其他不甚严重之罪，包括抢劫、杀人则处以罚款。罚金可以以牛或其他形式的财产偿付，一半用于赔偿受害者家属，剩余的支付给地方首领或国王。看来日耳曼人更为关注的是如何使所有男人认真履行其备战职责，而不是司法惩罚。显然，他们的宗教思想同样开明。公元 410 年，汪达尔人国王阿拉里克（Alaric）洗劫罗马。他宣布，禁止伤害逃到教堂寻求庇护的罗马人。这比罗马人治下的基督徒的命运不知好上多少倍。

作为耶稣基督的信徒，早期西方教会以及定都君士坦丁堡的基督教东罗马帝国，在犯罪与惩罚问题上持进步观点。皇帝狄奥多西（Theodosius）和查士丁尼（Justinian）制定的法律规定：奴隶犯下谋杀、叛国、通奸、伪造罪应判处死刑。在教会的压力下，控制西罗马帝国旧有版图的日耳曼人勉强把谋杀加入了他们的死罪之列。通常来说，在教会法律中，对轻微犯罪的惩罚是一系列的苦行，苦行的程度与罪行轻重相当。许多时候，教会规定，当案情未明时，惩罚将只能由上帝之手来施行，这样避免了人为的执法谬误，而这样的谬误在上帝认为则是严重的罪过。865 年，教皇尼古拉斯一世（Pope Nicholas I）致信给巴尔干人的统治者，坚持认为刑讯逼供（通过长期的酷刑折磨获取供词）有违基督教基本教义。考虑到当时的时代背景，这真可谓开明的举措。

其他地方的刑罚制度则缺乏这种理智。在英格兰和高卢（Gaul，即现在的法国），罪犯、奴隶、战俘将用来献祭。私人争端与诉讼的审理使用决斗法裁决（被告与原告进行一对一的决斗），或神判法裁决（迫使被告将手浸入沸水，或抓住烧得通红的铁块），如果赢得决斗，或手未被沸水烫伤，则被判为无罪。这似乎与罗马刑罚一样野蛮、不开化，然而，接下来要统治英国和西欧的维京人（Vikings）的司法与刑罚观念更为原始恐怖。

763 年，维京人洗劫了英格兰与苏格兰交界的林迪斯法恩修道院。这是他们第一次大规模侵袭英格兰。整个过程极其残忍暴虐，这也是维京无畏勇士行为的典型特征，远比今人想象的更为原始野蛮。维京人的袭击事先经过精心计划，意在造成最大的心理冲击。一旦维京战士登上了他们那骇人的龙头船，便径直朝目的地蜂拥而去，他们杀死每一个试图抵抗的人和许多手无寸铁的人，屠杀男人，奸杀女人，把婴儿挑在长矛尖上。他们的目标通常是修道院。他们劫掠铸币和任何能拖走的教堂什物。但是维京人明白，教士是拥有话语权的权贵阶层，他们可以散布诸如“维京人来啦！他们不可小觑”之类的言论。人们越是心怀恐惧，他们的下次袭击就越顺利。其行为和当今的恐怖主义行动一样狡猾，简直前无古人后无来者。

不过维京人不仅仅是劫掠者。他们征服一个地方后，通常在那里建立殖民地，成为当地人的主人，对任何敢于违抗维京人法律的行为施以酷烈刑罚和严厉罚款。当维京军队打败当地首领或国王时，他们对其公开施行一种称为“血鹰”（Blood Eagle）的死刑。这种极具观赏性的屠杀场景，首先开始于用利斧劈开受刑者的背部，然后从伤口处将他的整个肺部掏出来，使得可怜的人看起来好像无端长出了一双血淋淋的翅膀。一个维京人的传说这样讲述：“……命令他们在他的背部用剑雕刻了一只鹰，把所有肋骨从脊椎上砍下来，掏出肺部，把他献给奥丁神，感谢神赐予他们胜利。”同样的酷刑亦施用于杀害维京人的被征服者。

当然还有其他许多酷刑用于惩罚不同的罪犯。谋杀和抢劫犯通常被扔下悬崖。轻微犯罪被处以罚款——有时罚金之巨足以使犯人倾家荡产。这些罚金，连同对临近的非维京人征收的费用，以及维京人充当其他政治势力的雇佣军所获取的报酬，统称为丹麦金。对于那些不愿臣服于维京人的小国国王和首领，维京人直接对其开战。870 年，东盎格鲁国王艾德蒙（殉道者艾德蒙，Edmund the Martyr，King of East Anglia）拒绝满足这些粗暴的异教徒的要求，诉诸战争，艾德蒙战败。因拒绝宣布放弃基督教信仰，艾德蒙国王被绑到树上鞭打，全身被射满了箭矢，最后砍掉脑袋。

英格兰北部在维京人的猛攻下逐渐沦陷。南部盎格鲁－撒克逊人王国的文明较

两个戴足枷的人在一个幽僻的山洞里受刑挨饿。

还不能确定这个装置的用途到底是束缚受刑者并将其沉入湖水或河水里，还是把他固定到高处供公众观看和嘲笑，或许二者兼有。现在可以在意大利的圣吉米尼亚诺酷刑博物馆见到它。

为发达，令人不解的是，在盎格鲁－撒克逊王国，唯一的死罪是偷盗。在那个残酷、原始的社会，偷窃一个人的财产居然被认为是比杀人更残忍、更恶毒的行为。纵火犯（放火烧掉另一个人的房子或庄稼）将被处以火刑。其他大部分罪行，包括谋杀和强奸，则被处以严厉罚款。当罚款不足以惩罚其罪行时，或者当公众要求对其施行可见的刑罚时，带枷示众通常作为附加刑罚。当罪犯为女性时，可能要对她施用泼妇刑具了，此装置类似于后来的浸水椅，犯人被绑在椅子上，浸到当地池塘里，这种惩罚意在羞辱，尚没有证据可以证明浸水椅持续时间过长，给犯人造成了严重的伤害。总的来说，在盎格鲁－撒克逊司法中，最重要的理念是相互负责，每个人都有责任使邻居们安分守己，同侪之间的压力可以对小而封闭的社区施加巨大的影响。有时，如果一个犯人屡次犯罪、禀性难移，当局只是将他驱逐出王国，而不是监禁或处决。

7世纪的肯特国王埃塞伯特一世（Ethelbert I，King of Kent）致力于编撰法典，以促使法律公正。他成为第一个制定成文法的英国统治者。和他同代人的做法一样，埃塞伯特法律更注重于使用一系列的罚款（偶尔使用公开羞辱）而不是肉体刑罚或死刑，这是因为抵抗维京人的战场上需要大量男人，为节省人力资源，除非对付罪大恶极的犯人，很少使用死刑。而女人不上战场，因此更容易被判死刑。犯下谋杀、偷窃的女性会被判处死刑。为了使罪刑观念更为清晰直观，埃塞伯特甚至亲自标明了人的性命或身体某一特定部位的价值。害人性命判处罚金一百先令，伤人眼睛者需要支付受害人五十先令的罚金或等价的物资。损伤脚趾，罚金大约为十二便士。若某人生殖器受损，对方须偿付等价的罚金。当然，如果受害人来自上层社会，罚金将会增加——“等级意味着特权”。所有这一切表明，教会对信奉基督教的民族的法律文明化起到至关重要的作用。处罚罪犯的罚金不可避免要被当地教堂分享，这是使整个社会远离血腥和野蛮酷刑的一个小小的代价。

宗教对司法制度的影响，还体现在它改变了民众对哪些行为构成社会所不可接受的罪行的认知。正如斋戒期间食肉、礼拜日工作和崇拜异教神一样，婚外性行为和通奸首次成为应受惩罚的罪行。可以预料的是，教会法和世俗法的一些细微差别，会让一些人巧妙地捕捉到法律漏洞以逃脱惩罚。主教说出的话如同国王的言语一样，无须第二方证实便可上升为事实。被指控的人可以通过在圣坛上发誓自己的清白来获得赦免。这一制度并非无懈可击，但相对于前人以及后来者的做法，已经是巨大的进步了。

随着 901 年西撒克逊国王阿尔弗雷德大帝（Alfred the Great）的去世，刑罚制度走向宽容的趋势逐渐开始逆转。在那个法律缺失、无法无天的时代，普通民众坚持要求罪犯必须受到公开的严厉惩罚，为他们的罪行付出彻底的代价。短短几十年间，鞭刑作为伤害身体的一种刑罚方式盛行全国，死刑出现了更为奇特的新方式：自由民犯人会被扔下悬崖，偷盗的男性奴隶被其奴隶同伴们用乱石砸死（使那些奴隶亲历死亡场景以示警告），女性奴隶窃贼要么被乱石砸死，要么被溺死。同时，这一时期也开启了巫术迫害的先河，那些黑暗魔法的实践者将被监禁四 个月，施用巫术害人者会被判处死刑。

刑罚严苛化的趋势令人忧心忡忡，70 多年后，埃塞雷德国王（Ethelred）试图扭转这一倒退趋势。在他统治后期，即约公元1000年前后，他说："男性基督徒人数太少，不应被轻易处死；不过仍有大量的残忍刑罚；上帝的被造物不应受到摧毁。"他的这一宽容态度被同一时期英国另一位国王克努特（Canute）所践行。克努特是一个基督教化的维京人，统治着南英格兰、丹麦、挪威以及瑞士的一部分。他曾经表达了对严苛刑罚的反对："为了民众的福祉，应采用温和的判决与惩罚。"这听起来似乎不错，但需要指出的是，克努特来自于热衷肉体折磨的维京人族群。在克努特时代，常见的惩罚有割耳、刈鼻、割上唇，通奸的女人会失去耳朵和鼻子，挖眼珠和剥头皮十分常见。为了践行自己的诺言，克努特在审判中将犯人的生活环境的种种方面列入量刑的参考范围。对未成年人、老人以及贫弱的违法者的量刑相对宽松。他还将社会身份作为一个参考：大体来说，对奴隶的惩罚比自由民要严苛；对有预谋犯罪的惩罚要比随机犯罪严厉得多。总之，克努特时代的民众生活相对要好，且犯罪率较低。不幸的是，1035年克努特国王去世，虽然他的法律仍继续沿用了三十年——在他的后继者、忏悔者爱德华（Edward the Confessor）的努力下，甚至变得愈加完善——这些所有的进步还是在1066年消失殆尽。这一年秋天，英格兰被一群刚征服法国北部的维京人（开始称自己为诺曼人）占领。

在欧洲中部和北部，直到150年前，**用剑或斧头斩首**的场景仍是一项颇受关注的公众娱乐活动。在欧洲地中海国家和高卢，斧头更受刽子手青睐。为确保刽子手力道够大且能精准命中目标，他们需经过长时间的实践训练。在屠马场中，他们得到了大量训练机会。

诺曼底公爵威廉是个私生子。从历史和生理学角度，这都是一个不争的事实。诺曼征服的两个世纪之前，欧洲大陆国家，包括法国、勃艮第、诺曼底已经形成了新的政治制度，即封建制度。在封建制度下，大地主臣服于国王，骑士臣服于他们的领主，农民臣服于所有位在其上的人，同时，所有人臣服于教会。理论上讲，封建主义意在庇护贫困无助之人和神圣的教会，理念颇佳。但是，正如许多善念一样，它从一开始就误入了歧途。从某种意义上来说，当不幸的事情发生后，在贪婪的封建领主压迫下，首当其冲、备受其害的总是农民。英格兰自身社会并未孕育出封建制度，由于1066年的诺曼征服，封建制度才在英格兰普遍建立。倘若对封建制度的运行和衰落做个案分析，英格兰无疑是一个理想的范例。

英国国王威廉一世（征服者威廉，William

the Conqueror）对被征服者视若仇敌，为了打击他们的反叛之心，确保他们俯首帖耳，他频频“骚扰袭击”农村。“骚扰袭击”是指烧毁城镇、乡村、房屋和田里的庄稼，使农民无家可归，食不果腹。这引起了持续数十年的大范围饥荒。甚至就连威廉的御用编年史家也对此深表震惊：“威廉盛怒之下，下令把谷物、牲畜以及所有的粮食和农具都集中到一起，堆成小山那么高，然后放火焚烧。”为确保臣民时刻牢记要永无异心和威慑幸存的当地人，威廉大规模地兴修城堡。盎格鲁－撒克逊编年史作者在描述这一工程时写道：“他修建众多城堡，使敌对者烦恼不堪……这扰民甚重。”显然，威廉认为，英格兰人应当为他们在诺曼征服中的失败接受惩罚，同时，为了确保他们做安分守己的顺民，威廉把英格兰人当成奴隶来驱使，让他们从事建造城堡的繁重劳动。

倘若刽子手手法精湛，斩首将是一个“简单”的处决方式，因此它是贵族的专利。处决平民通常采用更缓慢也更痛苦的方式，比如慢慢吊死。图中装置被称为**“福尔布雷特”（字面意思是“下落的木板”）**，它是盖卢定断头机的祖先。但与它的法国后代不同的是，它并不是在猛地一击中迅捷地斩下头颅，而是在像雪橇一样的木板的不断重击下，使血肉和脊柱被凿穿击碎。

威廉需要大量的劳动力以供驱使，而且，他需要利用违规者为公众树立典型，以儆效尤，因此，在刑罚制度上，威廉更倾向于使用残害肉体的酷刑，而不是死刑。在1066年圣诞节，威廉在加冕典礼上做一番演讲：“我禁止任何人因任何理由被杀死或吊死。”他又说：“挖出他们的眼珠，割掉睾丸。”当然，演说中的“禁杀”部分并不适用。如果一个诺曼人被杀害，那些盎格鲁－撒克逊疑犯们将被驱赶到一起，集体绞死。如果一个诺曼人杀死了另一个诺曼人，那么对威廉而言，用处死普通农民的方式来处决一个诺曼人，这可不是一个好范例。因此，他发明了一个专门为贵族准备的死刑——斩首（Beheading）。它成为之后数个世纪的传统。

威廉儒雅有度，颇有骑士风范，他从不对女人施以凌辱性的绞刑或者让她们绝望地走上断头台；对于她们，唯一可被社会接受的处决方式是火刑。由于新建成的城堡地牢投入使用，惩罚罪行稍轻者有了更好的选择。为了协调教权与王权的关系，确保地方教会不会妨害他的权力，威廉国王规定，教会法庭只限于审理与教会有关的案件，以前由教会人士根据教会法审理的世俗案件现在归国王法庭审理。

一个被指控者的手和脚踝绑在一起，用绳子吊着从桥上扔到下面湍急的河水中。这是神判法的一种。如果水拒绝接受他（他浮起），那么证明他有罪。如果水接纳了他（沉到河底），则表明他是清白的，那么就拉着绳子将其从河水中拖出。究竟有多少人在被判为清白时已经溺死在河水里不得而知。

从某种意义上说，这些严苛措施在降低犯罪率上收效甚微，结果事与愿违，犯罪行为仍呈增长趋势。在威廉的次子亨利一世（Henry I，1100～1135年在位）治下，旧有的犯罪行为依然猖獗，各种新的千奇百怪的犯罪行为不断涌现，自愿做证的人几乎找不到。亨利既不能把所有的疑犯都处死，又不想听任罪犯继续为非作歹，因此，他认为最好的方式就是，让上帝来决定谁是有罪的，谁是清白的。在成功取得教会的支持后，他重新启用了神判法，主要有以下几种方式：水验法（把疑犯扔进水塘，如果他们下沉就证明是无辜的）；火验法（命令疑犯用手抓住烧红的铁块走九步，如果三天后手上没有出现水泡，表明无罪）；水火交加法（疑犯把手伸入一大锅沸水中，拿出一块石头，他最好祈祷手上不要出现水泡）。对于那些犯下令人发指的罪恶行径的牧师，神判法会使用粗糙的面包：命疑犯吃下夹杂着羽毛的面包，如果他们被噎着，则表明有罪。

这些公开上演的怪诞剧并不限于英格兰地区，即使像神圣罗马帝国皇帝亨利四世（Henry IV）这般高贵的

大人物，亦不能幸免。他在被教会开除教籍后，不得不亲赴罗马向教皇请罪。他一直趴在教皇下榻城堡外的雪地里，并不断祈祷、忏悔。直到两天后，教皇才接见并宽恕了他。但这似乎并未给他带来多少益处，1105年，亨利皇帝还是被逼下台。让人好奇的是，诺曼人对英格兰的严密控制，一向与这些残酷的刑罚一样野蛮。但是当进入12世纪，控制开始出现了松弛的迹象，而且，反对废除神判法的正是普通民众。英国诺曼王朝的倒数第二个国王，即亨利一世（Henry I），试图改革在王朝早期所制定的严苛法律，尽量使用监禁来代替残酷的肉刑。同时，他扩大了死刑的适用范围，到1124年，死刑成为杀人、叛国、入室盗窃、纵火、抢劫和偷窃罪的标准刑罚。越来越多的人因轻微犯罪而遭受长期监禁。无怪乎在英王斯蒂芬（Stephen，亨利一世的外甥）和他的表妹马蒂尔达（Matilda，她是英王亨利一世的女儿，同时还是神圣罗马帝国皇帝亨利四世的皇后）之间耗时甚久的内战（1139~1148年）期间，英国地牢遍地开花。1155年，亨利二世（Henry II，他是马蒂尔达的儿子）下令建造了英国第一座监狱——弗利特（Fleet）监狱。

位于城堡中央的筑有防御工事的安全塔，用英语名字称为“keep”，但由于这一时期英格兰所有的城堡都属于诺曼人，他们在提到它时，常用的是法语名称“donjon”（城堡主楼），地牢（dungeon）这个词就是从这里得来的。

在英国人看来，亨利二世（在法国长大）更像一个外国人，他远不如一个世纪前他的诺曼王朝的祖先们那样受欢迎。亨利统治新王国的手段不是“折磨”，而是建立大量的监狱。他命令每个城镇和自治市必须建立一些监禁设施——如果是安全措施齐全的城堡就再好不过了——这些建筑的作用，用亨利的话来说是“用来严密限制那些可能会有邪恶行为的人”。这意味着一个案件的所有被指控者和嫌疑犯都将受到囚禁，直到巡回法庭到来才将

他们从牢房提出审讯。事实证明，亨利和征服者威廉一样热衷于使用致残刑罚。谋杀、暴力抢劫、伪造都被处以砍掉右手。公开上

图中**左侧的那个犯人即将被砍去左手**。用诸如此类残害身体的肉刑来惩罚小偷小摸在整个中世纪欧洲非常普遍，图中右侧显示的死刑则用来惩罚更为严重的犯罪。

这张颇显滑稽的图片中似乎是一个吟唱诗人（从柱子上挂的弹诗琴可以看出来），他可能因为所作诗歌具有煽动性而被判**戴足枷**。一只狗在津津有味地吞咽他背包里的食物，眼前的场景使饥肠辘辘的他愈发难耐。背包近在咫尺，他却无法拿到，这是多么令人沮丧的事情啊！但是比起同代人遭受的非人的酷刑折磨，这简直不足挂齿。

演的审判场景如同一场视觉盛宴，当地民众对此有强烈嗜好，鉴于此，对涉案金额低于五先令的犯罪，亨利允许使用神判法；不过判为有罪的，并不被处死，而是砍掉一只脚。欧洲在一个多世纪之后才最终废除神判法，主要原因是教皇英诺森三

世不再允许神职人员协助神判法裁决。1215年，他明令禁止神职人员出现在神判法裁决现场。就在同一年，英国国王约翰被迫签署《大宪章》，这是英国最接近成文宪法的文件。《大宪章》的条款中详细地规定了不得使用酷刑折磨；所有司法程序都必须包含一个理念，即酷刑有违英国普通法的根本原则。让人好奇的是，神判法的废除和《大宪章》签署的后果竟然是令整个欧洲和英国的法律系统陷入一团乱麻的窘境：没有牧师在场，神判法的结果就无法体现神的裁决，而没有神裁法，又如何才能发现神的意志和真理？酷刑或许无法体现神意，不过若没有酷刑的威胁，那么罪行如何得到确证？这不是理性的时代，不过理性的曙光已经开始显现。在德意志，女修道院院长宾根的希尔德加德（Hildegarde-von Bingen，1098~1179，即圣希尔德加德）主张对死罪的惩处应更为宽容，并且为渎神罪辩护，强烈反对仅凭道听途说便武断做死罪判决。从她那里，我们看到了理性晨曦初露，虽然只是暂时的。

英国刑罚制度已开始与最残忍的肉刑与死刑背道而驰，逐渐转向公开羞辱性惩罚，它将罪犯当作社会贱民，目的不再是永久性地伤害肉体。惩罚的公开性和直观性十分重要，因为民众强烈要求见证惩罚过程——否则他们怎知正义是如何伸张的呢？为此，足枷（Stocks）应运而生。

足枷引发的痛苦小于颈手枷，它只把犯人的双脚禁锢在木框中，身体其他部位是自由的。受害人被迫坐在窄小的木板边缘，双腿前伸，双脚锁在枷具里。他们将遭受围观民众的辱骂嘲讽，以及投掷来的物体的袭击，但至少他们可以用胳膊抵挡飞来的大件物体或石块。足枷意在侮辱犯人，满足公众观看戏剧性惩罚场景的心理需求。从某种意义上来说，这种惩罚方式思路新颖，且比较开明，以至于整个下议院都热切希望所有城镇和乡村都建立足枷设施。

经常施用的还有其他形式的惩罚，其中就有“逐出法外”

(Outlawing)。宣告一个人被逐出法外（意味着他从此不受法律保护）的做法由诺曼人引入，随着时间的流逝，目下更受欢迎，原因有三点。首先，执法成本低廉。其次，极大地增加了政府的收入。一个被宣布为逐出法外的人失去的不仅仅是头衔、土地，他所有的私有财产将被没收，以充实王室财库。最后，由于当事人不再受任何形式的法律保护，任何人在任何时间都可以随心所欲地杀掉他，而无须承担任何法律责任。如果我们浏览一下格洛斯特郡的司法记录，就会发现这一惩罚措施的使用频率非常高。1221 年，在英格兰 330 件谋杀案中，其中只有 14 名罪犯被绞死，100 人被宣布为逐出法外并释放，剩余的 216 人要么被施以其他刑罚，要么无罪释放。宣布为“逐出法外”看似简单，但要考虑到一点，即若一个犯人被处死，其地产会由家人继承，而若被宣布为逐出法外，他的地产将会被政府罚没。

1255 年，亨利三世（Henry III）宣布将 70 多个谋杀犯人逐出法外，通过这种简单易行的措施，迅速积累了大量的土地和金钱。这些财富流入了亨利的个人腰包。翌年，在 77 个谋杀疑犯中，5 人无罪释放，72 人被逐出法外。1279 年，诺森伯里亚郡法庭审理了 68 宗谋杀案，4 人无罪释放，其余被逐出法外。“逐出法外”不管是对法庭还是疑犯来说都是一宗互利的好买卖。如果被告在释放后又找到有利于自己的新证据，那么案件将会重审。若新的证据能说服法官，那么之前的判决将被撤销，他将重获新生。虽然他已不可能再收回财产，但至少保住了性命。其他残酷肉刑亦改为无害的羞辱性惩罚。面包师傅若缺斤少两，或在面粉里掺杂粗糠、沙粒或锯木屑坑蒙顾客，将被戴足枷示众，或者在他脖子上绑一个面包游街。这种另类的广告或许对其生意不利，但比起砍掉手的严厉刑罚，简直是天大的宽仁了。

然而，在英格兰，残暴、怪诞、奇特的酷刑并未绝迹。1241 年，亨利三世——在其他方面堪称开明君主，在刑罚上更青睐快

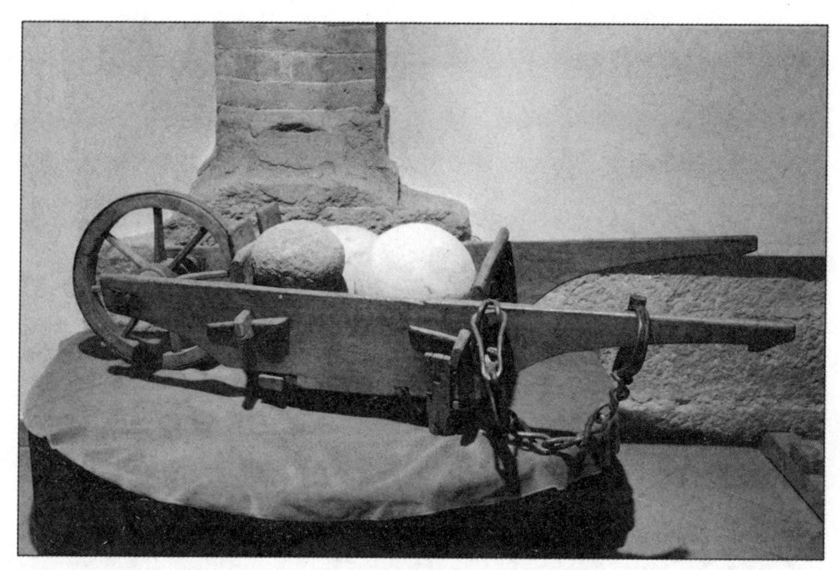

图中所示刑具为**“面包师傅的手推车”**（baker’ scart）。这一惩罚有许多不同的版本。倘若面包师傅在买卖时缺斤少两，或在面粉中掺杂木屑，将会被链子锁在这个载满重物的手推车上，脖子上挂一大块面包游街。因此，面包师行会制定条例，试图预防这一“错误”，而且为了防止意外出现这种情况，当一个顾客买一打（12 个）面包后，面包师傅会免费送一个面包（只是为了防止万一发生缺斤少两的现象），这就是“面包师傅的一打”（baker’s dozen，即 13 个）的来历。

速处决而非折磨——引入了富有创意的处决方式，即绞死、挖出内脏和四马分尸。首先，用绳索把受刑者从地上吊起，使其在空中晃荡挣扎，直到失去知觉。然后，把他放下来，想办法让他恢复意识，接着是残忍地阉割和开膛破肚，犯人眼睁睁看着自己的内脏被拖出来，扔进火堆里。在经历了种种恐怖至极的折磨后，可怜的人终于盼到了斩首，得到了解脱。当局在乡村巡回展示他尸体的残片，以警告那些试图反叛之人。但是，即使如此残忍的酷刑也是于事无补，无论亨利怎样做，宽容抑或暴虐，都无法阻止直线攀升的犯罪率。英格兰真正需要的是一位彻底的改革者，他坚定、决绝、不顾一切往前冲，愿意为整合社会付出任何代价。此人便是亨利三世的儿子爱德华。

爱德华一世（Edward I，亦称“长腿爱德华”或“苏格兰之锤”）1272~1307 年统治英格兰，他几乎所有的时间（至少当他不忙于屠杀苏格兰人和威尔士人时）都在致力于重整英国司法制度，他召集王国内最优秀的律师和高级教士，又从罗马引进很多律师人才。亨利和大臣们有条不紊地逐渐瓦解了封建制度，组建了新的司法体系。他解决的第一个问题就是囚犯拒绝回应指控的

图中的**3个可怜的人正在忍受着绞死、挖出内脏与分尸之苦**。图片右侧展示的是绞刑（虽然在他还没死亡时就已经被放下来了），中间的人正在被掏出内脏、阉割，然后他会被斩首，砍下四肢，扔进沸腾的焦油中煎炸，以备保存（图中左侧所示），然后在王国的不同地方展览，以儆效尤。图中间特别突出了手持尖刀的施刑人高高举起受刑者的心脏，以博得围观者的阵阵欢呼。

权利。在爱德华治下，拒绝抗辩者将被迫脸朝下趴在地牢的地上，并用铁链子固定住，一天只给一小片腐烂的面包、一小杯盐水。如果一周后，他仍然拒绝开口，就在他身上压上重物，并不断增加重量，直到他屈服或者被慢慢压死。

“挤压刑”这种新式刑罚不仅如爱德华本人一样强势、骇人，还成为随后三个世纪标准的司法程序。必须指出的是，此类折磨并不被视为酷刑。依据《大宪章》的条文，酷刑折磨在英国是非法的。但是，犯人被拴在地牢的地上，被迫吃垃圾，慢慢挤压而死，这只是迫使他抗辩的手段——如果一个人是清白的，那么他为什么拒绝申辩呢？爱德华曾经深切关注过在英国司法系统中不断蔓延的腐败问题。民众指控当地法官逮捕监禁无辜之人，并在他们缴纳罚金后才被释放，借此非法获取了大量钱财。许多案件判决前已定罪，若缺少证人，他们就随便去大街上抓个人回来，对其百般折磨，直到此人愿意做证指控一个素昧平生的无辜者。法官、郡守非法操纵审判，从而获得非法收入，他们的一大堆“朋友”则会去摆平那些陪审员。司法腐败的后果就是民众对法律和司法人员敬畏感的丧失。当陪审团未遭到胁迫时，他们索性直接判处疑犯无罪释放，因为比起罪犯来，陪审员更加痛恨司法制度。王国已堕落至此，爱德华盛怒之下撤销了所有被控受贿、威胁、敲诈、影响司法运作的官员的职务，无奈的是不过数年，新上任者亦迅速腐化。

该图展示了“挤压刑”。图中的这个人看起来还蛮放松的。事实上，这一刑罚痛苦至极，随着添加的砝码越来越重，他将呼吸困难，最终肋骨断裂，肺部压缩，慢慢窒息。

在英格兰之外的一些地方，司法制度运转良好，有些地方的刑罚机制颇为高效。在12世纪的俄国，任何未经地方王公批准而受到酷刑折磨的人，有权向法庭起诉，要求弥补自己罹受的苦难，获得赔偿；原则在于，若想施用酷刑，必须通过官方的批准。1300年，德国的机械发明师制成了一台快捷高效的砍头机器。这台类似于盖卢定断头机（Guillotine）的装置，其形状目前已不得而知，在刚投入使用的第一年，它就顺利地砍掉了五个人的脑袋。意大利使用这种机器的时间可能要更早。七年后，类似的砍头机器出现在爱尔兰。英格兰亦不甘落后，到14世纪中叶，在约克郡的哈利法克斯城（Halifax），一台断头机保持高效运作。在交易日，城里热闹非凡，到处是熙熙攘攘的人群，喜庆的婚姻在欢快进行，伴随着咔嚓咔嚓的砍头声，人们原本高涨的情绪变得更加兴奋疯狂。

迟至16世纪中叶，哈利法克斯断头机（Halifax Gibbet）仍在使用。1565年，苏格兰的摄政、莫顿公爵（Earl of Morton）亲眼目睹其高效杀人场景，颇为震撼。他回到苏格兰便仿造了一台类这两张图片展示了**中世纪早期的砍头机器**，它们有时被称为“福尔布雷特”(字面意为“下落的木板”)。对于受刑者来说，这些盖卢定断头机的祖先是一种可怕的、缓慢的折磨。它的效率与盖卢定以及砍头利斧相去甚远，木板缓慢地、频繁地、一下一下地楔进受刑者的颈部。施刑人通常希望第一击能够使受刑者瘫痪，以确保他在整个过程中无法动弹。

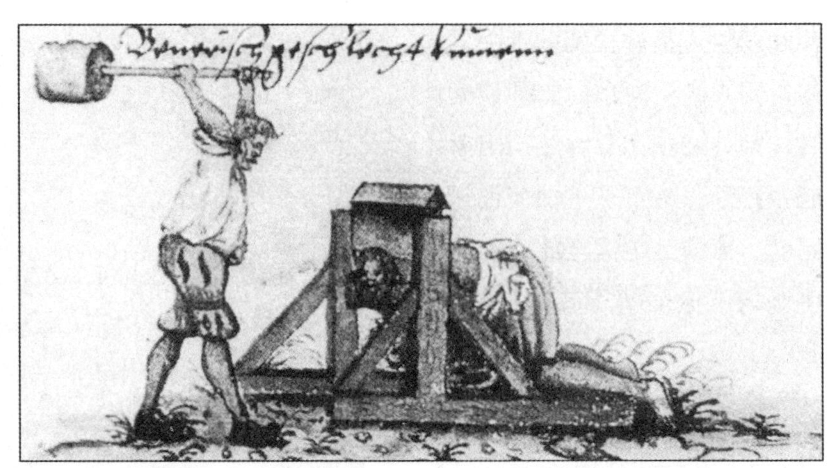

似的机器，且在流行甚久、已略显陈旧乏味的砍头场景中加入了更具观赏性的元素。若一个人偷窃农场的牲畜，那么施刑者会用绳索把赃物拴在哈利法克斯断头机的利刃上，然后吊起，当利刃上升到一定高度时放松绳索，此时，连最小巧的动物都能趁机向

捕捉屠杀它们的人类复仇。当然，小动物也很可能不幸误碰绳索的另一端。在欧洲，如果动物袭击人类，将受到审判，如被判罪，它也将受刑。在1386年的法国，一头母猪咬伤一个幼童，法庭给该母猪穿上女式服装，吊死在绞刑架上。三年后，一匹马因踢伤主人而被判处绞刑。因此，无论对人类还是对动物的公开行刑，已经成为一种取悦观众的娱乐活动。

倘若公开羞辱和惩罚未能改变欧洲中世纪的传统，那么黑死病（1347~1350年）对欧洲的改变便是颠覆性的。此疾传染性强，广为蔓延，无孔不入。无论年龄、性别、社会阶层，每五人中就有两人染此恶疾。旧有的政治与社会结构慢慢坍塌，整个社会如一盘散沙，庄稼无人收获，腐烂在田里，店铺凋零，城镇宛如一个大墓园，犯罪活动猖獗，狂热的宗教团体认为这是上帝在惩罚罪恶的人类，他们通过自我惩罚来为整个人类的恶行赎罪。他们穿行在这个被摧毁的世界里，残忍地鞭笞自己，希望自己的痛苦能够在末日审判时拯救基督徒的灵魂。

自我鞭笞与惩罚对社会秩序未能产生持久影响，而黑死病则做到了。人类埋葬了逝者，开始重整破碎的文明。显而易见，劳动力（熟练技工，甚至普通农民）已变得极其匮乏，根本无法满足新的工作岗位对劳动力的大量需求。幸存的人们很快意

撒克逊人的鞭刑。

这是**用来给罪犯身上烫上烙印的工具**。标记通常烙在肩膀上或肩膀边缘，有时候（依据当地文化和犯人的罪行）也烙在面颊或额头。烙印是代表他或她所犯罪行的字母或标志，这使他们很容易被识别。

识到，劳动力已变得如此稀缺宝贵，以至于他们完全可以待价而沽。通货急剧膨胀，国王、贵族、地方权贵害怕丧失他们摇摇欲坠的权力，竭尽全力试图维持对经济和底层民众的控制，为此挖空心思使出种种招数。他们制定法规，规定工资与物价务必保持在1346年之前的水平；所有60岁以上有劳动能力的人必须接受任何愿意付钱的人提供的任何工作；提高工资者将被监禁或罚款；若工人辞工去寻找报酬更高的工作，当局会将他们用锁链拴住，监禁并殴打，只给他们提供面包与水，直到他们吸取教训为止；再犯者，在其胸膛上烙上"V"字母（"vagabond"的缩写，意思是"流浪者"），或"F"字母（"falsehood"的缩写，代表"说谎者"）。甚至施舍穷人（食物或钱财）都成为非法。为维持旧的社会制度，各式各样的法律匆忙出炉，整个欧洲普遍颁行了禁止奢侈浪费的法规。它规定任何人穿着打扮不得高于其社会地位。法规对平民大众服饰的质料、颜色都有严格的规定。任何人必须安分守己，否则稍有逾越便会受到公开惩罚，但这些措施收效甚微。

一种措施失效，另一个方案随之出台。由于劳工法规与禁奢法未能制服劳工阶层，英国议会在1381年通过一项新税，即年龄在15岁以上的每个人需缴1便士的人头税。民众哗然，这已是不到一年间议会第二次开征新税。再加上此前政府采取的种种严厉措施，民众的各种新仇旧恨迅速堆积，不满情绪终于爆发。肯特郡与埃塞克斯郡的农民揭竿而起，在瓦特·泰勒（Walter Tyler）和被免去圣职的牧师约翰·鲍尔（John Ball）的带领下，他们劫掠乡村，夷平了曼彻斯特城堡，横扫伦敦，对于挡道之人格杀勿论。他们洗劫了伦敦塔，并杀死坎特伯雷大主教和财政大臣，然后拎着两人的首级在城中街道上示众。14岁的国王理查德二世（Richard II），以少见的英勇接见了泰勒与他的暴民，谈判的目的是休战。幼王允诺，倘若他们放下武器就立即废除新税，赋予农民更多自由，废除农奴制，且政府不会采取任何报复性措施。但泰勒想要的是国王的性命，刺杀未遂，泰勒命殒阶下。暴民安静地作鸟兽散。无疑，理查德的话语是有诚意的，但毕竟呼声微弱，不具备法律效力，枢密院迫使国王背信了誓约。在回复农民代表时的演讲中，他说："你们生来是农奴和农民，以后仍将如此。"显然，这并不能给农民带来实际利益。

理查德未成年时曾一度非常开明，但中世纪政治生活的残酷现实终于使他变得和大臣们一样冷酷无情。1383年，爱尔兰的一名修道士觐见国王，当场指控兰开斯特公爵谋反。理查德是否调查此事不得而知，但他对这个厚颜无耻的修士的处置被记录了下来。"何兰德勋爵和亨利·格瑞恩尼爵士来到修士面前，把绳索套在他脖

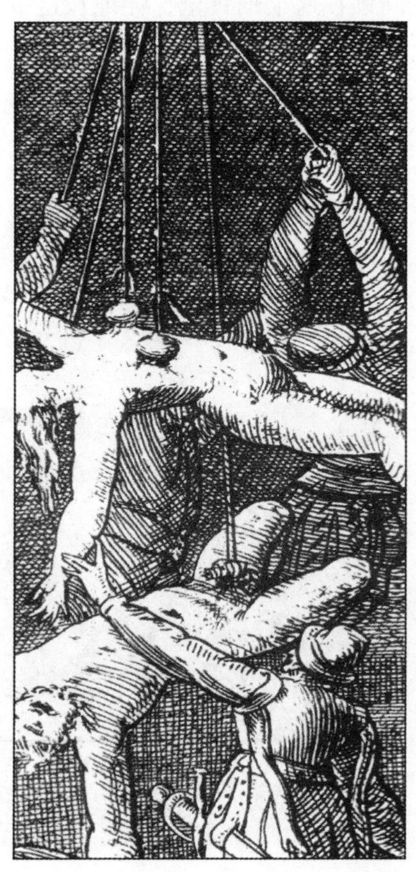

这是1590年前后的一幅荷兰雕刻的细节。它是一系列展示1576年11月西班牙对安特卫普新教徒进行的大屠杀的53幅雕刻作品之一。从图中可以看到3个受害者被悬吊起来拷打。男人被用绳子系住阴茎悬吊起来，女人用绳子系在乳房上吊起，后面那个人被绳子绑住手腕。受害者所承受的极大痛苦已经在图片中展示得淋漓尽致，无须赘言。

子上，绳子的另一端绑在他的同伙身上，将修士从地上吊起，肚子上拴上一块巨石，在重力作用下他被紧紧勒住，再加上同伙们的重量，绳子勒得越来越紧，使他的脊柱慢慢碎裂，在3种酷刑折磨下，可怜的人很快丧命。”

很明显，在理查德二世统治末年（1399年），政府对各种轻微犯罪已完全失控。为了惩罚那些顽固不化、禀性难移的惯犯，几乎所有的英格兰城镇乡村都建有足枷装置。和过去一样，足枷是一种非伤害性惩罚，它满足了民众对公开惩罚场景的观赏欲望。还有一种“套脖”（Jaggs）刑具，其公开性稍逊于足枷，但效果相差无几。它由一根固定在当地教堂墙上的长链和连在链子上的铁项圈组成。犯错的人，尤其是违反教会法规的人，被长时间锁在这个刑具里，让他在这里思过忏悔。类似的铁项圈和禁锢器械广泛运用于城堡的地牢里。在卡丽莎城堡（Carlisle Castle），连在项圈上的铁链非常短，以至于如果犯人不慎从石板床上跌落，难逃被当场勒死的命运。为了防止类似悲剧发生，有些地方专门把犯人的腰部、手腕或脚踝用铁圈固定在墙壁上——这样犯人就不会从床上滚落了。

这一装置用来**锁住犯人的颈部，用绳子拴在墙、柱子或类似的固定物上。**无论在公开场合（如教堂或城市广场）还是私下场合（如监狱或地牢），它通常都是一种与其他刑罚结合使用的残酷禁锢方式。

除了足枷与锁链外，还有专门为教训一下那些令人讨厌的泼妇而设计的装置。“大便椅”（Chucking stool）用来惩罚泼妇和刻薄的家庭主妇——把那些不停唠叨满嘴抱怨的庸俗女人绑在椅子上游街，让她们忍受路上看热闹行人的嘲笑辱骂以及投掷来的垃圾。为尽可能地羞辱她，椅子的底部是空的，在坐上去之前，特意撩起她的裙子，这样让她的屁股一览无余地暴露在各式各样猥琐的目光里。

对付泼妇还有另外一招，即“泼妇笼头”（Scold's Bridle）。把一个丑陋不堪的小铁笼子，用皮带固定在女人的头上，头盔的面部有一个向里伸出的铁塞口，正好塞在嘴里，使受刑者无法口吐恶言。该装置通常导致面颊、舌头严重割伤。一旦固定好笼头，她将被游街示众。

“浸水椅”（Ducking Stool）用来对付更为顽劣的女人。它专门用来惩治道德败坏的女人和“大便椅”仍然威慑不了的多嘴女人。“浸水椅”悬浮在当地的臭水塘里，给被绑在凳子的女人上了一堂免费游泳课。倘若她被疑为女巫，那么浸在水中的时间会更长。在此过程中，倘若她在水中浮起（就像洗礼之水那样，在这里，池塘的水是神圣之水的隐喻）——意味着水拒绝接受这个邪恶之人；若她沉没，代表被水接纳，表明是无辜的，等最终判决出炉时，她可能早已淹死，但至少死得清白。

15世纪，颈手枷也广泛使用。那些打架斗殴、长期酗酒、传播谣言（尤其是针对政府官员或贵族家庭）、诽谤、公然违反公平交易规则的人，通常会被带枷示众。他们的头和手固定在颈手枷的木框中，暴露在公众蔑视的目光中，时间长短不等，少则数小时，多则几天。对于那些有工作能力而坚持以流浪作为生活方式的人，标准刑罚是把犯人脱光，绑在马车后面，拖拉着他穿街过巷，一路上不停地鞭打他，直到鲜血淋漓。

整个15世纪，处决死刑犯最常用的方式是绞刑（Hanging）。

这张图片展示了**对穷人家中过于懒惰的妇女的惩罚**，它和“大便椅”相似，真正令人难以忍受的折磨来自被孤立以及暴露于公众的嘲笑中。“大便椅”刑罚一般在公开的交易广场进行，而这里是济贫院的公共餐厅。

这和我们从 19 世纪的老照片和西部电影中看到的绞刑不同，犯人不是忽然从地板上的活动板门跌落，折断脖子瞬间死亡。19 世纪中期之前的所有绞刑都是缓慢的、痛苦的、可怖的事情。犯人不是掉进活动板门，而是被直接吊到空中，他在绞索里不断挣

撒克逊人的鞭刑与烙刑。

扎，直到窒息而死。对于那些健壮之人尤其是颈部肌肉发达的人，痛苦的折磨可长达20分钟。和早期不同，到15世纪，对死刑犯施行绞刑不再是王室法庭的专利；所有村镇都设有绞刑架，通常处决那些犯了谋杀、大宗偷盗、从当地民兵团开溜、伪造、纵火以及其他罪行的人。虽然这些绞刑台始终事务繁忙，但仍满足不了公众对司法的需求。1429年，一个受到谋杀罪名指控的女人，被当地一群愤怒的女人逮住并采用私刑处死。这是英格兰有记录的首次未经任何审判而绞死一个人。虽然司法手段简单粗暴，但是英格兰社会结构仍在经历更为深刻的瓦解。

从1455年到1485年的30年间，英格兰贵族陷入内部争战，即著名的玫瑰战争（Wars of the Roses）。为争夺王位，兰开斯特家族（House of Lancaster）和约克家族（House of York）以及各自家族的雇佣兵大打出手。战争横扫英格兰乡村，权力的天平忽起忽落，王位多次易手，直到相关贵族家族的血脉被屠杀殆尽。1485年8月，声称自己为兰开斯特家族血统的最后幸存者的亨利·都铎（Henry Tudor）率领着一支军队，在博斯沃思战役中打败了国王理查德二世的军队。亨利·都铎（即亨利七世，Henry VII）初登王位时，整个王国的秩序荡然无存。在他即位几个月后，一个威尼斯驻英国公使如此写道：“世界上没有一个国家像英国那样，盗贼和抢劫犯如过江之鲫，除了大白天，很少有人敢冒险在乡村行走，在城镇，夜行者更是少之又少，在伦敦的夜晚，行人几乎绝迹了。”

在持续动荡的几十年间，地方司法机关之腐败几乎超乎想象。只要能弄到钱，他们就随心所欲地陷害无辜，释放危险罪犯。在腐败尚未波及的地方，不称职的无能之辈比比皆是。为防止大规模的不公正现象侵蚀社会肌体，教会通常为请求保护的人提供庇护。即使那些未寻求庇护的人也可以通过托称“受益于神职人员的身份”而逃脱惩罚——也就是说，不管受指控的人是否被授以圣职，只要他宣称服务于上帝即可。在一个除了神职人员之外普遍是文盲的世界里，唯一可以证明神职人员身份的，便是吟诵圣经《诗篇》(*Psalms*) 第 51 篇的首句：“上帝垂怜于我，用你的爱与善，用你如海的怜悯仁慈，洗去我的罪与污。”狡黠的罪犯提前花心思记住这几句，并手握圣经，装模作样地读出来。这一切的后果便是世俗法庭失去对神职人员的控制。教会法庭没有处决权，甚至很少有监禁权，忏悔与苦行成了教会里唯一可行的惩罚——除此之外的任何惩罚，都应由上帝来施行。从此以后，很多人借此合法地成了神职人员，从而为罪犯提供了一个逃脱法律制裁的巨大漏洞。不过这对亨利七世和大法官而言，就不是什么好事情了。

亨利七世对法律系统采取的第一个补救措施，是限制一个人使用宣称受益于神职人员身份进而免罚的次数，超过限定次数则交由世俗法庭审判。为了防止疑犯在教会法庭上掩盖过往罪行，亨利规定，那些宣称受益于神职人员身份从而寻求豁免的人，需在大拇指上打上烙印。在罪行确定后，将犯人的手指用绳索绑紧，用烧得赤红的烙铁摁在手指上，随着一股烟雾从烧焦的皮肉上升腾，施刑人向法官报告：“尊敬的阁下，这是公正的印记!”

当亨利七世于1509年去世后，他的儿子即经历了多次婚姻的亨利八世（Henry VIII）继承王位。承袭其父改革之志，他宣布，任何被指控在公路或教堂里谋害他人者，不得使用神职人员身份以求豁免，这使他们有可能遭受死刑。很快，他又使神职人员司法豁免权失效的范围扩大到数种罪行：所有形式的谋杀、海盗行为、强奸、绑架以及任何形式的渎神罪。随着年岁渐长，亨利的性格由早年的阳光变得刻薄寡恩，他陷入了与教皇长时期冲突的泥潭里，事情起因于教皇拒绝允准他离婚。他阴沉沮丧，并很快把坏情绪发泄到臣民身上，所有的惩罚都变得更加离奇残忍。当一个水手和他的妻子被指控从一艘船上偷了一箱属于国王的金子的时候，亨利命令用铁链把夫妇绑住，悬吊在泰晤士河的河堤上，当河水涨潮时，他们慢慢被河水吞没。一个伦敦塔的守卫被怀疑是这对夫妇的同谋，被以同样的方式吊在伦敦塔的墙上，慢慢死去。

这3个笼子自从16世纪早期便悬挂在德国明斯特大教堂的圆拱上。违法者将被置于露天的笼子中脱水、饿死。公开展示他们可以警告其他社会成员，亦可以宣扬教会和城市政府对其民众的支配和权威。

那些流浪汉、无业游民以及无家可归者总是让亨利烦恼不已。游手好闲者总是有大把的闲暇时间，因此更容易制造事端，煽动叛乱。旧有的法律对懒汉们的处罚通常是让他们吃一顿鞭子，此时作了些修正，比如用烙铁烙他们的右耳，使其一辈子都忘不掉。再犯者就要与绞索亲密接触了。对更严重的罪行则使用更富想象力的酷刑，例如拔舌、砍掉双手或者——让人联想到古罗马最暴虐的酷刑——烹煮（Boiling）。当1531年罗彻斯特主教死于食物中毒时，他的厨子被指控投毒谋害了他。在伦敦的史密斯菲尔德马市（Smithfield Horse Market），这个厨子被扔在一大锅沸水里活活煮死，甚至未获允许做临终忏悔。这一年，同样的酷刑还曾在别处使用过一次。

罗马宗教裁判所用烧红的烙铁烧掉一个异端者的舌头和嘴唇。

并非亨利政府的所有官员都赞同使用如此残忍的手段。亨利的首席国务大臣托马斯·莫尔（Sir Thomas More）主张使法律更加仁慈和宽宏大量。但是当他公然反对亨利与罗马教会决裂而建立英国国教时，厄运接踵而来，他本人连同他主持的改革一同陨灭。1534 年，亨利正式建立自己的教会。到 1539 年，通过《六条信纲》（*Act of Six Articles*，亦称《废除不同信仰法案》），他成功地掌控了整个英国教会和政府。此时，针对教会的犯罪被认为是敌视政府；针对国王的犯罪等于是冒犯上帝。因此，任何拒绝加入亨利教会的人通常会被割耳，任何对国王有权传递上帝意旨持有异议的人将被吊死，任何坚持罗马天主教或清教信仰的人将被作为异端烧死，任何被告发在礼拜五食荤或者不相信圣餐变体论（即圣餐礼上的葡萄酒和面包在仪式上转化为基督的血和体）的人被当作异端烧死。当一个叫托马斯·萨默（Thomas Sommers）的商人被抓住私藏德意志新教领袖马丁·路德的著作时，他被用乱石砸死。异端罪成了和叛国罪同等严重的罪行，甚至任何人只要敢说出一点不利于国王的话，一旦传到亨利的耳朵，便有可能被带往酷刑室或死在火刑柱上。

为了对付可能出现的有组织的反抗，亨利抢先下手。1535~1539 年，亨利废止修道院制度，解散并拆毁修道院。这些宗教设施担负着为整个英格兰的穷人提供慈善救济的重任，但这些医院和教育机构对亨利而言，似乎无足轻重。当某一地区的大约 50000~75000 万名普通民众揭竿而起，武装反对解散修道院时，亨利居然认为，这是罗马天主教实施的反攻，意在摧毁他。数以百计的起义民众被绑在火刑柱上烧死，还有数百人吊死在城镇、乡村以及遍及王国的不计其数的十字路口。但是亨利仍然坚信，新的叛乱正在酝酿中，唯一摸清底细、了解全局的方式，是对每一个看起来像是潜在的天主教徒和清教徒的人实施酷刑折磨，从他们口中榨取信息。

虽然我们之前已经见识了许多非人的酷刑方式，但问题是，无论对个人施加了多少难以忍受的苦痛与折磨，酷刑在英格兰仍然是非法的。在官方的司法惩罚或死刑中，酷刑不在考虑之列。为了通过种种方式施加剧烈的疼痛来榨取信息，亨利需避开法律制度中这个小小的障碍。为此，他设立了“星室法庭”。这是一个没有法官，同时不受任何议会法和普通法限制的法庭。结果，拇指夹（Thumb Screws，可以夹碎一个人的拇指关节）、刑靴（Boot，铁靴子可以夹碎踝骨，有时被加热到通红）、“清道夫的女儿”（Scavenger's Daughter，挤压身体，直到七窍流血）、拉肢架（Rack，往相反方向拉扯四肢，直到肢体从关节连接处脱出来）都成为常用的刑讯逼供手段。在伦敦塔里，对付特殊疑犯，会使用“立锥黑牢”（Little Ease，一个非常狭小的囚室，犯人既不能躺也不能站，只能被迫保持蜷缩），或“鼠灾地牢”

一群“异教徒”在烈火中被烧死，这个场景来自于乔安·科蓬伯格（Johan Coppenburg）所绘的一幅画，表现了西班牙人为了使印第安人基督教化使用了极其残忍暴虐的手段。刽子手们相信，这对异教徒来说是一种救赎。

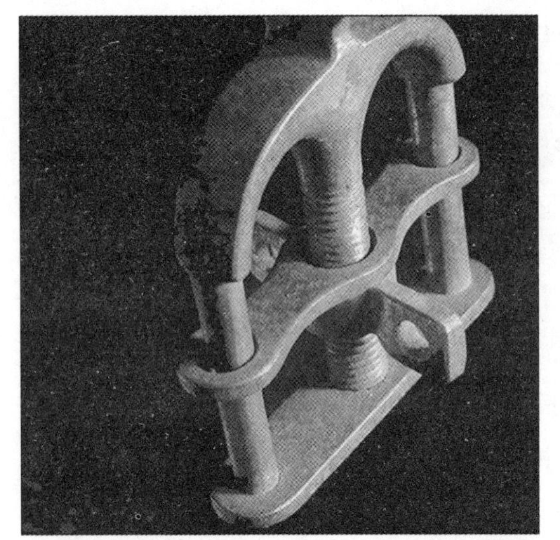

这一简单而邪恶的装置显示了拇指夹（和后来的指铐）的功能。当然，它们有各种不同的样式，但功能大体都一样。它们可以把拇指夹得越来越紧，持续施压直到拇指完全断裂。为了获得感性认知，我们建议读者用你的一只手使劲挤压另一只手的拇指，现在试着想象那种痛觉增强10亿倍。只有在别人决定减少压力时痛苦才会停止。这种与受刑者发生的移情作用在本书所描述的所有刑罚中都不应当使用。

这种装置被称为**"刑靴"**是再合适不过的，它们能够慢慢摧毁足骨。一些装置从横向磨碎整个骨头，而另一些能垂直地弄碎每个骨头，这些新奇的玩意儿会对脚跟施加越来越大的压力。首先会导致脚趾的第一骨节碎裂，继续施压会使跖骨碎裂。靴刑的一个非常著名的例子发生在宗教裁判所为逼迫大主教甘迪尔招认异端罪的过程中，他在跖骨碎裂后被迫"走向"自己的处决地——火刑柱。当然，在经历了如此残忍酷刑摧残之后，行走是完全不可能的。

这一图片（作者在捷克布拉格的中世纪酷刑博物馆拍摄）展示的是一种拉肢架。受刑者平躺在"床"上，他的脚踝被锁住，双臂向上平展，用上方绞盘上的绳子系牢。滚轴上缀满的长钉会沿着脊椎和腰部刺穿身体，同时伴随着手腕、肘部、肩膀、臀部膝盖和脚踝被撕扯脱位，这会使疼痛加剧，然后是脊柱的断裂，不过大多数受刑者在到这一步之前已经死去了。

图中展示了**轮刑**，即先用车轮击碎骨头，然后把身体编在车轮的辐条上。尚不清楚左边那个官员手中所持物件是施刑的棍棒还是其他东西。倘若施刑人力道适中，受刑者全身的骨头会碎掉但不会致命，然后把他软绵绵的身体编在车轮的辐条上，让其在极度痛苦的状态下慢慢死去。

(Dungeon Among the Rats，牢房里满是老鼠和害虫，它们会在犯人熟睡时啃噬身上的肉)。

亨利妄想症的受害者无处不在，他们被折磨、吊死、烧死。与新教牧师的命运一样，大量的修士、牧师和修女因信仰而获罪。倘若贵族不执行国王要求他们杀害大量平民的命令，他们会被送上断头台，或者被绞死、挖出内脏和分尸。在一个悲惨的案件中，一个 15 岁的男孩因背诵几句被禁的祷告文而受火刑，他甚至压根就不理解拉丁文祷文的意思。在亨利八世统治英格兰的 38 年间，估计有 72000 名男人、女人、儿童被处死，至于究竟有多少人曾被酷刑折磨就不得而知了。

亨利八世时代的英格兰代表了一个悲惨的酷刑时代，但如果认为这只是当时的一个独特个案（这类观点很鼓舞人心），那就

这幅画描绘的是**“刺刑”**(Impaling)。长矛从下往上贯穿受刑者的直肠，从胸部穿出，如果施刑时能够做到使长矛避开心脏、肺部、大脑，那么受刑者可以在这种状态下存活相当长一段时间。一些施刑人热衷于这种方式，且为他们能够使他人求生不得求死不能而扬扬得意。

大错特错了。在整个欧洲到处是不同宗教的派别之争和宗教迫害，恐慌在蔓延。比起1000多年前罗马帝国迫害基督徒的所作所为，酷刑目下使用得更为普遍。轮刑成为法国和德意志最常用的处决方式之一。在法国，罪行稍轻的罪犯被放逐到海上做苦役，充当长期游弋在海上的巡航船的奴隶——此措施自古罗马帝国以来就再未被使用过。半个世纪前，欧洲的瓦拉齐亚公国（Walachia，现在罗马尼亚的一部分）的大公弗拉德三世(Vlad III)，也被称为“德库拉”(Dracula，龙之子）或“特佩斯”(Tepes，穿刺公)。他用尖利的杆子刺穿罪犯以及不顺从的贵族和战俘，并把尸体放在瓦拉齐亚与敌国土耳其的边境上，以示警告。

当亨利八世去世时，他的儿子爱德华六世(Edward VI）即位。为结束宗教迫害，建立英格兰国教教会，爱德华废除了其父治下的许多酷刑，包括烹煮活人。可惜的是，爱德华15岁就青年早逝，仅统治英格兰不到六年的时间。他的改革未能继续下去。他的长姊玛丽(Mary）即位，她迫使英格兰重新信奉罗马天主教，获得了“血腥玛丽”(Bloody Mary）的称呼。

但“血腥”并未给玛丽本人以及英国天主教徒带来安全保障。所有在其父治下信奉国教的人被命令重新皈依罗马教会，否则，会遭受连她那以恐怖野蛮著称的父亲也想不到的酷刑惩罚。她挑选了伦敦主教埃德蒙·博纳（Edmund Bonner）为左右手，此人恶名远扬，被称为“恶魔的狂舞之熊”(The Devil's Dancing Bear)。博纳是那种喜欢把工作带回家处理的人。他在家中打造了

一个私人酷刑室，在那里，他可以与那些倔强的对手“亲密交谈”。即使在公共法庭，博纳也丝毫不掩饰自己喜欢沉浸在折磨证人和被告的快感中。有一回，由于未能成功迫使一名证人开口，他就将燃烧的蜡烛放在受害者手心下方炙烤，直到手上的皮肉吱吱地冒烟。还有一回，他把一个证人的大拇指绑在一起，然后用带倒钩的利箭钩住大拇指中间往后拉。博纳还频繁地使用残忍的拉肢架。那些可怜的人一旦被关进伦敦塔的地下室而遭受拉架刑，没有人能撑过一天，他们的肢体就从关节连接处脱位。博纳不满足于使用单一酷刑，当一个新教牧师被控私藏“恶意丑化国王、贵族、高级教士”的书籍时，博纳用鞭子狠狠地将他打了一顿，然后给他戴上颈手枷，割掉一只耳朵，削掉半边鼻子，在一侧面颊上用赤铁烙印。一周以后，再次给他戴上颈手枷，狠劲鞭打，直到他的背像一堆半消化的牛肉，然后把他仅存的那只耳朵和鼻子割掉，另一侧脸上再打上烙印。显然，此人肯定出言冒

这幅图描绘了一个**瑞士版本的颈手枷**。右侧那个人正在捡石头朝犯人投掷，图片显示犯人的手腕并未被束缚，因此他们有能力自卫，看起来整个枷具为了取悦愤怒的公众被设计成快速旋转的状态。

犯了“魔鬼的狂舞之熊”。通常情况下，博纳使用颈手枷的用意远远不只是普通的公开羞辱——他会把受刑者的耳朵钉在木枷上，使其在整个过程始终处于揪扯状态。当戴枷结束后耳朵就被割掉，或者割得松松垮垮耷拉着。

在“血腥玛丽”统治的五年间，死于信仰的人的精确数字已不得而知，我们所知道的是，仅1553～1558年伦敦城一地，就有114名男人、女人、孩童被烧死，其中89人被博纳主教亲手推进火坑。正当他沉浸在滔天恶性的狂欢中时，1558年，玛丽之妹伊丽莎白（Elizabeth I）登上英国王位，她把前主教囚禁在暗无天日的伦敦塔。在那里，博纳悲惨度日，用生命中最后10年来赎罪。

比起家族中的其他人而言，伊丽莎白的治国方式惊人地开明。英国已经被延绵30年的宗教纷争蹂躏至精疲力竭，很显然，她的首要任务便是治愈宗教狂热这块溃烂化脓的创伤。在首次议会演说中，她说：“只有一个上帝，亦只有一个基督，其他一切事情都是无关轻重之小事。”虽然她使英国恢复到其兄爱德华建立的国教，且向天主教徒征税，但她决不允许宗教迫害再度出现。她开始以一种果敢、积极、决绝的方式处理由于其父的过度屠杀，以及上个世纪的玫瑰战争带来的贫困问题。她为穷人建立济贫院，为病者建立医院，并且极大地改善了监狱条件。但这些并不意味着她废除了残忍的死刑或肉刑。事实上，刑讯逼供在她治下发展到顶峰，当伊丽莎白即位并牢牢攥紧权柄后，每年被处决的犯人有800左右；枢密院（Privy Council）以及间谍网负责人弗朗西斯·沃尔辛厄姆（Sir Francis Walsingham），惯于采用酷刑作为榨取信息的手段。但是如果没有伊丽莎白的表侄女——苏格兰女王玛丽·斯图亚特（Mary Stuart）的出现，伊丽莎白本来极有可能扭转这一趋势的。

玛丽本人更像一个地地道道的法国人而非苏格兰人。她丈夫是法国国王，母亲是法国人。丈夫去世后她才回到苏格兰。由于

一个受刑者被用木桩固定起来，他即将被车轮击打的粉身碎骨。显然还有更残忍的酷刑在等待这个不幸的人。

习惯了奢华舒适的法国宫廷生活，苏格兰的寒冷、尖锐、生硬给玛丽造成了巨大的震撼。苏格兰人与那里的气候一样粗鲁，野蛮的肉刑在苏格兰是司空见惯的事情。窃贼和造假者被砍去双手，在手上、面部、身上打上烙印亦非常普遍，连最轻微的违法行为都遭到鞭笞与折磨。

在苏格兰盛行的一种让人大开眼界的死刑是“轮刑”（和法国和德国一样）。这里的轮子并不是古罗马使用的精致的鼓状物，而只是一个简单的马车轮子。犯人被四仰八叉地捆在轮子上，状如飞鹰展翅，然后施刑人用木槌或铁棍打碎犯人的四肢关节，再用烧红的铁钳把身上的肉一块一块撕扯下来，最后，用利斧砍掉脑袋。这一切让玛丽觉得很不舒服，再加上当时苏格兰长老会领袖约翰·诺克斯（John Knox）掀起了宗教狂热，他公开称女王为“血腥的天主教婊子”，玛丽更加无法忍受。她所想要的，不过是体面善良的臣民、较为文明的国家——如果是天主教国家或她可以改造成天主教的国家那再好不过了。之后玛丽被其臣民废黜，但她成功地逃过了边界，到达英格兰，请求伊丽莎白提供政治庇护。伊丽莎白应允。玛丽得到庇护，不过所付出的代价不菲——

永久性软禁。伊丽莎白及其大臣都很清楚，玛丽和她母亲一样，是个根深蒂固的阴谋家，而且英格兰充斥着热心的天主教徒，他们乐于见到一个皈依罗马天主教的英格兰。

伊丽莎白的近臣们以及沃尔辛厄姆请求女王处死玛丽。在整整 17 年里，他们一直试图说服女王采纳他们的建议，但伊丽莎白并不想成为现代史上第一个亲手下令处死另一个君主的国王。然而，1586 年仲夏，当沃尔辛厄姆向女王禀报他们成功破获了一起针对女王的阴谋时，她动摇了。安东尼·巴宾顿（Sir Anthony Babington）是一个出身高层的英国天主教徒，他与同伙谋划绑架、谋杀伊丽莎白，把玛丽扶上王位。这个阴谋是经过玛丽首肯的。毫无疑问，沃尔辛厄姆精心修改了玛丽的信件，使得她看上去比实际上更像一个同谋。但在硝烟弥漫、杀气森森的政界，结果就是一切。伊丽莎白怒不可遏，那种狂怒是都铎王朝专制君主的特色。在致沃尔辛厄姆的信函中，她写道：“在这种情形下，毫无回旋余地，我们应把仁慈丢到一边，采取极端措施。

在审讯前，通常会向受刑者展示各种各样的刑具，这是**审讯的第一阶段**。这些骇人的拥有巨大破坏力的刑具让人不寒而栗，受刑者脑海中立即浮现出各种惨不忍睹的画面，这已经足够使他们乖乖合作了。

's-Gravenhage
Gevangenpoort. Gruwelkamer
(Instruments of torture)

如果他们不老实坦白，我命令你把他们带到拷问架旁边，先对其进行威吓。倘若森然的刑具仍不能使其开口，你应让他们尝尝拷问架到底什么滋味，直到你认为目的达到为止。”最后，玛丽被监禁，巴宾顿和15名同犯被拖到伦敦塔关押。两名沃尔辛厄姆的间谍被释放，剩余的14人以叛国罪被处以绞死、挖出内脏、四马分尸。

这是伊丽莎白即位28年以来第一次下令执行的恐怖司法杀戮，这很可能暗示了时代的变迁。1586年9月20日，巴宾顿和六名同伙被公开处死，在死亡到来之前，他们眼睁睁地看到同伴们被一个一个地劈开身体，拖出内脏，砍成碎片。公众对这一血腥场景的反应是欢欣鼓舞的，人群始终在兴奋地鼓掌，伊丽莎白同样如此。第二天，剩余的7个谋反者被简单地公开吊死。这是大不列颠最后一次施行绞死、挖出内脏、分尸的酷刑。第二年的2月，苏格兰女王玛丽在佛泽林盖城堡（Fothering Castle）里被砍头，行刑在外人不得入内的情况下私密进行。

谋反者与苏格兰女王不是死于伊丽莎白统治下的全部人员。在她统治时期，拉肢架、绞刑架、绞索这些工具从来没有闲置，各种各样的偷鸡摸狗之徒被残忍地迫害。小偷在第一次行窃被抓时将失去一只耳朵，再犯则割掉另一只耳朵，第三次偷窃就被吊死。妓女也同样，初犯失去一只耳朵，第三次被抓就被割掉鼻子。

1584年，即巴宾顿阴谋破获的两年前，尼德兰统治者、奥兰治的威廉亲王（William of Orange）不幸遭到谋杀。荷兰在世纪初沦为了西班牙的政治和宗教附庸。威廉成功地将西班牙人驱逐出去，因而声誉日隆，成为欧洲最受爱戴的统治者之一。一个叫巴尔萨扎·杰勒德（Balthazar Gerard）的宗教狂热分子在1584年刺杀了威廉。他被一群愤怒的民众抓获，在当地守卫赶到之前，众人已将他打得半死，然后在他的伤口里抹上大把大把的盐，用斗篷包裹全身，扔到白兰地与醋的混合液中浸泡，直到守卫赶到，他才保住性命。他被拖到当地监狱，在接下来的 18 天，遭到反复折磨与拷问。第一天，他被带到一个公共刑台上，犯下不赦罪恶的那双手被迫猛地插进一大锅滚烫的沸水中，奇怪的是他竟然未流露出丝毫的痛苦表情。第二天，他被再次带到刑台上，砍掉双手，他再次表现出了惊人的冷静，仅有的反应就是满不在乎地把残肢从台上踢下去。在接下来的 11 天，他的身体被刑具一点点残害，支离破碎，烧红的铁钳把他的肉一块一块撕扯下来。最后一天，他被绑到火刑柱上慢慢地烤，不一会儿，施刑人将火熄灭，把他放下来——已被烧得如焦炭般漆黑——接下来，他要遭受轮刑的折磨，熬了难忍的六个小时后，他终于如愿以偿地被勒死了。

这是忏悔的人和不顺从的罪人在朝圣或宗教仪式中佩戴的**“念珠”**(rosary)，他们可能为了展示信仰之坚定而自愿佩戴，也可能是由于某种罪过而被迫接受的一种苦行。挂在信徒脖子上的以支撑整个念珠重量的铁链上面布满了尖钉。

不幸的是，这件叫人咋舌的残暴事情并未给欧洲的宗教冲突与司法恐怖画上句号。事实上，在当时以及之前和之后的几百年里，宗教迫害一直都是欧洲最重大的事情之一。尤其是在西班牙，宗教裁判所为了净化世界，对任何敢于挑战其权威的人大开杀戒，无所不用其极。

宗教裁判所（The Inquisition）并非西班牙首创，其初始用意也不是施行宗教与社会恐怖。“inquisition”这个词的意思很简单，即“官方、司法审讯”，在此语境下，宗教裁判所意指罗马天主教会对可能的异端行为进行审讯。晚至 1139 年，教会所允许的惩罚异端的唯一方式是革除教籍。这显然威慑不了那些顽固不化的异端。可疑的异端分子被世俗权威或一群愤怒的基督徒杀死时有发生，但是，这种行为受到教会的严厉谴责。事实上，即使如克莱尔沃的圣伯纳德（St. Bernard of Clairvaux，1090~1153 年）那样德高望重的权威人物也曾说过：“信仰不是靠强迫，而是靠说服产生。”然而，这种宗教宽容态度在他过世后随之烟消云散。

基于一个原则即异端邪说是对上帝犯下的严重罪过，1198年，教皇英诺森三世（Pope Innocent III）开始鼓励信徒搜捕、侦破和摧毁异端。然而，英诺森并不主张教会应卷入此事，直到1229年，教皇格里高利九世（Pope Gregory IX）批准成立了一个修道士团体，专门负责侦破异端，这些修士被称为宗教审判官（Inquisitoror Private Investigators of Heresy）。四年后，格里高利九世致信法国主教们，告知他们宗教裁判所的存在，并督促他们配合它的工作。不过直到此时，宗教裁判所并无意——事实上也的确没有权力——对受审嫌疑人进行肉体残害。

对异端的标准惩罚是侮辱性的苦行，比如被迫去某一圣地朝圣，或在长袍上缝上一个“十”字。只要受罚之人矫正了罪愆，且做了适当的自我惩罚，耻辱便得到了洗刷，他们会重新被教会接纳。只有在极少数情况下，即异端者拒绝承认他们的错误，或继续坚持传播异端邪说（据估计，这种情况不到10%）时，才会将他们交由世俗政府进行司法审判和惩罚。多明我会和方济各会（Franciscans）成立了新的宗教法庭，但即使在这些知识丰富、训练有素的修士中，对于什么行为能够构成应受惩罚的异端罪，以及苦行和世俗司法惩罚的力度应该有多大，都存在巨大争议。

纪伯纳（Bernardo Gui）是一名多明我会修士、宗教审判官，F.默里·亚伯拉罕（F. Murray Abraham）在电影《玫瑰之名》（*Name of the Rose*）中的演绎让人不寒而栗。1307~1324年，经他判定的异端分子多达1000人，他还把自己的工作方法和经验详细记录下来，集结成一本394页的皇皇巨著《审判异端指南》(*The Conduct of Inquiry Concerning Heretical Depravity*)。该书总共五章，前三章讨论程序问题，比如审讯疑犯的程序以及怎样组织法庭。第四章是对有关罗马教皇告谕如何界定宗教裁判所权力的老调重弹。最后一章详细阐述哪些行为构成异端罪——至少在他看来是这样。

这本早期教会的畅销书最有意思之处，在于教导宗教审判官如何向可疑的异端问讯。正如现代社会的知名律师所惯用的伎俩一样，永远不要让证人掌握主动权。提出的问题应该尽可能地刁钻古怪且布满陷阱，回答时稍有疏忽，措辞不当，便可能使最无辜之人被贴上异端的标签。在此过程中，关键在于让证人思维混乱、失去判断。本书与其他因素一起，奠定了宗教裁判所的基调。

当纪伯纳正为著书而忙碌劳累时，教皇克雷芒五世（Clement V）下令以异端罪搜捕圣殿骑士团成员——主要是因为他们富可敌国，权势滔天，甚至使教皇和法国国王眼红。骑士团遭受灭顶之灾。当法王菲利浦四世（Philip IV，又称为美男子菲利浦）忙于大肆搜捕、折磨、烧死圣殿骑士时，英国国王爱德华二世（Edward II）则显得更为理智——他拒绝合作，教皇在英国一无所获。于是，他致信爱德华说："我们获悉，你因酷刑违背你们国家的法律而禁止使用；但是，没有任何国家的法律能逾越教规，我们的法；因此，我命令你立即对这些人施以酷刑。"这位神圣的教父后来又加上的一句，"你已经显示了对异端的偏爱，这使你的灵魂陷于危境"，使得这封信对爱德华来说更像是一个凶兆了。爱德华勉强屈服，下令逮捕英国的圣殿骑士团成员，但是国王还是提前发出了预警，尽量留给大多数人充足的时间逃到苏格兰安全地带。

到 1401 年，离圣殿骑士团被摧毁已有 70 多年了。烧死异端在英格兰已经合法化，因此国际性的宗教裁判所体系开始形成。可疑的异端分子被教会逮捕，交由世俗机构审讯：教会还是不希望亲自实施身体伤害而弄脏了圣洁的手。整个程序非常简单，一旦发现可疑的异端分子，教会法官会对被控者作出如下宣判："既然教会对你这类异端无能为力，我们特此把你交给世俗法庭，并尽我们最大努力劝谏他们遵守教会原则，保全尔等之性命和身体，远离死亡。"接下来的一句才是关键："只要你完全承认异端指控。"毫无疑问，被控者最终会认罪；如果拒绝认罪，他们也会被一直折磨到认罪。

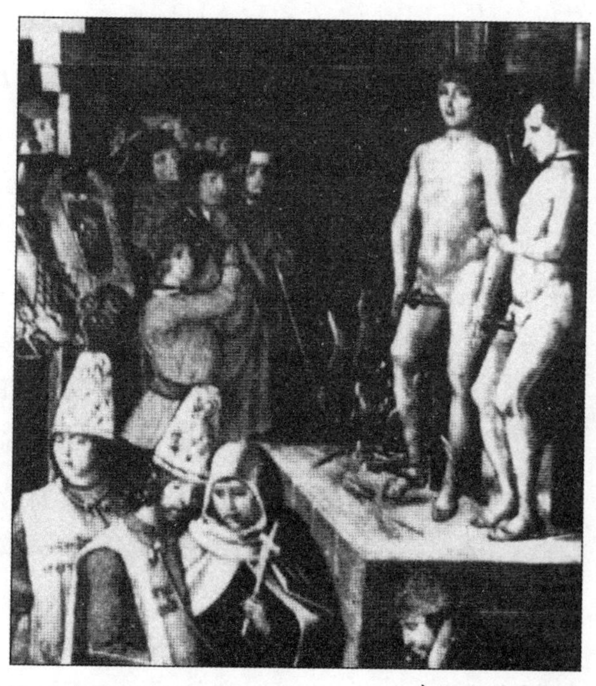

在西班牙宗教裁判所主持的审判大会上，**异端分子被处决的场景**。两个被铁矛支撑的裸体男人即将被绞死。另外两个异端分子穿长袍戴帽子，表明他们的罪过已经因为自我惩罚而得到洗清。

当被控者“自愿地”承认了罪过时，会被带回教堂接受教会的审判，但是教会仍无权施加任何比革除教籍更严重的惩罚。一旦异端罪确定，疑犯被再次带到世俗法庭接受二次审判，（除非法庭甘愿冒着激怒罗马教廷的危险）他们最后总是会被绑到火刑柱上，高高的树枝一直堆积到脚底，他们将在这里结束生命。

意大利法学家巴尔多鲁（Bartolus，1313~1357年）的法律著作促使火刑成为最盛行的异端处决方式。他认为，在烈焰中死亡实际已被基督认可。根据圣经《约翰福音》（*Gospel of John*）第15章第6节：“人若不常在我里面，就像枝子丢在外面枯干，人拾起来，扔在火里烧了。”这种纯粹按照字面意思来理解耶稣把不虔诚的人比作树枝的隐喻的思路是现代人无法理解的，不过宗教裁判所似乎非常乐于如此而为。它至少讲清楚了一个问题，即在任何情况下，与官方教义相违都是绝对不能容忍的。这是否能增加去教堂做礼拜的人数就不得而知了，不过它把对生命和灵魂的恐惧带给了每一个人。随着宗教裁判所对异端的迫害（和民众对它的恐惧）蔓延到整个欧洲，更大规模的异端迫害出现在多元文化的西班牙。

在中世纪盛期，西班牙（Spain）是由无数弹丸小国、彼此争斗不休的君主国、不同族群和宗教团体组成的一个分裂碎化的多语种社会。从8世纪早期以来，西班牙大部分地区被信仰伊斯兰教的摩尔人（The Moors）统治着。从那时起，信仰基督教的西班

宗教裁判所为揭露"异端阴谋"而施用的种种酷刑。图片从左到右，可以依次看到：一个带足枷的受刑者被火烧炙和打上烙印，中间的另一个人在忍受注水刑的折磨（有一个特制的"床"，用来排出和循环利用施刑所用的水）。然后可以看到一个可怜的家伙在被用滑轮折磨。最右边是大审判官以及一丝不苟地记录整个过程的书记员。

牙人就开始了漫长艰辛的收复失地运动，直到1492年收复格拉纳达城（Granada），摩尔人才最终被驱逐出去。摩尔人在长达七个多世纪的占领期间吸纳了一部分犹太人进入西班牙，进一步为这个多元文化的社会增添了复杂性。当摩尔人最终失去这块土地时，犹太人同样被驱逐出境，或被迫改信基督教。自然而然地，恐慌逐渐在人们心底蔓延，人们担忧的是这些改宗的人只是假装信奉基督，而私下里仍秘密信奉自己的宗教，西班牙人急切地想要对这些外来者进行彻底的大清洗。早在西班牙国王斐迪南与伊莎贝拉（Ferdinand and Isabella，他们资助了哥伦布的探险）共治时期的1478年，两人就请求教皇西斯笃四世（Pope Sixtus IV）允许他们组建本土化的宗教裁判所。此建议可能是伊莎贝拉提出的，这个念头是由她的私人告解神父——一个狂热仇外的多明我会修士托马斯·德·托尔克马达——所激发的。在托尔克马达和大主教的劝告下，教皇同意了国王的请求，并发出一道教皇敕令。就这样，西班牙宗教裁判所产生了，托尔克马达成为第一任大审判官。

尽管历时弥久的西班牙恐怖统治主要针对的是改信基督教的犹太人和伊斯兰摩尔人，但名列“黑名单”的人也包括尚未皈依基督教的犹太人和摩尔人、共济会会员、天主教异端和不断涌现的可以统称为“新教”（Protestant）的基督教非天主教派成员。为提高镇压效力，他们鼓励民众与当局合作，检举、揭发邻居、友人、家庭成员中的可疑分子。一旦被告发，程序是一成不变的，无论证据看起来多么荒诞不经，都会被宗教审判官仔细审查，以决定该证据是否充分到可以进行逮捕——而证据总是充分的。为了保证告密者不受公众谴责，他们的名字和裁判所其他程序一样，总是秘而不宣的。

“开花梨” 可以插入受刑者的嘴部、阴道、肛门，然后慢慢扩张，越来越大，直到撑破器官（施用于嘴部时，可导致牙齿和颚骨碎裂）。我们考察了许多这一类的刑具，发现它们不仅仅是一些黑暗年代酷刑室所用的制造痛苦的工具，它们还总是制作精良，其构造甚至极富艺术性。制造者以此为荣，且深深陶醉于自己的作品带给受刑者的非人的折磨。

当逮捕令发出后，一群宗教审判官、牧师和全副武装的士兵冲到疑犯家里——通常是在深夜。若疑犯拒捕，那么他们会把他结结实实地捆起来，把一个形状如梨的金属装置塞进他的嘴里。当转动另一端的手柄时，“开花梨”（The Pear）就慢慢张开，直到疑犯的上下颚被撑破，同时伴随着牙齿碎裂和下巴脱臼。当疑犯被关在宗教裁判所的地牢里时，他们的财产会被没收，对此，官方的说法是财产用来支付他们在监禁和审讯期间产生的费用。因惧怕酷刑折磨，被告发的人当然情愿招供，但是大多数情况下他们并不清楚自己因何被指控，因而不可能坦白或者进行自我辩护。在初审结束后，疑犯被拖进用黑色布幔围得严严实实的地下室，在房间另一头的桌子后端坐着一名宗教审判官、一名监察员、一位秘书。还有通身一袭黑袍、只露出两只眼睛的施刑人，肃然立于其旁的是众多可怕的刑具。这些人都知道一个事实，而受刑人却丝毫不知，即接下来的酷刑折磨将分为五个不同的阶段。首先，对疑犯进行口头恫吓，告知他将被施以酷刑。其次，向他展示刑具。第三，将疑犯脱光，蒙上他的眼睛。第四，施行酷刑。最后，再给他一次坦白的机会。如果此时他仍然坚持自己是清白的，那么就对他无限制地反复施行第四步和第五步，直到他或她认罪，或死掉。这一程序不分年龄、性别、社会地位，通用于所有人。施刑的种类与方式的选择完全是随机的，唯一的决定因素是审判官和监察员的情绪，以及手头上可以利用的酷刑设施。在缺少精巧的刑具时，审判官非常乐于使用备用的古老刑具——鞭子和长绳。一个葡萄牙书记员的文字记录了鞭笞在宗教裁判所是多么普遍：

> 任何犯错的人都逃不掉一顿狠狠地鞭打。他们被剥光衣服，被几个大汉按到地上，背部朝上，其他人用因涂过熔化的沥青而变得硬邦邦的粗绳子残忍地鞭打他，直到他的背部溃烂。

在类似案件中，有一次，一个14岁的男孩因莫须有的罪名被鞭笞至死。还有一次，被打的是一个妇女，她挨鞭子的原因是有人听到她说："我不知道教皇是男是女，但是每天我都听到关于他的美妙的事情……"六天后，她死于鞭伤。一个葡萄牙珠宝商因被疑为共济会会员而遭到逮捕，遭受了骇人的折磨，以下是他的亲身经历：

> 把我的衣服剥光后……他们把一个铁颈圈套在我的脖子上……然后在每只脚上套上铁环……他们用尽全力拉拽我的胳膊和腿，然后用小指般粗细的两根绳子分别缠在两个胳膊上，另外两条绳子缠住腿。四根绳子分别穿在木支架的洞里，由4个大汉同时用力拉紧绳子，（绳子）深深地嵌入肉中，深可触骨，鲜血不断涌出……他们发现如此酷刑尚不能从我这里挖出任何有用信息……六周后，他们让我见识了另一可怖酷刑。他们拉伸我的胳膊，使手掌向外翻，用绳子捆住每个手腕处，机器拉动绳子，带动手掌不断朝外翻转，然后使两只手在身后慢慢接近，手背几乎相触，这样我的肩膀便从关节处脱位，血从我的嘴里汩汩涌出。

一个犹太人医生伊萨克·奥洛比（Isaac Orobio）被捕后，一直被关押在宗教裁判所的地牢里，三年之后才进行审讯。审讯时，他们用细绳子将他的两个大拇指紧紧绑在一起，用力勒紧绳子，血便从指甲缝里涌出。这样做的目的是先吸引他的注意力，然后施刑人用力将他朝墙上掷去。之后，迫使他坐在一个狭窄的凳子上，墙上固定着几个滑轮，每个滑轮垂下一根绳子。这些绳子分别绑在他的四肢上，然后用滑轮用力拉紧绳子，这时从犯人身下拿走凳子，使他整个身体被绳子拉住而悬在空中。

当英国人威廉·利思戈（William Lithgow）被疑为密探而逮捕

这是一把**“审讯椅”**（Inquisition Chair），有时候亦称“女巫椅子”(Witches Chair)，或直呼其为“王座”（The Throne），图片清晰展示了它的功能。不过，首先应考虑到这一刑具是用来吓唬人的——因为酷刑的第一阶段就是向受刑者展示刑具的破坏力，希望他们一看到那可怕的玩意儿就立马招供了。毫无疑问，坐于其上将会无比痛苦，真正的剧痛来自紧紧压住犯人大腿的布满长钉的木板（座位上面）和环绕胫骨的钉子板（座位前面）。椅子的侧面有凸出的圆槽，木棍可以穿进去，这样整个装置就变成了一个轿子——也许用来向观众展示。自然，一旦受刑者被皮带紧紧固定在椅子上，很可能会被施以其他更加暴虐的刑罚。

后，他被施以当时西班牙宗教裁判所最常用的一种酷刑。他们掰开他的嘴，插入一个漏斗，把水不断地由漏斗灌进他的嘴里。他的胃被撑得鼓鼓的，几乎要爆掉，喉咙里也都是水，水从嘴里、鼻孔里不断溢出。为了防止他吐出水，他们会用绳子扎住脖子，然后迫使他在地牢的地板上不停地来回翻滚，当他难受得快要昏

两个惨遭拉肢刑的可怜人。其中一人被用梯子拉肢（我们将在本书后面的章节中讨论），另一人在桌子上拉肢，作为注水刑的从刑。本书正文中对这一普遍施用的怪癖刑具有详尽的描述。操纵拉架滑轮的施刑人身体倾斜，似乎是在用火把烤炙受刑者的肚子。如果正在进行的酷刑不能达到预定的目的，图片中间的滑轮正在等待着这两个不幸的人。

过去时，他们用绳子拴住他的大脚趾，将他头朝下吊到空中。这时才解开脖子上扎的绳子，让他将一肚子的水吐出。然后他被戴上镣铐并送回牢房。

这些骇人的事情不可避免渐渐传到罗马教皇那里。西斯笃怒不可遏，他立即致信斐迪南：

> 许多真诚虔敬的基督徒，由于受到敌人、对手、奴隶和其他劣等人的指证——被不正当地——在缺乏任何调查的情况下，被囚禁在世俗监狱里，像一个顽固的异教徒那样备受酷刑折磨和谴责，他们被剥夺财产，交到世俗当局手里处死，这毒害了他们的灵魂，也为公众树立了一个有害的恶例，招致多数人的反感愤慨。

斐迪南不得不对国内的宗教机构施加压力，教皇的态度才趋于平和，西班牙宗教裁判所得以继续对有罪之人进行混乱的讨伐。

西班牙宗教裁判所最热衷于使用吊刑（garrucha）——使用

把受刑者的手腕在背后反绑在一起，用绳子系住手腕将他慢慢悬吊到高空。他的肱骨立即被锁骨和肩胛骨从关节连接处撬开，这一骇人的刑罚对身体的伤害是胸背的永久性扭曲。倘若把重物（如上图展示的那种）绑在犯人的脚上，痛苦会加剧，直到身体撕裂，就像使用长凳和梯子的拉肢刑一样。最终，受刑者会瘫痪、死亡。

滑轮折磨犯人。犯人双手被反绑在背后，绳子系在手腕上，用天花板上的滑轮将绳子一点点往上拉，将犯人慢慢吊到空中。这样，犯人的肩关节会逐渐脱臼。当犯人在空中挣扎了一会儿后，绳子可能被忽然松开，使犯人一下子坠落到地上，或者一次下降一段距离，使肩关节一次次忽然受力。如果这些还起不到预期效果，就在犯人脚上系块大石块，继续重复刚才的过程。

一个偶然的事件让我们窥见了外界对宗教裁判所的内幕的无知与忽视达到了怎样的地步。当金匠劳伦斯·卡斯特罗（Lawrence Castro）拜访宗教审判官唐·佩德罗·葛雷诺（Don Pedro Guerreeto）先生时，他被邀请参观房间内部，包括审讯室。他走在地下室里，穿过一个又一个铁门，听到里面传来阵阵撕心裂肺的尖叫声和呻吟声。当他要离去时，唐·佩德罗问他的感受，他说："这里简直是地狱。"这样的话在当时足以构成巨大的亵渎了。因此，他因侮辱神圣的宗教裁判所而丧失了全部财产，且被当街鞭笞示众，肩膀打上烙印，充作帆船奴隶而服一辈子苦役。

这里所讨论的宗教裁判所的酷刑给受刑者所造成的痛苦是超乎想象的，不过这些刑具都是世俗社会发明的。若时间和金钱允许，宗教裁判所有时候会自行研制一些非常复杂和怪诞的刑具。例如，有一个刑具状似一个大鼓，内部可装一个犯人，鼓的内壁全是粗短的边缘如剃刀般锋利的铁片，当滚动鼓时，里面的受害者的皮会被剥掉。

从当时的报告中我们得知，有时不幸的受害者会被扔进一个巨大的烤炉里，像烤牛肉那样来回翻烤。有时，炙烤仅限于身体的某一部位。在名为"西班牙椅子"（Spanish Chair）的酷刑中，受刑者被用皮带绑在椅子上，脚锁在足枷里，旁边是烧得旺旺的炭火盆。为了防止受害者的脚被迅速烤焦，通常会在他的脚上涂抹油脂。当然，还有古老而简单的拉肢架，施刑人从犯人身上扯出的不仅是四肢，还有他想得到的信息。但是比起这些极富创意的刑具来说，拉肢架是世俗社会发明的。

倘若犯人在审讯中幸存下来，他们会变得特别服帖，愿意承认宗教裁判所想要施加给他们的任何指控。之后，他们会受到囚禁，等待审判。和审讯一样，审判一般也在私下进行。和酷刑室一样，法庭也被黑色布幔裹严，房间唯一的饰物是耶稣受难像——也许意在提醒被控者，这是官方教会的程序，又或许是在向他们暗示其命运的结局。当庭吏出现并高呼“肃静！肃静！肃静！神父莅临！”时，穿长袍的宗教审判官鱼贯而入，各自就坐。大审判官摇动一个小银铃宣示审判开始。被告是孤立的，无人替他辩护，而起诉方则可以请出女人、儿童、其他异端分子、犹太人、摩尔人、奴隶和罪犯来做证。被告只能请成年的男性基督徒来做证——然而很少有人愿意冒着成为被告席上一员的风险这样做。倘若被告拒绝做证或提供的证词违反了起诉方事先制订好的计划，或者翻供，他们将会被带往酷刑室，重温那些痛苦的记忆。

可怕的是，当一个被控的疑犯在自己的朋友中向宗教裁判所揭发出一定数量的异端分子后，他本人会被赦免，并被教会重新接纳。对于低程度的合作者，宗教裁判所会判处他们在地牢里囚禁几年或者几个月；很少有人能在地牢里存活那么长时间，但这总比烧死在火刑柱上强。唯一能避免面对未知命运的方式就是认罪，认罪的人也会被烧死，不过令人欣慰之处在于，他们在投入烈焰前已经被勒死了。

在西班牙，一种非常便捷的处决方式是通过穿入椅子背部小孔里的皮带勒死犯人。这种方式因为简单方便也被宗教裁判所采用。西班牙宗教裁判所自始至终都是对公正和宗教的荒诞嘲讽。

审判之后，犯人将参加公开的宗教审判大会，这是宗教裁判所为战胜那些撒旦释放到上帝之国的邪恶力量而举行的一个公众庆典。为尽可能吸引民众的注意，庆典一般在节假日举行——数以千计的观众驻足观看数以千计的受害者被公开凌辱、残忍杀害。在官方庆典开幕式的大游行中，人们会看到宗教裁判所的修士们出现在队伍的前列，紧随其后的，是悔过之人（清白的人），他们身穿黑衣，手持巨大的蜡烛，那是他们信仰改过的标志。后面跟的是接受改造的人，无论采取了什么手段，他们总算逃过了死劫；在他们所穿黑袍的后背上，绣上了倒置的火焰。接下来是将死之人——他们后背上绣的火焰是向上的，这一组人被武装士兵严密押解，耶稣会士紧随其旁，为他们做临终忏悔。队伍的最后，是骑着骡子的宗教审判官和骑白马的大审判官。

诵经结束后，一个牧师布置好断头台，然后开始宣读判决，象征性地把犯人交到世俗机构手里，并伪善地请求他们不要以任何方式伤害这些可怜的迷途羔羊。接着，受刑者将被带离，因为世俗机构将要核查他们的案件。一两个小时足够完成几千个司法审核，然后带受难者回到庭院，并询问他们希望选择哪一种宗教来完成死亡仪式。那些声称自己虽久经非人的酷刑折磨，仍然是一个好的天主教徒的人将会在绑到火刑柱上之前被提前勒死，而其余的人将被活活烧死。当受害者被绑到火刑柱上之后，人群中爆发出阵阵尖叫。施刑人将火把戳到留着胡子的人（大部分是犹太人）的脸上，火舌迅速舔去他们的胡子，烤黑他们的脸。最后，柴堆点燃了，受刑者将被死亡吞噬，他们发出声嘶力竭的尖叫、呼喊，脂肪从焦黑的烧得噼啪作响的皮肤流出，他们活活忍受着肢体被慢慢烧得残缺不全，变成一截截的焦炭。

西班牙好像并不满足在自己的国度散布这瘟疫似的死亡恐怖，在整个 16 世纪，低地国家（比利时、荷兰和尼德兰）处于西班牙王室的严密控制下，他们同样受到西班牙宗教裁判所的迫害。1568~1573 年，大约 18000 名荷兰人被宗教裁判所处决，大部分人死于新教信仰，其中多数人被烧死，一些人被溺死，还有一些人被活埋。让人觉得不可思议的是，直到 1808 年遭到拿破仑军队侵略的时候，西班牙仍然存在宗教裁判所。虽然在 1816 年教皇已断然下令禁止刑讯逼供，但迟至 1821 年，酷刑才被正式废止。1481~1808 年，超过 33000 名西班牙人，包括男人、女人和儿童被活活烧死，20000 多人被酷刑折磨和监禁，并被剥夺这一具有传奇色彩的装置有两个基本形式：(1) 西班牙样式的装置依靠转动后面的螺杆使铁项圈向后拉，使犯人窒息而死；(2) 在加泰罗尼亚的版本中，铁钉刺穿、粉碎犯人的颈椎骨，同时迫使整个颈部前倾，气管被铁项圈折断，犯人死于窒息和脊椎断裂。如果施刑人一时兴起，受刑者所受煎熬的时间可以不断延长。

所有财产。至于究竟有多少人死于酷刑折磨仍然是个未知数。在托尔克马达担任大审判官的 17 年中，仅他一人就把一万多人送上火刑柱，并把多达 10 万人送进监狱。我们不禁心怀期望，希望在西班牙宗教裁判所存在的三个多世纪里，世界的其他地方能够走出司法恐怖的泥沼，他们究竟能否达此目标呢？留待下一章详解。

上图：在这幅描绘西班牙宗教裁判所宗教审判大会的图画中，可以看到远处一整排的异端正被火烧。在他们前面（从左到右）依次是：一个男人被吊到柴堆上方慢慢翻烤；刺刑以及相对残忍的利剑斩首。

下图：另一个**集体火刑**的场景。这一木刻画描绘了23个犹太人在大火中挣扎。他们被指控为了完成逾越节仪式而谋杀基督教儿童，这是整个欧洲反犹主义常用的借口。罪名的确定采用与检验巫觋和异端一样的方法。一旦残忍的酷刑折磨使被控者供认，那么这一“供认”会被作为确定罪名的证据。

第3章　理性时代的酷刑

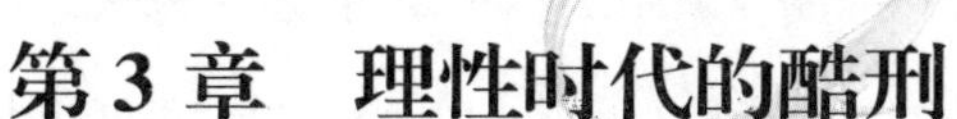

公元1600～1700年间的一个世纪通常被称为“理性时代”。这一措辞较为恰当，因为在此期间，科学技术获得了突飞猛进的发展，不过，严酷的法律和各种肉刑刑具却与以往差异不大。英国女王伊丽莎白一世于1603年去世后，她的表侄孙、苏格兰国王詹姆士六世（King James VI）继任为英格兰国王。这位39岁的新国王已经在苏格兰称王18年，而且无意于改变自己的行事风格——与都铎时代的英格兰相比，苏格兰人的统治方式更为雷厉风行。

最令詹姆士心惊胆战的事物当属巫术，虽然他有时将这种畏惧表现得过于夸张。1590年，当他还只是苏格兰国王时，他便下令逮捕了菲安医生（Dr Fian，化名约翰·坎宁安）及其40个同伙，而且指控他们妄图以巫术来诅咒并谋害他。毫无疑问，坎宁安是个又笨又危险的家伙：他公开声称自己是魔法师，但他对毒药的研究早就引起了民众的猜疑。所以，詹姆士的臣子们有充足的理由相信，如果有（实际上确实有）谋反的密谋，那么坎宁安势必难脱干系。为了厘清坎宁安罪行的细节，施刑人扯下了他的手指甲，然后将针刺入他鲜血淋漓的手指头。

因为这位医生拒不认罪，他又遭受了名为“刑靴”的酷刑——他的小腿被极其残忍地压碎，鲜血与骨髓从铁靴边缘汩汩流出。然而倔强的坎宁安仍不招供，不过，他的不屈也没能使其逃过此劫。他被勒死了，尸体则被焚化于火刑柱上。一年后，即1591年，苏格兰发现了一个“女巫”，后者受到的惩罚是：施刑者将她的手指卡在类似夹钳、称为“夹指”（Pilliwinckes）的器械中，然后鞭笞并前后扭动她的头。最终，她因为自己喉咙上的“女巫印记”（Witch's Mark）——可能是一颗痣、疣或胎记，各地的猎巫者均将这当作“圣痕”（stigmata sagarum）——而被判定是女巫，她只得认罪，命丧黄泉。

显而易见的是，诸如此类的拷打不仅在猎巫中派上大用场，

这张图片解释了审讯是如何进行的。这位犯人正在遭受名为“木靴”的酷刑。施刑人会用木板将犯人的小腿夹住，即从膝盖到脚踝的部分，然后挥舞着大锤，不断地将许多木楔子锤进木板的缝隙之中，直到犯人的膝盖骨、胫骨、脚踝骨都被挤碎了才肯罢休。这会造成犯人的极大痛苦，施刑人却故意放慢节奏，这样一来犯人就不会晕厥，因为后者故意将这种痛苦控制在不致命、不太突然的程度内。在犯人受刑期间，审讯官还会不停地问他与其“罪行”有关的问题，书记员则专注地把犯人的回答记录下来。

英格兰莱斯特郡阿什比·德·拉·朱什教堂保存的夹**指或指枷**（Finger Pillory）。各地的大庄园逐步引进了这一装置，或许是为了惩罚有盗窃行为的仆人，而教堂中的这一装置，或许也被用来在群众面前公开羞辱悔罪者。

也迎合了詹姆士国王对女巫的看法，这些真实存在的记录和解释均被收录于一本名为《魔鬼学》(*Daemonology*) 的书中。詹姆士毅然决然地在苏格兰根除女巫，当时的一位爱丁堡法学家对此有详细记载，这位法学家说："如果某个老妇人被加洛韦地区(Galloway) 的基层理事会（教会组织）指控为女巫，那么她绝不会受到宽容，其下场和西班牙宗教裁判所中的犹太人一样。"

当然，奔赴英格兰继承王位的詹姆士，不仅带去了整齐的行李，也带去了他对与魔鬼立约之人的恐惧——他很快制定了法律，使得"供养或者酬谢任何（邪恶的）幽灵，或其中的某一部分，如皮肤、骨头"等都成为极严重的犯罪行为。应詹姆士的要求，议会通过了一项旨在反对"魔法、巫术及与邪恶幽灵交易"的特别法案。

当时困扰英格兰的不仅有女巫，还有居高不下的犯罪率，各种恶行更是随处可见，詹姆士不得不严阵以待；为了使判罚与罪行相对应，他作出的某些裁决确有牵强附会之嫌，而且很有怪诞的味道。比如说，某人因酗酒而被拘捕，若是初犯，那么他只会被简单地课以 5 先令的罚金，但他若再次因酗酒被捕，

等待这个酒鬼的惩罚则是穿上“酒鬼斗篷”（Drunkard's Cloak）——他会被套进一个无底的啤酒桶，酒桶的顶部会被凿出一个洞，以使这个家伙的脑袋正好能伸出来。不仅如此，在一定时期内，这个家伙只要出现在公共场合，那他就必须以这种辱人的装束示人。这种木桶大到可以将一个人装下，其重量与受刑者体重相当，穿着这种“斗篷”确实极其痛苦。我们可以肯定地说，“酒鬼斗篷”是普遍施用的一种刑罚，因为晚至1690年，档案记录中仍有它的踪影。

惩罚与罪行相对应的例证还有很多，例如，被判为异端的犹太人会被关入大牢，而他获得的食物则是猪肉；若某人做伪证或违背誓言，那么他穿的衣服上则会被缝上一块舌头形状的红布。

恶习难改的酒鬼大都会被迫戴着这种颈手枷公开示众，受人嘲弄。主要有两种样式的**“酒鬼斗篷”**：木桶底部是封闭的，受刑者被浸泡在大小便或者腐臭的脏水之中；另一种的底部则是开放的，所以受刑者可以走动，也会被人牵引着在大街小巷示众，当然，受刑者的肩膀所要承受的重量是极大的，令人非常痛苦。

涉嫌叛国罪的人则会被处以更严重的惩罚。1604年，即詹姆士国王登基的第二年，盖伊·福克斯（Guy Fawes）和一伙天主教阴谋家在议会大厦下偷偷埋藏了大量火药，其数目不低于24桶，但最终东窗事发了。詹姆士下令，要严格而缜密地审问福克斯，而且“如果他不认罪的话，就先对他施以最轻微的刑罚，以此类推，循序渐进，直至最重的酷刑，上帝也会同意这一义举的”。福克斯受到了何种“轻微”的拷打尚不得而知，但毫无疑问的是，在与同伙一起被处决之前，他肯定受尽了种种酷刑的折磨。尽管巴宾顿谋反案后，伊丽莎白一世已经废除了绞刑、挖出内脏和分尸，福克斯及其同伙还是被处以绞刑，并被公开分尸。

绞刑也是一种大众娱乐活动，而且由来已久，分布甚广，詹姆士国王则极大完善了绞刑的实施细则。很快，伦敦又出现了绞刑——这似乎是当时的一种便捷的处决方式。此后的绞刑均在

这一装置能用绞盘将受刑者“拉长”，有多种资料表明，受刑者能被拉长5英寸或者12英寸，这一长度确实不可思议，会导致手臂和腿上的每一个关节都被拉伸得脱臼，脊柱上的每一个骨节都会碎裂，当然，这也会将四肢、胸部、腹部的肌肉扯下、分离。无须太多介绍，这导致的后果是致命的。

伦敦的泰伯恩刑场执行——该刑场位于伦敦现在的大理石拱门（Marble Arch）附近。如果你要举行大规模的公众活动，你当然希望民众们知道这一活动在何处举行；在泰伯恩刑场执行绞刑便是基于这一考量。刑场里的露天看台正是为这些民众而建，其中每个座位的定价不仅取决于座位与受刑者的距离，还取决于受刑者的重要性。即将受刑的犯人会被装进大车，然后从监狱押至泰伯恩刑场，途中会在教堂停一次车，神父会在此要求犯人作临终忏悔。第二站则是设在刑场的圣贾尔斯济贫院，将死之人在此会获得最后一杯啤酒。有些时候，如果法官认为简单的绞刑便宜了某些罪大恶极之人，那么犯人会被用链条吊起来，或者被锁在人形的铁笼子里，再吊在绞刑架上，犯人最终会因风吹日晒和缺水而死。少数情况下，某些同情犯人的路人会直接枪杀犯人以结束其痛苦。

截止 18 世纪末，这种**铁木结构的笼子**依然遍布于欧洲的许多城镇，常被挂在城镇大厅、宫殿庭院、法院、大教堂或城墙的外面。全裸或几乎全裸的受刑者被锁在笼子里并吊起来。他们常死于饥渴，冬季还要遭受风暴与严寒，夏季则会被晒得中暑或晒伤；为了强化警示效果，受刑者一般此前已经受到过毒打。笼中的尸体会逐步腐烂，骨头则会散落一地。

1625 年，查理一世继承了其父詹姆士的王位。新国王有一些新主张，例如，他独断乾坤而不与议会协商，这是有违传统的，不过，他对犯罪和刑罚的主张却有开明的、自由主义的色彩。烙刑已经大幅减少，其他酷刑也多有降低，而且，对犯人进行刑讯逼供也成为违法行为——尽管按《大宪章》的条文来看，刑讯一直都是违法的——不仅如此，在泰伯恩刑场实施的绞刑次数也锐减，由每年的 150 次左右减少到约 90 次。不幸的是，议会对查理带来的自由主义的法律并不感冒，却因他的统治绕开了议会而耿耿于怀。法院、议会同清教徒实现了联合——后者是保守的原教旨主义者，对自由主义毫无兴趣。一位属于贵格派的国会议员威廉·普林（William Prynne），极其强调自由而有违清教信仰，1634 年，他因信仰问题而被判处终身监禁。他还被处以颈手枷之刑，而且削去两只耳朵，还烙上“SL”两个字母（意为“煽动叛乱者”）。其他的贵格派信徒中，安妮·奥克兰（Anne Auckland）被判处在下水道服刑 8 个月，詹姆斯·帕内尔（James Parnell）则被监禁于一个离地 12 英尺的墙洞中。在查理一世看来，酷刑或许是违法的，但在清教徒眼中，标准化的司法程序必须以酷刑作为惩罚手段。

这一装置名为“赌徒的念珠”（The Gambler’s Rosary），一些地区会用它来公开嘲弄某些人，他们被迫戴着这样的饰物，被驱赶至有集市的街道示众，烟鬼和赌徒常会受到这一刑罚。这不仅会让人颜面扫地，而且一般来说也会较疼痛，有时疼痛难忍，甚至使人丧命。与此类似，酒鬼和黑心店主的脖子上则会被挂上木质的笨重“项链”或石质的“瓶子”，或同样重的“秤砣”或者巨大的“硬币”。据说，人们会将偷猎者非法猎捕来的动物的尸体，用铁链挂在偷猎者身上，若想将它取下来，那要等到猎物的尸体腐烂碎裂了(这在夏天较为有效)才行，同时，偷猎者右手的拇指和食指也会被切掉——这样他们便再也不能射箭了(或者无法扣动滑膛枪的扳机了)。

17 世纪 40 年代早期，议会派控制了政府并向国王宣战。即使是在内战战火燃遍英格兰之时，清教徒们依然坚守着严格的道德准则，议会也专门制定了严苛的法律，任何似乎违反这些

准则的事物均会受到惩戒。婚外性行为被视为非法行为，通奸罪也成为一项重罪。1648 年时，若某人被发现是戏剧演员，那么他会被公开施以鞭刑，任何一个参加戏剧演出的人也会被课以罚款。斗鸡之所以也成为违法行为，不是因其残酷性，而是因为斗鸡“常常会伴随着（赌博）、酗酒和咒骂”。很快，任何参与各种娱乐活动的人都可能被戴上足枷、颈手枷，有时还会被鞭打得体无完肤。

不论是咒骂、渎神、玩牌、赌博，还是周日时做买卖、不去教堂，甚至连“在礼拜日走路时显得趾高气扬或对神不敬”，依照法律，这些行为都当罚以重金或受到公开惩处。当时有一个名为詹姆斯·内勒（James Naylor）的极端主义者，他不是清教徒，他宣称，他自己就是上帝，而未婚情侣只要一起去过同一座教堂就可以发生性行为。他受到的处罚是：首先，他被判处在宫殿庭院中戴颈手枷示众；然后，被驱赶着在伦敦的大街小巷游行示众，一直到旧谷物交易所（Old Corn Exchange），一路上他会不断受到鞭笞；两天后，他再次被带至旧谷物交易所戴枷示众，随后他的舌头被凿穿了一个贯通的洞，并烙上了字母“B”（意为渎神）；此后，他又被押运至布里斯托尔城（Bristol），并再次受到鞭刑，然后囚禁于布赖德韦尔监狱（Bridewell Prison）。我们尚不清楚他被关了多长时间。

1649 年，议会处决了国王查理，建立了以奥利弗·克伦威尔（Oliver Cromwell）为首的新政府，开启了司法改革的新局面。为了更好地折磨英格兰的每一个人，克伦威尔很快查封了许多酒馆。与古往今来的一切独裁者一样，克伦威尔以及清教徒都需要某些令人生怖的对象，来使民众心惊胆战而变得易于驾驭。他们虽已将天主教和隐秘的保王主义者树立为这种对象，但他们仍需要某些更普遍的对象——能够营造出一种人人自危的恐慌，使每个英格兰人都战战兢兢。他们认为，女巫是魔鬼的爪牙，宣扬女巫的威胁似乎能极佳地达成以上目的。

1484 年，教皇英诺森八世（Pope Innocent VIII）规定，猎捕女巫符合基督教的教义，而在此之前，巫术一直被看作是令基督徒心存畏惧的大敌。同年，教皇发布敕令，允许西班牙设立独立的宗教裁判所，但该敕令关注的焦点是巫术。他在该敕令中说：

> 尽管我们听闻这些消息时实际上为时已晚，但这些辛酸的苦楚依然使我们苦恼……许多男男女女并不热心于自己的得救，以至于偏离了基督教信仰，而将自己委身于魔鬼、男梦魔和女梦魔（即雄性和雌性的恶灵）……在人类大敌的煽动下，他们做了人见人厌的坏事，犯下了最下流、最可憎的罪行，还有最肮脏的荒淫行为，这对他们自己的灵魂有极大危害性，他们的行为不仅激怒了神圣的上帝，也成为丑闻的源头，也是所有人的公敌。……谨以使徒的权威，我们裁决并下令……宗教审判官获得授权，有权对任何犯下所列罪状的人进行正义的矫正、监禁和惩罚。

教皇的这份敕令言辞激烈，读之令人心惊胆战，赋予了宗教裁判所以充分的宗教权力，是对后者的有力支持。圣经中《出埃及记》（*Exodus*）第 22 章第 18 节记载："行邪术的女人，不可容她存活。"圣托马斯·阿奎那（St. Thomas Aquinas）等人也要求人们反对邪恶而危险的巫术。

为了增加战胜那些异端者的胜算，教皇英诺森派遣了两个来自德意志的多明我会（Dominican）修士——海因里希·克雷默（Heinrich Kraemer）和约翰·斯普伦杰（John Sprenger）——到德意志北部地区进行调查，因为该地的巫术似乎极其猖獗。克雷默和斯普伦杰依靠所获的特别授权完成了他们的新任务；为了实现自己的目标，他们灵活地利用世俗法和教会法，他们同时

也是顽固的狂热分子，极度厌恶女性。在他们调查期间，克雷默和斯普伦杰编纂了一本日后被猎巫者奉为圭臬的书，即《女巫之锤》（*Malleus Maleficarum*）。该书的全名意为“如同最有力的长矛，女巫之锤会给女巫及其异端邪说以毁灭性打击”。《女巫之锤》不仅指导猎巫者如何进行询问和折磨，还细致地解释了巫术是如何运作的。“所有的巫术都来源于那些淫欲无节制的女性，她们为了满足自己的淫欲而与魔鬼交配”。在克雷默和斯普伦杰看来，魔鬼会以能激发女人性快感的各种样貌出现在她们面前，从而诱使她们成为自己的仆从。

这幅木刻画描述的场景是**三个被指控为女巫的人正被活活焚烧，恶魔正从其中一人的口中飞出或正要飞入。**虽然这一场景令人毛骨悚然，但我们必须要认识到的是，在当时的人眼中，这一场景中的处决方式是很仁慈的，她们遭受的火刑最终会帮助她们获得永恒的拯救。我们也注意到，右侧是“女巫的安息日”（Witches Sabbath），后面则是比较仁慈的斩首。

和其他作者一样，《女巫之锤》的作者也详述了他们眼中的女巫有多么危险：

> 她们会召唤冰雹和有害的大风暴、闪电；使人类和动物不孕；对魔鬼言听计从，对孩童不是杀掉就是吞掉。（她们）使载着人的马陷入癫狂；她们可以在空气中将自己由一地传

> 送至另一地……她们能够迷惑法官和宗教审判官，以使之不伤害她们；她们不仅使自己也使别人在酷刑下默不作声……

在他们看来，女巫们要服务于众多的魔鬼，自然而然地，她们会被整合、组织起来，所以，对女巫们一年一度的“夜半集会”（或称为邪恶的秘密会议）的臆想越来越丰富。有一本小册子——如果以它标注的出版日期为准的话，它比教皇英诺森发布的那项敕令还要早 40 年——声称，女巫们会在每年的夜半集会上聚在一起，并向撒旦宣誓道：她们将会竭尽全力，尽可能多地杀死 3 岁以下的孩童。她们会以亲吻魔鬼的屁股来表示协议的达成，然后开始她们的终极暴行（即肆无忌惮地烘烤、吞食婴儿）。

这些暴行看起来是如此的惨无人道，借助于新近发明的印刷机，《女巫之锤》得以被教俗权贵广为传阅——教皇英诺森命令这些人必须致力于猎巫行动。仅凭莫须有的罪名就将人拘捕、审讯、拷打，起初，非教士阶层的律师抵制这种做法，但是，任何表现不积极的人都有被控告为巫觋的风险，所以律师们最终还是屈服了，也开始将倒霉蛋们指控为巫觋并对其进行迫害、告发。如此一来，整个司法系统都参与到猎巫行动中来了，而这项事务严格来说是属于教会法庭的。原因是，教会法庭无权折磨或处死人，世俗法庭却可以肆无忌惮。洛桑地区曾有一位女性被指控投毒并试图诱拐小孩，人们便将施刑人邀来处理此事。仅两天时间，她便不仅承认了原先的指控，而且供认说自己曾参加年度的女巫集会，也曾同魔鬼交配，还曾犯下召唤风暴、屠杀孩童等罪行。

显然，上文提及的这位女性是在刑讯逼供下才承认有罪的，不过，即使“威武不能屈”，施刑人还有很多其他方法来达成目的，罗织出数不胜数的各种罪名，其中某些罪名是极其无耻的。如果实在找不出适当的罪名，那么施刑人会从疑犯身上寻觅到犯罪证据——“恶魔印记”（Devil's Marks），即先前提到过的“圣痕”。

恶魔印记或许是一颗痣、疣或者胎记，也可能是某些极特别的东西，如多长了一个乳头；当然，肯定还有某些较为罕见的标志，施刑人是绝不会视而不见的。为了找到这些人与恶魔订约的证据，他们在检查疑犯前会先将后者剥光衣服、剃光头发。如果找不到印记，他们会义正词严地声称那些印记是隐形的，而且有隐形印记的肌肤是感觉不到疼痛的，即使被刺破也不会流血。为了确定疑犯身上是否有这种印记，施刑人会使用大而锋利的铁针，反复戳刺疑犯，直至疑犯身上某个部位的神经末梢坏死，或者疑犯因出现休克状态而神经麻痹，此时疑犯便对接连不断的刺痛表现得麻木不仁，审判官便可以宣称找到了这种隐形印记。

这些酷刑若只是逼迫人们供认个人罪行，那就有些大材小用了。猎巫运动必不可少的一环是，迫使疑犯供出同党的姓名——也就是参加女巫集会的其他成员。她们供出其他女巫所得的回报是获得了不被处死的承诺；这也意味着，其余生都将在地牢中度过，或者被转交至那些与该承诺无关的法官——他可以自主裁定将犯人处决于绞刑架还是火刑柱。有女巫之嫌的人往往会承认自己曾参加有组织的女巫集会，而且指证其他有嫌疑的、邪恶的同谋。虽然口供是由酷刑威逼而来的，但教会和政府却依然相信自己原先做出的判断，即社会正处于生死攸关之际。教会和政府之所以能获得不容置疑的权力，这些口供功不可没。

这一工具便是**卑鄙的巫刺**（witch-pricker）。在猎巫者手中，这一工具被用来证明被告是有罪的。对刺巫者来说，借助于这种可伸缩的“针刺”，他在被告身上找到某个有“恶魔印记”的部位简直易如反掌，因为“针刺”似乎完全“刺入”了犯人的身体，犯人既没有流血，也没有感到痛苦——这就使得对她们的定罪与处死显得“有理有据”。

猎巫运动是由罗马天主教教会发起的，不过，新教徒于1517年发起的宗教改革却未将猎巫列入罗马与教皇的罪状。甚至连发起德意志宗教改革的马丁·路德（Martin Luther）也确信，有些人同魔鬼订立了契约并对其唯命是从，他写道：“滴血不流就能统治世界，这是谁都不相信的大话。文明之剑会是而且一定是沾满鲜血的。”由此

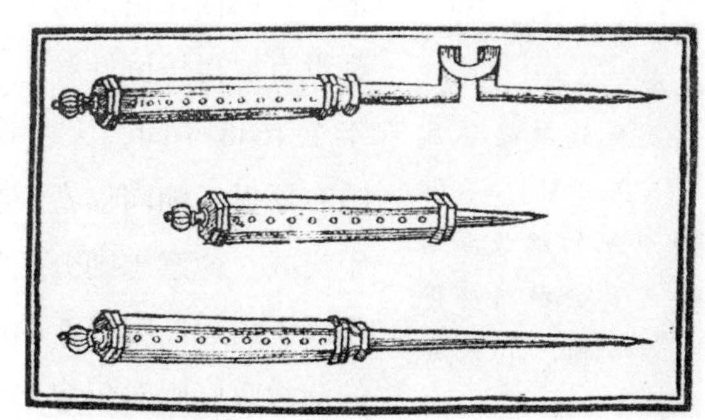

图中是**一位被指控为女巫的妇女，将要接受检验与“询问”**。被剥光衣服后，她将受到多种酷刑，直到施刑人诱使她说出他们希望得到的供词。图中有指枷、烙铁、提琴枷、链枷、镣铐、钳子，以及拉肢架的一部分（在右侧）。这幅19世纪的雕版画名为“你会被折磨得薄如羽翼，阳光会穿透你的身体”。

观之，虽然路德及其追随者对天主教的教皇制和部分清规戒律嗤之以鼻，不过，他们就像对待《圣经》一样，很快也将《女巫之锤》奉为圭臬。

到1530年，天主教和新教不仅极力笼络欧洲的基督徒，而且在抓捕魔鬼爪牙方面的竞争也陷入了白热化。双方都企图证明，自己比对方更勤恳地服务于上帝，上文提及的竞争就是双方为了证明自己而作出的努力。经历了近一个世纪的竞争后，两派教会都没有取得压倒性胜利，于是，基督教欧洲便走向了内战。1618年至1648年间，天主教的忠实信徒、奥地利和西班牙的统治者哈布斯堡王朝同信奉新教的瑞典、丹麦、尼德兰及天主教法国连年交战。德意志则分裂为分别信奉新教和天主教的南北两方，也陷入了内战。英格兰的天主教徒早已被迫害得所剩无几，英格兰的清教政府则对仍忠于天主教的爱尔兰发动了小规模圣战。英军剑锋所指，便是新教主义所至，而爱尔兰的报复则是杀害身边的英国平民。1642 年，几伙爱尔兰反抗者烧死或用石块砸死了许多英国人，还迫使孩童杀死自己的父母，或者要求母亲杀死自己的孩子，或者逼迫男性在上火刑柱之前把全家人杀光。

这次战争简直就是由无数暴行构成的噩梦，遍索女巫也是此次战争的一部分，而且为了迫使嫌犯认罪，酷刑也随着战争的进行而越来越多、越残忍。欧洲这次宗教战争常被称为“三十年战争”，当它进行到一半时，每次烧死的女巫已不是几个人，而是几十、几百个人。在新教控制下的瑞士日内瓦（Geneva），不到三个月的时间里就有 500 人被烧死；德意志汉堡地区（Bamburg）的天主教主教曾烧死了 600 人，维尔茨堡（Wirtzburg）主教则烧死了 900 多人。意大利萨伏伊地区（Savoy）的一次大型审判就将 800 人送上火刑柱。最臭名昭著的应属德意志神学家本尼狄克·卡

这幅画描述的是**几个异端正被烧死，**地点是瑞士的施瓦岑贝格（Schwarzenburg）。宗教裁判所自然会将这些场景描述得庄严而壮观，但实际上是可怕而残酷的。

尔普佐夫（Benedict Carpzov），他在任职期间曾签署了两万多人的死刑判决书。需要指出的是，并非各地都大兴猎巫之风。一些社区甚至整个行政区就没有陷入恐慌，不过，一旦宗教狂热占了上风，恐慌就难免像恶性肿瘤一样四处扩散。

1611 年 4 月 7 日，德意志埃尔旺根（Ellwangen）的一位名叫芭芭拉·拉芬（Barbara Rufin）的七旬老妇，被以亵渎圣餐（基督教圣餐仪式中使用的圣饼）的罪名逮捕。拉芬夫人肯定性格暴躁，因为即便其丈夫也常把她称为女巫。在关押与审讯期间，芭芭拉的邻居们纷纷前来指证她确实是女巫；她的儿媳妇也前来做证，她俩此前经常吵吵闹闹。不过，无论不利的证据如何多，拉芬始终不承认自己曾研习巫术。转眼到了 4 月 12 日，审判官认为，唯一能做的事就是用酷刑逼她交代实情。受刑的第一天，芭芭拉被折磨了两次，每次 15 分钟。直到受刑的第三天，在忍受了七次拷打后，她终于招供了。5 月 16 日，刽子手用剑将她斩首——这是德意志当时的标准处决方式——尸体则被公开焚烧。不过，拉芬夫人在死前似乎供出了一部分同伙的姓名。当访查她供词的真实性时，那些曾证实拉芬是女巫的证人也十分肯定地声称，供词中涉及的那些人也是女巫。很快，埃尔旺根及周边地区的猎巫行动便失控了。到该年年末，埃尔旺根共进行了 17 次大型处决仪式，共杀死了 100 多名男女；次年又有 150 多人成为埃尔旺根妄想症的牺牲品。嫌疑犯和告密者提供的每一个姓名，审判官都会一一记录在案，并将它交给相关部门。曾有一个妇女供出了 29 个同伙，另一个妇女则供出了 24 个人。如果某人极不幸——被别人供认出来的次数多于两次——那么就有充分理由将其立即逮捕。某些被供认出的人甚至经受了将近 20 年的牢狱之灾和审讯之苦。

对女巫嫌疑犯的审讯程序总是千篇一律：审讯官会问她们一些问题，其言辞既非常有诱导性，又很巧妙，使得无论她们如何回答都会显得有罪。“谁将你引诱上巫术之路的?”嫌犯如果回答

这些审讯椅是审讯员使用的基本刑具。在现代社会中，它的很多改进版依然在使用，而且通过使用电力使其更具效力。

那些尖钉——甚至不带电的一些——施加在赤裸的受害人身上，后果显而易见，无须过多解释。他或她在审讯一开始就要承受巨大的痛苦，在行刑过程中，还会通过晃动他们的身体，或者击打四肢，或者使用负重或挤压的方法来增加他们的痛苦。

右图和上一页的图片描述的是掏出内脏的情景。受害者被牢牢地固定住，然后在其小腹或胃部割开一个小口，把他的内脏绑在绞盘上。这个恐怖的过程进行得缓慢而小心，目的是在他最终死亡之前，尽可能地延长处决过程。早期基督教的几个殉道者似乎就受到这一酷刑的折磨。

这里有传说中的两种绞刑架。第一种是西班牙绞刑架，刑架上的螺杆可以收紧铁项圈，勒住受害者，令其窒息而死。第二种是加泰罗尼亚绞刑架，不同之处在于，它有一根铁钉来刺穿和压碎颈椎骨，与此同时，它能够压迫整个颈部，铁项圈可以粉碎气管，从而使受害人死于窒息和脊髓神经的损伤。这种痛苦的折磨持续多长时间，取决于刽子手的想法。必须记住的是，绞刑是一种公共奇观，围观民众不会满足于快速的处决。

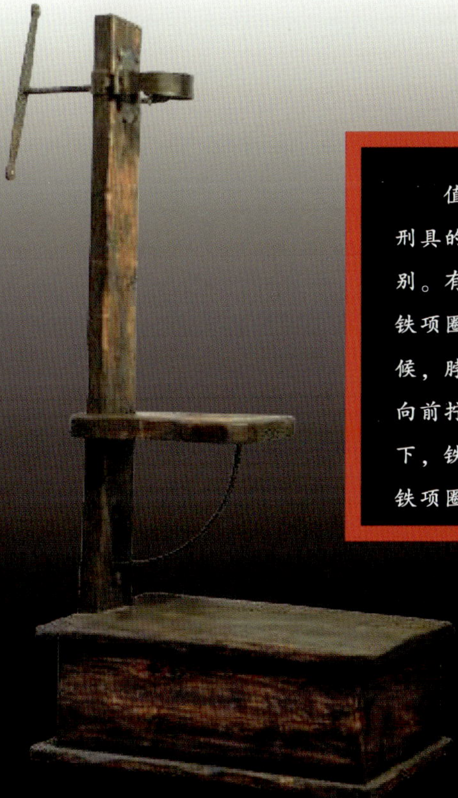

值得注意的是，这些刑具的工作原理有一些区别。有时，绕在喉咙上的铁项圈由螺杆缩紧。有时候，脖子后面的铁钉会被向前拧入颈部。有些情况下，铁钉刺入脖子的同时，铁项圈也会勒紧。

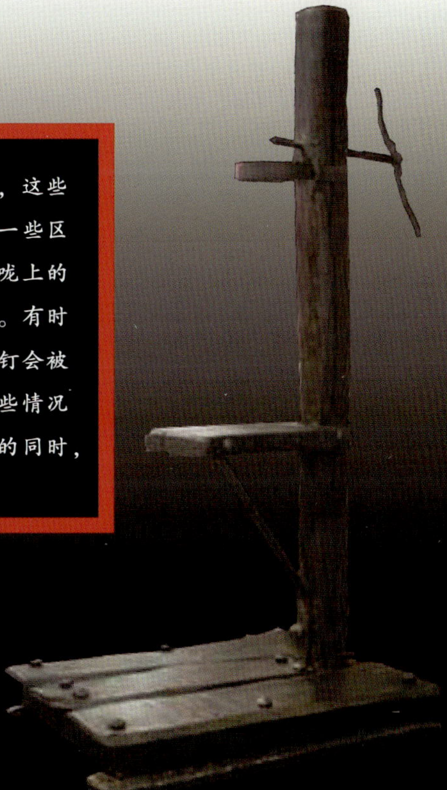

酷刑历史中记载的一些刑具，是以人体为模型制成的容器，有两扇门，内壁布满铁钉，可以把受害者装进去，刺穿身体。其中最著名的就是常被称为“纽伦堡的铁处女”的刑具，据说它在1944 年的空袭中被摧毁。

要从关于这个精巧装置的传说中甄别出事实是件很困难的事，因为大部分出版资料都是以 19 世纪被浪漫主义和假想的流行传统所歪曲的研究为基础的。史料中有记载的首次采用铁处女处决犯人是在 1515 年 8 月 4 日，尽管到那时，这个刑具可能已使用几十年了。那一天，一个伪币制造者被赶入铁处女，门“慢慢合上，于是，非常锋利的尖钉刺入他的手臂，还刺穿腿部的几个地方、腹部和胸部、膀胱和阴茎、眼睛和肩部以及臀部，但这还不足以毙命；于是，在持续尖叫和号哭了两天，他才最终死去”。根据受害者的身高和判决要求的伤害性的大小，长钉可以在各个不同的插孔里变换移动。

到 18 世纪，刑讯在德国慢慢被废止，所以 1784 年一个导游这样说道：“铁处女，这种可怕的刑具，可以追溯到神圣罗马帝国皇帝红胡子腓特烈（Frederick Barbarossa，约 1122 年～1190 年）的时代。”（虽然有将近 4 个世纪的误差，但是这显示了铁处女已经退隐到博物馆中。）然而，1788 年的一个判决仍然在纽伦堡执行，包括吊刑与分尸，用轮子碾压，割掉舌头和双手。

“尖钉摇篮”像一个超大号的摇篮或摇篮车，是一个长方形的大木头盒子，底部安装着摇动装置。“摇篮”的内壁安装着很多锋利的铁钉，当受害者被剥光衣服放进摇篮里的时候，猛烈地摇动它。这个酷刑的后果不言自明，无须进一步解说。

但值得注意的是，这个刑具中出现了一个“钉枕”。很明显，这并不是要使受害者舒服一点，而有可能是恶毒和变态的戏剧性的产物。

颈手枷是类似足枷的一种酷刑方式。使用时把受害者的头和（或）四肢锁在里面，令孤立无助的受刑人毫无防卫能力。这个刑具可以安装在牢固的物体上，或者直接戴在身上（就像中国式的“枷号”一样），或者用链子拴在一个地方。受害者必须忍受公开的羞辱，同时，还会受到过往行人的殴打、调戏和虐待。每个戴颈手枷的人都是一个受嘲笑和攻击的目标，除非他们忠诚的朋友和家人站出来保护他们。

从中世纪早期到18世纪初的德意志，除了绞刑，轮刑是最常见的处决方式。全身赤裸的受害者仰躺在地面上，伸开四肢并被绑住。把横木放于手腕、肘部、脚腕、膝盖和髋部下面，然后刽子手会用轮子砸碎受害者的四肢和所有的关节，包括肩关节和髋关节，刽子手会小心不造成致命伤害。据17世纪一位编年史家的描述，受害者变成"一个大声尖叫的有4个触手的木偶，就像一个海怪，黏黏的、不成形的血肉混杂着破碎骨头的碎片"。随后，粉碎的四肢被"编在"轮子的辐条上，然后用木杆将轮子举起来。受害者留在轮子上，忍受着鸟啄和风吹日晒，肉慢慢地腐烂。在经过长期而残忍的折磨之后，受害者最终死去。这种死刑似乎成为中世纪欧洲的一个广受欢迎的奇观。

通过下落的刀片来斩首的机械刑具，尽管在文化想象中永远地与法国大革命联系在一起，不过在约瑟夫·盖卢定出生之前，它已经存在了很长时间。14 和 15 世纪，断头台的原型装置在爱尔兰、英格兰和意大利都有使用。几种已有的斩首刑具，比如意大利的“满奈尔”、“苏格兰处女”和“哈利法克斯断头机”，都留下了很多记载，而且比法国断头台的使用要早 500 多年。

页末的这幅图片描绘了一个断头台的早期原型，名为“福尔布雷特”（字面意思是“下落的木板”）。在这个刑具中，没有锋利的（甚或金属的）刀片，通过迅速一击来使身首分离；相反，这个刑具只是由几块结实的橡木板构成。在锤击的作用下，厚钝的木板边缘可以砸烂受害者的肉体，粉碎颈椎。在第一次被锤击颈部之后，受害者就可能会很快死去，从而免受长时间的折磨，但这是不太可能的。有可能的是，脖子的折断或许只是导致了瘫痪而不能引起死亡，因而，随着刽子手一锤接着一锤的猛击，受害者不得不长时间地忍受痛苦的折磨。

当人们想起拉肢刑时，这个刑具——有很多名称，但最常用的是拉肢架——立即出现在脑海中。

受害者会被用绞盘“拉长”5 英寸或 12 英寸，这一不可思议的长度来源于手臂和腿部所有关节的脱位和拉伸、脊柱的断裂，当然还有四肢、髋部和腹部的肌肉的破裂和分离——不用说，它所造成的后果有多少是致命性的。

但在受害者被折磨死之前的很长时间，他或她，就常常在“第一轮审讯”中遭受肩关节脱臼之苦，因为他的手臂一直被拉至背后，就像纤维被过度拉伸一样承受肌肉撕裂的痛苦。在“第二轮审讯”中，膝盖、髋部和肘部的关节开始脱臼；到第三 轮时它们会断裂。在仅仅两次审讯后，受害者就会终身残疾；第三 次之后，他就将断肢和瘫痪，而且逐渐地，在几个小时、几天之内，各项生理机能将会衰竭停止。

图中这个刑具有带刺的滚轴，是与标准形式稍有区别的一个改进版。

“泼妇提琴枷”或者“颈部提琴枷”，是一种旨在羞辱和折磨人的刑具。头会套在较大的孔里，手腕卡在两个较小的孔中，这样受害者很容易被牵着和拖拉。有些这种样式的刑具是用铁链把两个琴脖子连在一块，还有其他的是用一根结实的木条把两个提琴枷的琴脖子接在一块，构成一根长的颈手枷。

铁制的这种刑具在1865年美国废除奴隶制之前一直得到广泛使用。

（另请参阅：足枷；颈手枷；酒鬼斗篷；口钳；聒噪者的横笛，羞辱面具；中国式的枷）

这个刑具被称为聒噪者的横笛或长笛。很多这种形式的乐器（木制的、铜制的或者铁制的喇叭、长号、双簧管、竖笛）在16~17世纪广泛存在——尽管在更早或者以后的时间里也发现了这种刑具。铁项圈锁在受害者的脖子上，而受害人的手指，如同那些演奏音乐的人那样被卡在长钳的槽口里，并用力挤压，力道小则令人不适，大则让人难以忍受。

它实质上是一种颈手枷，在公开示众的时候使用，让受刑者接受公开侮辱，造成的后果一般是心理的痛苦折磨，偶尔也会致人死亡，所有经受这种刑具的人都面临着这样的命运。它适用于相对较轻的犯罪和过错，比如扰乱治安。在意大利，它常常用来惩罚那些狂欢与喧嚣的人——在宗教节日期间的一个教堂前面。“聒噪者的横笛”这个词出现在多个18世纪波洛尼亚的档案中。

犹大尖凳（Judas Cradle）可怕的行刑过程，从中世纪到现如今在实质上依然没有改变。如图（上页的下图）所示，受害者被吊起来，身体被置于凳子的锋利尖端上。这个尖端可以置于肛门处、阴道里、阴囊下或者尾椎下面。

根据审讯员的意思，随后行刑人将让受刑者负重，重量可以在从零到整个身体的体重（甚或添加更多的重物）之间来调节增减。还可以晃动受害者，或者让他反复坠落在尖凳上。当然，他们还可能被无限期地留在这个“歇息”的地方。

犹大尖凳在意大利也称“犹大摇篮”，在德国是“犹大摇篮床”，但在法国，它也称作“守夜”（这大概是因为受害者会饱受折磨地吊在上面整整一夜）。不论它是否做了“改进”，比如通电的腰环和尖凳顶端加装带刃的尖端，在现代，这种形式的酷刑和审讯依然在拉丁美洲（和其他地方）大量出现。

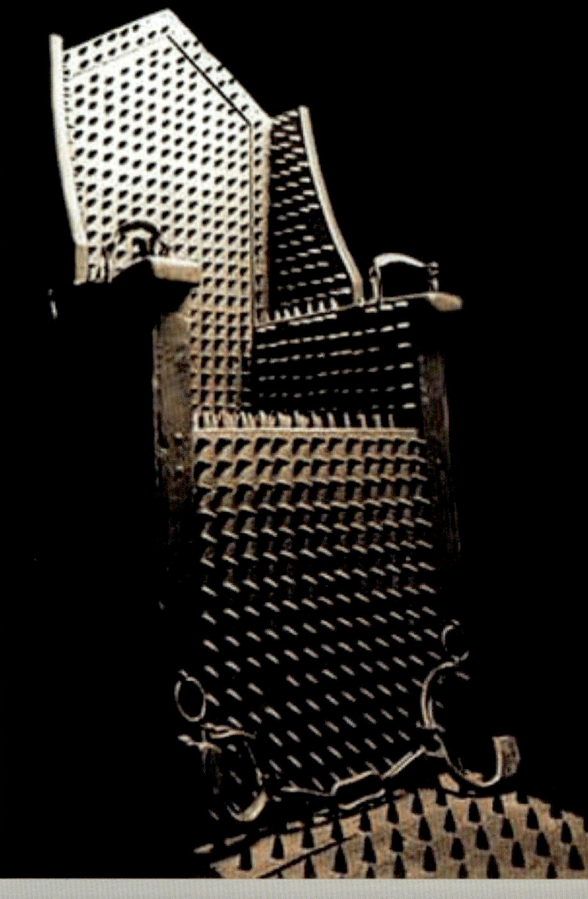

各种各样的钉子是酷刑室的必备利器。这把椅子是一个牢固的木制结构，上面密密麻麻安装了2000多根铁钉，这种简单而恶毒的设计能对受害者施加剧痛。

受刑者经常全身赤裸，被用皮带、木板和（或）铁铐牢牢地绑在椅子上。随着施刑人用力地把囚犯往长钉上挤压，生锈的利钉刺透皮肉所造成的痛苦逐渐加剧。用它的一些变化形式（没有长钉）来束缚住受害者，这样施行人就能轻易地往他（她）脚上涂上滚烫的猪油或其他油。

有时候“椅子”是铁制的，可以在下面生上火，从而造成极其严重的后果。请留意左上图，带钉的木板是为了扣紧受害者的小腿，使椅子上的长钉紧紧地刺入小腿。第二块木板可以垫在受害者赤裸的脚掌下面。

现代的一种“改进版”通过有计划地向椅子输送电流来行刑。

这两幅图描绘的是军队中各种各样的刑罚，它们被施加在犯下各种不同罪过的士兵身上，作为维持军纪的一种手段。

在战场上，与正式法律程序相比，简易即决的刑罚更受青睐。关押囚禁的设施比较有限，因此每个被解除职务的士兵对其他人来说都是一个额外的负担。

最常用的战地刑罚是让罪犯戴上镣铐，然后锁在一个牢固的物体上，通常是大炮的车轮或者其他类似之物。禁锢一般是一天两个小时，最多也就是4天中有3天，或死刑前被禁锢21天。这一刑罚常被称作“十字架刑”，而且具有羞辱性，因此被很多士兵看作是不公正的。

第二种常用的战地刑罚与之相似，罪犯戴上镣铐，只是并不被锁在结实的物体上。这两种刑罚均由军中执法官执行，除非罪犯的连队在行军途中接到命令，这时会由他自己所在的部队对其施刑。

左上图描绘的是“原始的种族”采用的野蛮酷刑。该图是典型的宣传画，用来强调和支持西欧人从 16 和 17 世纪开始的殖民扩张政策。具有讽刺意味的是，图中所谓的“野蛮”证据的诸多酷刑其实在欧洲同样能够找到。从图中可以看到锯刑、刺刑、火刑、活埋、割掉眼睛或耳朵、笞蹠刑（鞭打脚底）。

下图是一种在东方国家经常采用的刑罚。从图中可以看到一次使人变跛的行刑场景，受害者的跟腱被割断，这样他就不能行走或站立。这一刑罚可能施加在企图逃跑的奴隶身上（至于一个不能站立的奴隶还有什么用，就不得而知了）。

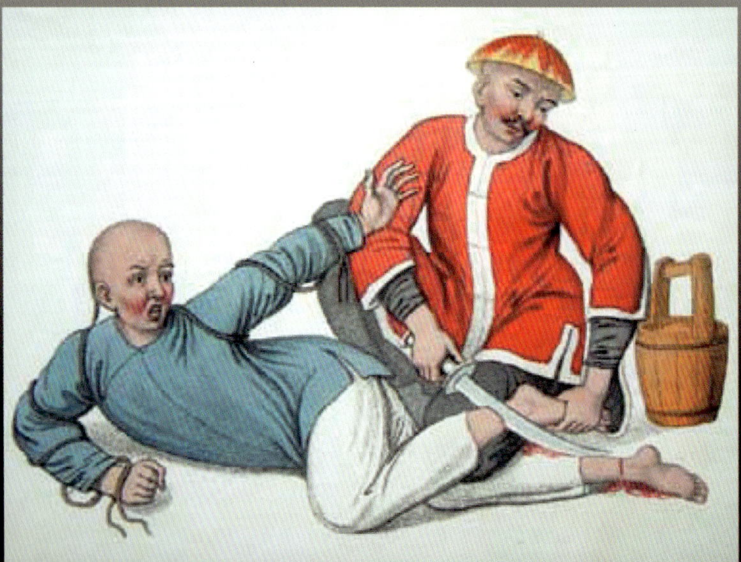

“没人”，那么审讯官会断定她是自愿成为女巫的。与审讯一样，“写供词”也有标准程式。当然，这些都是正式程序。毫无疑问，被告总会被证实有罪；我们下此结论是因为有记录显示，在嫌疑人被捕后，对其财产（教会法庭会在犯人被处决后将其没收）进行的登记造册工作几乎就立刻开始了。

1615 年，即埃尔旺根经历了三年恐慌后，有三位神父成为阶下囚并被判处死刑，罪名是他们以魔鬼的名义为婴儿、成人进行洗礼。1525~1675 年，整个欧洲对女巫的恐慌与日俱增，共发生了数百起与上文类似的案件，大家从上文的案例便可窥见此次运动之全貌。

值得一提的是，“三十年战争”结束的那年，即 1648 年，英国清教徒控制下的议会开始颁布很多几乎批判一切的严苛法律，数月后又将查理一世送上断头台。清教政府曾一度将许多事物视为威胁，甚至包括戏剧演出和玩牌等，不过，自内战之日起，他们便宣称，惩罚魔鬼的代理人是正义之举。迟至 1665 年，大法官马修·黑尔（Sir Matthew Hale）曾声称，他“坚信确有这种人（如女巫）”，而且很快判处两名女性绞刑，这两次绞刑是在另一个女人的见证下进行的——她坚称，被告使得她孩子“剧烈咳嗽，还曾呕出许多弯曲的针状物，有一次甚至吐出了一个有很大钉头的钉子”。黑尔需要证据，而那些针、钉子便正中他下怀。不过，即使是标榜正义的一方有时也会需要某些援手，而在英国内战的混乱时期，伸出援手的便是臭名远扬的猎巫急先锋——马修·霍普金斯（Matthew Hpokins）。

1644 年 3 月，马修·霍普金斯还只是一家船运公司的办事员，也是埃塞克斯郡米斯特利（Mistley）一个小酒馆的合伙人之一。不过，经常光顾这家小酒馆的约翰·瑟洛韦（John Thur-lowe）却是听命于奥利弗·克伦威尔的间谍组织的头目，这使得霍普金斯有了接近政府的“门路”，并得以认清政治形势。当时

Matthew Hopkins Witch Finder Generall
My Imps names are
Holt
1 Ilemauzar
2 Pyewackett
Jarmara
Saoke & Sugar
3 Pecke in the Crowne
4 Griezzell Greedigutt
Newes
Vinegar tom

有一位名叫伊丽莎白·克拉克（Elizabeth Clarke）的老寡妇，她脾气暴躁，而且独腿，她母亲就是被当作女巫绞死的，现在她又被指控为女巫。霍普金斯当然知道这些陈年旧事，他未经任何正式授权便下令逮捕她。随后，霍普金斯开始审问克拉克夫人，他的助手是当地一个名为杰克·斯特恩（Jack Stearne）的暴徒。由于霍普金斯知道酷刑是非法的，所以他剥光克拉克夫人的衣服，不让她吃饭、喝水、睡觉，还迫使她拄着拐杖在牢房里来回地跳，直至她虚脱倒下。霍普金斯呈递给法庭的书面报告中包含了克拉克的供词，其中写道："1644 年 5 月，她和其他七个或八个生活在埃塞克斯的可怕女巫……以及来自于其他市镇的许多女巫，曾进行隆重的献祭，并将祭品献给魔鬼。"他在进行了严格检查后宣称，这位名叫克拉克的寡妇"有三个乳头，绝对不是正常的女性"。

◀左页图注："英格兰猎巫将军"马修·霍普金斯所著的《发现女巫》（*Discovery of Witches*）的标题页。他曾让狱中的伊丽莎白·克拉克四天不睡觉。克拉克最后供认说，她曾见过一些变为动物的"精灵"。这份供词成为有力的罪证，她也因巫术而被处死了。

霍普金斯抓获了至少六个已确定姓名的女巫，这些后来者在酷刑下又供出了更多的人。霍普金斯将 3 名新成员拉入自己一伙，其中包括马里·"古迪"·菲利普斯（Mary "Goody" Phillips）——他是个锥刺女巫的行家。其他大多数行家会对犯人进行数小时的锥刺，直至犯人招供或者对疼痛麻木不仁，霍普金斯则独辟蹊径，交给菲利普斯的则是尖刺可收缩的锥子；尽管那些尖刺似乎深深地刺进了受害者的血肉，但这却是完全不会造成疼痛的。这一卑鄙伎俩使得数十名女性含冤死去。

"锥刺"并非霍普金斯断定女巫的唯一法门；他曾强调说，他仅从女性将头发甩过肩膀的姿势或者手指交错的方式，就能断定她是否曾同魔鬼交配过。数月以来，霍普金斯一直是南英格兰的话题人物，议会派的一份报纸《苏格兰之鸽》（*The Scottish Dove*）甚至歌颂他的丰功伟绩，赞同霍普金斯的推断，即"女巫们承认，她们曾在国王军中效力，并且派出巫婆供国王的军队淫乐……国王的军队似乎已经与魔鬼无异了"。其他一些报纸则令人胆寒地猜测道，世上将会出现魔鬼与女巫交配而来的后代。人们或将其描述为无四肢的独眼巨人，或描述为长有双头、人手的八脚猫。无怪乎当时东英格兰各地争先恐后地援请马修·霍普金斯，而后者也开始自吹自擂——霍普金斯自称“英格兰猎巫将军”（Witch-Finder General of England）。

霍普金斯不仅要求对每个被揪出来的女巫予以“迎头痛击”，而且还要求多个地方政府征收特别税，以作为他和助手们的薪酬。不过，给他们的每一个便士似乎都是物超所值的，因为马修·霍普金斯每到一地都会揪出、逮捕数十个女巫，并屈打成招，然后是走过场似的依法审判、公开处决。1645 年 7 月，在科尔切斯特（Colchester）有 34 名女性受到审讯，其中有四人死于狱中，一人（她是一个少女）在同意证实其他人是女巫后被释放，其余 29 人则都被绞死了。

从霍普金斯所获的一些口供可知，受害者会迫于酷刑而招认几乎所有的指控，而公众和法庭则非常乐于认可如此得来的、鲜血淋淋的证据。玛格丽特·怀亚德（Margaret Wyard）宣称，魔鬼曾伪装成一个蓄着金发、长相英俊的青年男子来到她床上，伊丽莎白·钱德勒（Elizabeth Chandler）则说这个魔鬼也曾来到她床上，不过它变化成了喘着粗气、疯狂咆哮的某种东西。而一位老妪的证词则与此相左，她声称自己遇上的那个恶魔般的爱侣绝对比两只大甲虫还要可怕。霍普金斯能让任何嫌疑犯承认任何罪状，这不足为奇。70 多岁的约翰·洛斯牧师（Rev. John Lowes）起初坚称自己无罪，霍普金斯对他进行了拷打，当时的审问记录中是这么写的：“我们连续几天不让他睡觉，并迫使他围着牢房来回地跑，直至他精疲力竭并对自己的言行失去判断力。”洛斯牧师最终承认，他曾将四个小恶魔引入人间并哺育他们，也曾召唤了一场风暴，导致了一次有 14 人丧生的沉船事故。虽然洛斯后来翻供了，但已无济于事，而且谁都不会去验证是否真有风暴造成的这么一场船难。1645 年 8 月，洛斯教士被送上了绞刑架。

截止到该年秋末，霍普金斯共处死了近 200 人，这一数字与狱中关押的疑犯数目相当，不过，在狱中瘐毙了多少人便不得而知了。可是，当霍普金斯被邀至亨廷登地区的大斯汤顿（Great-Staunton）的村庄时，形势急转直下。该地的牧师名叫约翰·高尔（John Gaul），他曾收到一封霍普金斯的信函，高尔随即在讲道坛上公然抨击霍普金斯，而且在一本小册子中说："任何一个老妇人，只要她脸上或额头上有皱纹，或唇上有毛发，或者嗓音尖锐，或者经常斥责别人，或者身上的衣服破破烂烂，或者曾与猫狗并行，那么，她肯定会被怀疑并判为是女巫。"很快，许多人甚至某些议员也开始关注霍普金斯的行事手段，这绝对不是他希望看到的。伦敦一家公正的报纸曾评论道："人命关天，不经最细致的调查便不能夺人性命。"到了年底的圣诞节时，人们已不再请求霍普金斯前去猎巫了，他的恐怖统治终结了。在 19 个月的时间里，他使得 230 人无辜地丢掉了性命。

塞缪尔·巴特勒（Samuel Butler）在其讽刺诗集《休迪布拉斯》（*Hudibras*）中曾评论霍普金斯的行为，他写道：

现在这个议会难道不是听命于魔鬼的狗杂种，
尽心尽力地搜捕那些与己不和的女巫？
一年之中，
一郡之内，
是不是他绞死了 60 个人？
有的没被淹死、浮了起来，
有的多日不得睡眠、被迫坐着而对疼痛麻木不仁，
这些人便被当作女巫绞死了。
她们那么纯真无邪，
有没有人对她们耍鬼把戏？

那只突然死掉的猪，
给别人带去了本没有的伤痛，
结果却被请君入瓮，
自己葬送了自己。

此诗的最后一行说的是一个传说，即心怀不满的村民逮捕了霍普金斯，并对他进行了“泳刑”检验，结果是他也漂了起来，因此他自己也被当作巫觋绞死了。不过大多数历史学家认为，霍普金斯实际上是在家中病死的（可能是肺结核）。埃塞克斯郡曼宁特里教区的记录显示，他的葬礼是在1647年8月举行的。

马修·霍普金斯或许是名声最臭的猎巫者，不过，他前有古人、后有来者。1649年，即四年后，一个名叫约翰·金凯德（John Kincaid）的苏格兰人成为当时名头最响的“戳刺识女巫”的行家。他被邀请至泰恩河畔的纽卡斯尔（Newcastle）——每让一人承认自己是女巫，他便可得到20先令的薪酬。当金凯德到达纽卡斯尔时，该城的传令员跑遍了大街小巷，呼吁告密者们到市政厅去，将自己的怀疑告诉金凯德。结果有30名女性被指控为女巫，其中有27人认罪并被处死。

直到17世纪50年代末，英国才逐渐对猎巫运动产生反感情绪，而此时清教徒和奥利弗·克伦威尔也逐步重建了法律和秩序。克伦威尔之子理查德（Richard Cromwell）在父亲死后继承了护国主之位，却无力掌控英国的清教政府，他的“退位者”（Tumble-Down Dick）之名甚至有损其父的荣光。1660年，流亡国外的查理二世（Charles II）受邀回国，而且成功登基。清教徒曾制定了禁止赌博、酗酒、跳舞和狂欢的律法，查理一上台就将其废止了，因为他自己就耽于享乐。他还下令将克伦威尔及其同党业已腐烂的尸体掘出，并挂在绞刑架上，以此来警示那些胆敢弑君之人——弑君便会落此下场。在推进宗教宽容方面，法庭原先有权以亵渎神灵、秉持邪说等宗教性质的罪名来审理被告，此时，这一权力受到了国王的严格限制。不过，英国的司法体制总体上仍然极其不利于被告。被告既无权提交利于己方的证据，也无权延请为己方辩护的律师——当时人们认为这已由法官代劳了——只有国王对原告提出了要求，那就是原告必须陈述案情。不幸的是，在许许多多的案例中，法官总是偏袒原告。

众所周知，见风使舵之徒常会联合起来对付被告，而陪审团则常常偏向于被告的利益，法庭则倾向于认定被告有罪。为使被告免于被定罪、受罚，陪审团可能会对某些罪行的严重性进行淡化处理，例如低估抢劫案所涉物品的总值。“做伪证者”似乎成为一个全职职业，如职业化的“目击者”和陪审员，他们竞相推销自己的种种本领，而出价最高者自然会成为他的主顾。那些从中牟利的职业目击者被称为“稻草人”，他们会在法院大楼前面徘徊，还将几根稻草塞进鞋扣里——这种形式的广告虽然有些隐隐约约，但还是容易辨认出的。当然，法官对这些勾当都心知肚明，而且当陪审团作出的裁决与法庭相左时，法官便会将陪审团扣押起来，威胁说要将他们投进监狱并饿死他们。查理二世的弟弟即詹姆士二世（James II，1685～1688年在位）时期，法院为迫使陪审团合作而采取的威胁手段达到了巅峰。詹姆士二世的司法系统和政府的大部分机构，都是由大法官乔治·杰弗里（George Jeffreys）操控的。查理二世国王对杰弗里的评论最为绝妙，他说，这个法官“无学、无识、无礼，10个妓女加一起也不如他更无耻”。不过，詹姆士国王却很器重他。

和某些低成本的恐怖电影中的场景一样，杰弗里会在法庭的墙上挂满猩红色的挂毯，而且他只会答应一件事，那就是“认罪”，其余诸事则完全是对他宝贵时间的浪费。即使是轻微的罪过也可能会受到极重的刑罚。若某个傻瓜敢于和杰弗里对抗，那他一定会成为阶下囚。那些不尊敬詹姆士国王并与国王有分歧的人也都落入杰弗里手中，被他打入大牢。有些人即使仅犯下轻罪也会难逃一死。当托马斯·阿姆斯特朗（Sir Thomas Armstrong）未经审判就被杰弗里下狱时，阿姆斯特朗抗议说，这不符合审判程序。杰弗里回答说："好吧，看在上帝的分上，你将会受到审判的。"杰弗里斯转过脸对他的助手说："下周五对他审判完后，必须将他处死。"年轻英俊的蒙茅斯公爵曾指控詹姆斯国王为了夺取王位而毒死了查理国王，杰弗里斯便对蒙茅斯公爵及其支持者穷追猛打，力图一网打尽，结果有数百人被投进监狱，其中一些人则被送上了绞刑架。

1685 年 7 月 15 日上午 10 时，武装卫兵将蒙茅斯公爵从伦敦塔押出，护送到伦敦桥上饰以黑色旗帜的断头台上。沿途聚集了 3000 多名支持这位公爵的人，他们都是来见证这一恐怖场景的。国王因担心有人试图营救自己的侄子而惴惴不安，于是早先便已向卫兵下令说，若民众中爆发骚乱，卫兵可以在处决仪式之前便处死蒙茅斯。面对死亡，公爵的言行也不再沉着冷静。当大家布置断头台时，有两位主教为公爵念诵祷告词。虽然蒙茅斯也重复着他们的每一句话，但他拒绝为国王的"得救"而祈祷，而且在他们完成祈祷时，他仅仅嘀咕了一句"阿门"就算结束了。按旧俗，赴死者会有一个临终演说，但他拒绝了，而是将一份准备好的声明交给其中一位主教，让他读给围观的民众。他登上断头台时也不按旧例，拒不佩戴眼罩。

蒙茅斯登上断头台后并没有急着伏下身，而是平静地弯下腰，从柴草中抽出了供刽子手用的一把斧子。他端详着斧子，还将手指划过斧刃，然后把斧子给了刽子手（即声名狼藉的杰克·凯奇）。蒙茅斯还问他是否认为这是把足够锋利、能干脆利落完成使命的斧子。凯奇疑惑地看着他的这位受刑者，不过当蒙茅斯交给他 6 几尼钱时，他的脸上更是写满了惊愕——这绝对是天上掉下来的大馅饼。蒙茅斯说："希望你能手起刀落，一定不要像对待拉塞尔勋爵（Lord Russell）那样对待我，我听说你砍了他四五次；如果你不能一蹴而就，我认为你难逃牢狱之灾。”蒙茅斯又转身对自己的一位随从说，若凯奇能做到便再赏给他6几尼钱。说完后，蒙茅斯便跪下身，将头伏在断头台上。

蒙茅斯的镇定和从容反而使凯奇乱了手脚，凯奇的斩首行动非常失败。他的第一斧仅仅擦伤了公爵的后脑勺，公爵转过满是鲜血的脸，径直怒视着凯奇。凯奇又砍了两次，却仍未完成使命，他又怒又沮丧，干脆扔掉斧子喊道，若台下那些愤怒的民众中有人做得比他好，那么他将会付给这个人40几尼钱。不过，站在断头台上的米德尔塞克斯的郡承（Sheriff of Middlesex）命令道，凯奇必须完成任务，否则立刻将他处决。听闻此言，凯奇只好重新拿起斧子，歪歪斜斜地劈了下去。据目击者称：“这只凶残的狗行事如此残忍，他（用斧子）砍了五次，也没能使公爵身首异处。”最后，凯奇拔出随身佩带的刀，割下了公爵的头颅，使他解脱了痛苦。

愤怒的民众此时早已怒不可遏：他们年轻的英雄就这样遭到残害了！他们横冲直撞地冲破了警戒圈，捣毁了断头台，还将杰克·凯奇从台上扔到地上，并威胁说要将他碎尸万段。在卫兵们控制住局面并救出凯奇之前，数十人已将蒙茅斯的血蘸在自己的手帕上，仿佛公爵已成为新教事业的殉道者。蒙茅斯家族此时才意识到，他们竟然没有一幅公爵的画像，这让本已怪诞的事变得更糟。他们将公爵收尸后，又将尸首缝合，然后把公爵支撑起来，以便画家能为他画像。画像完成后，尸体才被运进伦敦塔，并在圣彼得及温库拉小教堂（St. Peter ad Vincula）举行了葬礼。

1685年夏天，一个名叫泰特斯·奥茨（Titus Oates）的人被指控犯有做伪证罪，杰弗里对他作出的判决是，他必须把写有其罪行的标语牌挂在脖子上，并在威斯敏斯特法庭和皇家交易所附近游街示众，而且，他在从纽盖特监狱（Newgate Prison）到泰伯恩刑场的一路上都会受到鞭打。这似乎还不够，于是，奥茨每年都会被迫在多地戴颈手枷示众——8 月 9 日在威斯敏斯特，次日在查令十字街（Charing Cross），4 月 24 日在泰伯恩刑场——直至他去世。

同年的 12 月中旬，杰弗里审判了一位被指犯有轻微盗窃罪的女性。当要将她由法庭押往泰伯恩刑场时，杰弗里斯对作为押送人员的刽子手说道："刽子手，我要求你必须特别注意这个女人。你要狠狠鞭打她；她不流血，你的鞭子便不能停。圣诞节前后天寒地冻，你要扒光她的衣服；你一定要让她的肩膀依旧热血沸腾。"杰弗里操纵的这一司法体系野蛮而不当，却为他赢得了国王奖赏的男爵爵位、议会上院席位以及大法官职位。1688 年，议会终于忍无可忍了。詹姆士的统治被推翻了，乔治·杰弗里则被立即关进了伦敦塔。翌年，在杰弗里醉死的几个月前，他曾颇为生动地描述詹姆士二世时期的司法。为了给自己的恐怖统治辩护，杰弗里说："与送我至此的家伙相比，我的残忍还不及他们的一半。"

詹姆士的女儿玛丽（Mary）及女婿奥伦治的威廉（William of Orange）夺得其父的英国王位后，两人迈出了漫长司法改革之路的第一步。他们废除了许多泯灭人性的肉刑，并且规定，若要判处绞刑，必须要有充足的证据。不过，无论律法或血腥，或宽大，或严苛，都没能防止犯罪的发生，对犯人的公开羞辱仍然是以儆效尤的重要方式。

许多人从英国奔赴美洲殖民地，带去了开辟新生活的梦想，也带去了仍有缺陷的英国司法制度。在 17 世纪的英格兰，占主导地位的是严苛的清教信仰体系，而涌入新英格兰殖民地的许多移民也对此体系心向往之，于是，当地道德、信仰、巫术（这并不意外）方面的法律，比稍南的殖民地如弗吉尼亚（Virginia）和卡罗来纳（Carolinas）要严厉得多。虽然移民们声称，自己离开不列颠和欧洲是为了躲避宗教迫害，不过，他们也仅在自己的小团体内倡导宗教自由；对有其他信仰的人则进行毫不留情的抓捕和折磨。当贵格派移民迁徙至马萨诸塞（Massachusetts）殖民地时，他们受到了清教徒邻居最最热烈的“款待”——他们成了西班牙宗教裁判所中的异端和摩尔人。

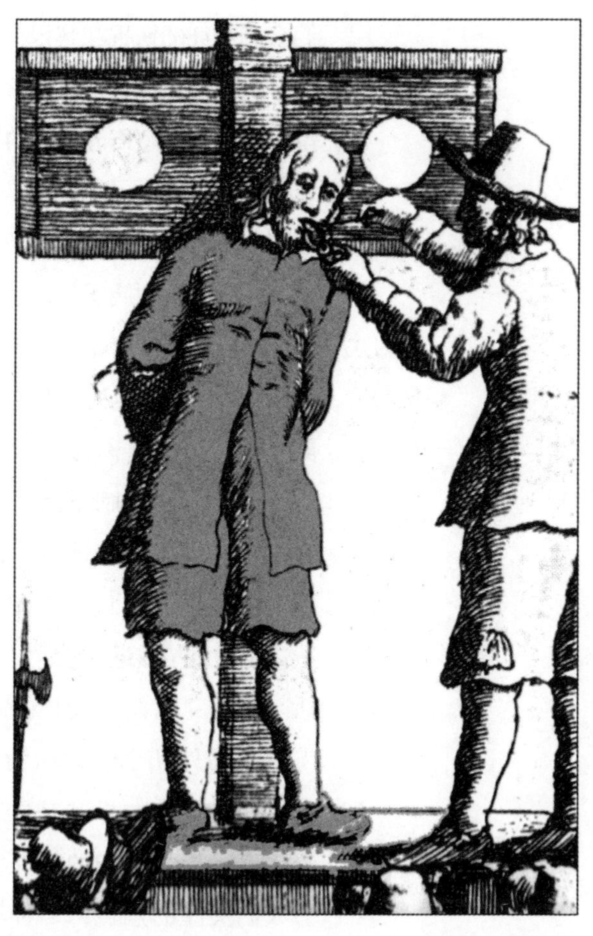

在舌头上烧出一个贯通的洞。

曾有一位名叫威廉·邦德（William Bond）的贵格派教徒，他因自己的信仰而被捕。从一份1703年的记录中，我们了解了他的遭遇，据说这份记录是根据看守邦德的狱卒的证词整理而成的：

> 他手上、脖子上、脚踝上都被戴上镣铐……这些镣铐锁了他16个小时……在此期间不仅让他挨饿，还用鞭子抽打他的脊背……然后（狱卒）拿来涂有沥青的鞭子，在他的后背、肩膀上狠狠地抽了20下，随着抽打的继续，鞭子渐渐变得松弛，（狱卒）只好更有力地挥舞手臂……狱卒立即取来新的鞭子，此时邦德身上已经皮开肉绽、伤痕累累，狱卒又鞭打了他两次，一次80下，另一次17下（共97下），邦德口吐白沫……邦德被涂有沥青的鞭子总共抽打了117下，受此重刑，身上早已血肉模糊，他手臂下凝结的血肉像是袋子一样挂在他身上。

在17世纪的马萨诸塞（清教信仰极其虔诚），凡是有偶像崇拜、亵渎神明或者通奸等行为的人均会被判处死刑。若有人胆敢在马萨诸塞否认上帝的存在，那么这个人将会受到的惩罚是：人们会用烧红的铁棍在其舌头上烫穿一个洞。甚至连吸烟、衣着不当这种轻微的冒犯也会招致罚款，并被戴上足枷或颈手枷示众。当时有一位名叫金布尔（Kimble）的商船船长，他在经历了长达三年的远航后终于回到家中，可是这位风尘仆仆的船长却被立即逮捕了，还戴上了足枷，原因是他竟然不知廉耻地在自家门阶上亲吻妻子：他们此时在室外，所以这便属于公开亲吻，而更让人忍无可忍的是那天还是礼拜日！不过，1692年春天，马萨诸塞的塞勒姆发生的一件事，打破了当地原有的宁静，也让以上这些案例相形见绌。

这件事也被称为"塞勒姆巫术审判案"（Salem Witch Trials），此事始于两个头脑不清的少女，她俩将当地牧师的一个女奴指控为女巫。她俩举止怪诞、面容扭曲，身体还会痉挛、抽搐，口中则不停地诅咒。她俩宣称这都是这个叫提图巴（Tituba）的女奴造成的。这虽然引起了大人们的注意，不过他们认为这只是玩笑话。很快，这两个女孩的八个伙伴也出现了前者的症状，后者又将村中另外几个老妪指为女巫。事情本应到此为止，不幸的是，其中一位女孩的母亲是显赫的帕特南（Putnam）家族的成员，这位母亲支持女孩们的指控，局势便一发不可收拾了。此事很快成为人们关注的焦点，各种细节也被人们口耳相传，女孩们的言行让母亲们也不得不相信——女孩们确曾看到女巫骑着扫帚在天上飞。显然，女孩们是不会承认她们一直在撒谎的，所以她们将更多的人指控为女巫，那些受到指控的人便被抓了起来并戴上枷锁。

这件事很快就四散传播开来，仅仅几周后，马萨诸塞的总督菲普斯（Phips）授权著名的狂热分子科滕·马瑟（Cotton Mather），让他召集一个调查此案的特别法庭。法庭的五人法官小组包括马瑟及其三个密友，其中为首的则是历史上最狂热的猎巫者——威廉·斯托顿（William Stoughton）。另外一名成员是纳撒尼尔·索顿斯托尔（Nathaniel Saltonstall），只有他不是马瑟的密友，而且开庭数次后，他因不满于对案件的审理过程而辞去了职务。

▶**右页图**：此图由霍华德·派尔（Howard Pyle）绘制，描述的是**马萨诸塞塞勒姆镇的一位老妇因被指控为女巫而遭到逮捕**。瘟疫般的歇斯底里席卷了这个小社区，引发了文中的案件，产生了以其毁灭性而闻名于世的审判，最终人们还是翻然醒悟了。

到开庭时，狱中已关押了 100 多个被指为巫觋的嫌疑犯；其中有萨拉·古德（Sarah Good）和她 4 岁的女儿多尔卡丝。她们母女二人被囚禁于一个小牢房，而且小姑娘还被链条锁在墙上——或许是为了防止身材矮小的她从牢房栅栏的缝隙中溜出来。

年届 80 岁的约翰·普罗克特（John Proctor）竟敢抵制以上的各项指控，于是也被捕入狱；他若坚称这些被告不是巫觋，那么他自己便是巫觋。面对这一荒谬的指控，勇敢的普罗克特没有作出什么辩解，他们便判他绞刑。还有一个名叫贾尔斯·科里（Giles Corey）的人拒不接受审讯。科里拒不回答任何问题，既不承认有罪，也不声称自己无辜。检察官下定决心，定要逼他开口说话。为了迫使他认罪，他们将科里压在一扇破门板之下，然后不停地往门板上堆放石块，石块越堆越多，以至于最终将科里压死了。每隔一段时间，他们会问他是否接受审讯，但他只是极轻蔑地喊道："再加些石块……"他们便再给他添加石块，直至将科里的肋骨压得粉碎。

这些审判从 6 月中旬一直持续到 9 月末，在此期间共绞死了十九个女人和一个男人，另有四个女人瘐毙。母亲被绞死后，4 岁的多尔卡丝也精神失常了，而且从此便失踪了。他们还绞死了两只狗，因为它们被怀疑是女巫的帮凶。

除了著名的科里一案外，塞勒姆事件和发生在埃尔旺根、德意志、埃塞克斯、英格兰的案例有很大差别。在这一事件被指为巫觋的人中，最著名、最悲惨的当属贾尔斯·科里，他因拒不招供而受到酷刑。毫无疑问，受到指控的人肯定受到了虐待，住宿条件也极差，但他们并没有受到殴打或戳刺，也没有被饿死、拷打，或者说，在定案前不会受到任何刑罚——这很难让人联想到大不列颠和欧洲的猎巫行为。塞勒姆事件迅即引起了许多人的激烈反对。科滕·马瑟的父亲英克里斯·马瑟（Increase Mather）也谴责这个特别法庭，他在《不可蒙蔽良知的诉讼》（*Casea of Conscience*）这本小册子中写道："宁肯让十个有女巫嫌疑的人逃脱，也绝不让一个无辜之人蒙受不白之冤。"马萨诸塞的约翰·黑尔（John Hale）牧师也持类似观点。他说："一个文化水平如此高、人口如此密集的小地方，居然一度沦为可恨的魔鬼的领地，真不

▶右页图：这件展品诞生于 17 世纪，来自于艾米利亚（Emilia）的一个城堡，1978 年起成为一个意大利人的私人藏品。最近又成为意大利圣吉米尼亚诺（San Gimignano）的中世纪酷刑博物馆的藏品。犯人会被迫坐在这张椅子上——这造成的疼痛已经让人一心求死了。不过，当布满长钉的板子被牢牢钉入犯人的小腿时，疼痛会更加剧烈。这种铁椅子一般都布满长钉，而且椅子下方会被放置一个盛有炽热煤块的火盆，以使犯人更加痛不欲生。

敢相信会发生这种事。”幸而此次事件受到了公众的强烈反对，1693年1月，那些候审的其他女性最终获释。该月中旬马萨诸塞高等法院下令，为了纪念塞勒姆事件，人们要在法定的那天禁食、祈祷、自省。1702年，塞勒姆特别法庭进行的诉讼活动被宣布是违法行为，而四年后，造成这次事件的女孩之一，即小安·帕特南（Ann Putnam Jr.），为她10年前所引发的灾难进行公开道歉。半个世纪后，塞勒姆正式更名为丹弗斯（Danvers）。

马萨诸塞的塞勒姆事件不同以往的是，个体的理性对终止公开的、荒唐的猎巫行动确实功不可没，而且需要强调的是，总是有一些勇士甘愿冒着被送上绞刑架的风险，谴责那些与“巫觋”有关的控告和酷刑，号召人们排斥这种行为。早在1563年，克利夫斯公爵（Duck of Cleves，即亨利八世第四任妻子安妮的侄子）的医生约翰·韦耶（Johann Weyer）在自己的一篇名为《莫让灵魂毁灭》（*To Prevent a Shipwreck of Souls*）的文章中说：

> 这些不幸的女性已经被种种妄想和魔鬼的阴谋弄得筋疲力尽，如今则苦于频繁遭受的酷刑，而且每个人都被单独囚禁于又脏又暗的地牢里，这揭示了人们对魔鬼深深的恐惧。她们还经常被拖出牢房并遭受酷刑，受到无穷无尽的折磨，若想不再被投入可怕的地牢，她们只有承认被指控的所有罪名，当然，也有人在最痛苦之时选择了一死了之。

近一个世纪后，德意志埃斯林根地区（Esslingen）的路德宗牧师约翰·费伯（Johann Faber）写道：“毫无人道可言的酷刑可能会使无辜之人蒙冤。”

大约同一时期，弗雷德里克·冯·斯派克牧师（Jesuit Priest Friedrich von Spec）曾说：

即使法官宣称，某人未被拷打便承认自己是女巫，不过，事实上这些嫌疑犯也是屈打成招的，施刑人会用尖角的铁器击打嫌犯的胫骨，使之疼痛难忍，这便被巧妙地称作“未用刑”，施刑人口中的这个词欺骗了那些不懂该词真实含义的人。某些检察官甚至会向受害者指定一些人，并要求她们告发这些人；有些检察官也会将其他人对她们的看法透露给受害者，使得受害者知道要供认哪些细节。某人一旦被捕，即使她熬过了种种酷刑，她也一定会被指为女巫。他们想当然地认为，一位普通女性是承受不住两三种酷刑的，除非她是女巫。如果某人承受了极重的酷刑却仍不认罪，他们会打掉她的牙齿，堵紧她的嘴以不让她呼吸，他们还会说：“看，她还在笑。”若某人被折磨得晕厥，他们会说这人在睡觉。事实上，若某人曾因魔鬼而产生了幻觉，这不一定意味着她就是个异端；若某人供认了根本不可能办到的事，而且恰好与同伙的供词相左，那么她所认的这一罪名（事实上）不应被列入起诉状。

随着1692年的塞勒姆巫术审判案的终结，大西洋两岸的政府开始着手解决司法体系中存在的顽疾，虽然这似乎没成为当时西方文明关注的焦点。进步是来之不易的。1716年，玛丽·希克斯（Mary Hicks）及其10岁的女儿被绞死，这是发生在英格兰的最后一次处死女巫案。11年后，苏格兰最后一次处死“女巫”，当时她是被烧死的。在英国，1736年时那些针对巫觋的法令大都被废除了，但相关的猜疑和恐惧却留存了很久。即使又过了近一个世纪，到19世纪早期，在英国仍有老妪被怀疑是女巫，有些人则因为将她们私自处死或溺死而被捕。若某人被怀疑是巫觋，那么这个人常会经受“泳刑”（swimming）的检验，以验证此人会下沉还是浮起来。有记录显示，英格兰的最后一次“泳刑”发生在 1825 年，当时，一伙来自于萨福克地区威克姆·斯克斯镇（Wickham Skeith）的疯狂暴民将一位名为艾萨克·斯特宾（Isaac-Stebbing）的小贩抓了起来，并将他扔进了磨坊的池塘里。不幸的是，斯特宾很快就浮了起来——他没有沉入水下；幸好有教区牧师的介入，他才没被私刑处死。许多欧洲国家都曾陷入猎巫狂潮，民众们都曾因害怕和恐惧而失去理智。此时，各国其实已经开启了启蒙和改革的进程，但是这一进程坎坷反复，在各国的进度也千差万别。即使有浩如烟海的各种完整的记录，死于猎巫者手中的人——大都是年老的妇女——的总数也是无法准确计算出的，因为事实上，这些记录绝对不可能是完整的。那些未死在刑场上，而是死于酷刑之下或者在地牢候审期间死去的人，难道不应该被计入总数吗？司法机构开展的猎巫运动使得许多人丧生，至于死亡总数，最合理的估计是 20 万 ~100 万人。与当时整个欧洲的人口总数相比会发现，这意味着几乎每 200 人中就有一人亡命于斯。

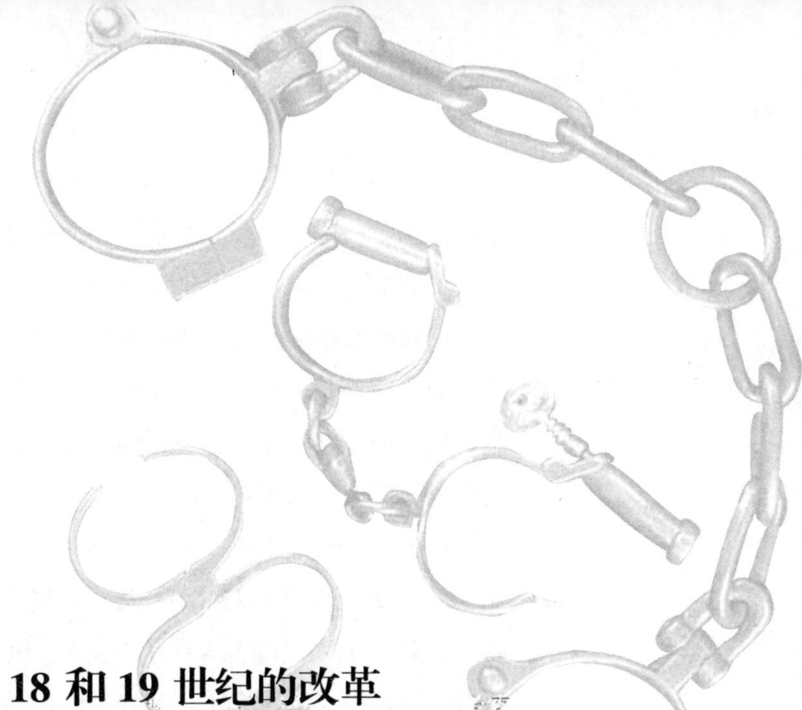

第4章　18和19世纪的改革

由于开始认识到刑讯逼供和法庭采纳谣传作为证据有违司法公正，到1700年时，猎巫大潮已渐趋平息。然而，虽然废除肉刑的呐喊已经持续了一个多世纪，酷刑在当时仍是一个被普遍接受的罚罪方式。16世纪晚期，法国政治家和政论家蒙田（Michelde Montaigne）写道：

……在我看来，这绝非是死亡那么简单，而是残忍至极，我简直不敢相信自己的眼睛，居然有如此残忍的灵魂，他们只是为了取乐，砍掉别人的肢体，竭尽心智想出种种匪夷所思的死亡的新花样。在罪案尚存疑点时，无论疑犯是否有罪，谁有权利或权力对一个公民施加惩罚？如果他有罪，那么他只能依照法律的规定而受惩罚，使用酷刑逼供将是无用的，也是不必要的。如果他无罪，那么这是在摧残无辜之人，因为在法律面前，任何人在罪行确证之前，都是清白的。

1624年，荷兰思想家约翰尼·格里维斯（Johannes Grevius）

坚持认为，一个真正的基督徒，在任何情况下都不应该考虑使用酷刑折磨他人，不论对方是基督徒还是异教徒。

刑罚变革举步维艰，通往废除酷刑之路的推力之一来自公众对火刑、烙刑和分尸的恐怖场景的厌恶和抵制，其二来自司法改革。然而公众基于正义、公正的抽象理念产生的同情心常常与真实世界犯罪猖獗的现实相抵牾。

作为一个扩张中的庞大帝国的中心，1700 年的伦敦人口超过 60 万人，成为世界上人口增长最快的城市之一。这里挤满了外国商人、移民工人（许多人终生失业）、执行军事任务的战士和一群群无所事事、游手好闲、到处惹麻烦的纨绔子弟。总之，和所有其他现代城市一样，伦敦面临着严重的犯罪问题。其中最严重的是像“莫豪克”（Mohocks，专门夜间袭击行人的年轻贵族流氓）这样的街头犯罪团伙。莫豪克只是 18 世纪前 10 年伦敦众多街头犯罪团伙中的一个，他们的行为极具代表性。和现代街头犯罪团伙不同，这些人不是无家可归的穷汉，他们富有、懒惰，靠着父母的财势而逍遥法外，犯下骇人的罪行。他们夜晚在街上游荡，醉酒狂欢，打架斗殴，轮流袭击疏忽大意和孤立无助的人。袭击对象的选择是随机的，受害者被挖出眼睛，割掉鼻子、耳朵，一刀刀地捅死。他们把女人头朝下塞进焦油桶里，然后点燃，让着火的油桶在街道上翻滚。有一次，一个叫普兰科特（Plunket）的贵族流氓到假发制作商那里购买最时新的假发，店主拒绝降低已商议好的价格，普兰克特盛怒之下抄起一把剪刀割断了他的喉咙。

和这些随机施暴的半组织化的贵族流氓团伙相混杂的是大量的失业工人和复员军人。改革的呐喊声很快被淹没在公众对不惜任何代价以确保秩序和安全的诉求中。以前，人们拥挤着前来观看女巫受审或谋反者被绞死、掏出内脏、分尸，此时的绞刑现场同样足以使拥挤的观众欢呼雀跃。在莫豪克肆虐行凶时期的英国，不少于 2/3 的罪犯被判处死刑。这些罪行包括叛国、反叛、海盗、谋杀、纵火、偷窃、破门盗窃、袭击、公路抢劫、盗马、偷窃价值超过1先令的东西以及任何形式的抢劫。除了判处叛国罪的贵族斩首外，其他所有罪行的惩罚是流放殖民地或绞刑（所有的绞刑都是公开的）。罪行较轻者判处监禁，监狱数量不断增加。虽然酷刑不再是惩罚的常规方式，但监禁却未必比许多古老的肉刑更好。

几个世纪以来，监狱和地牢都是滋生“监狱热”（Gaol Fever，一种神秘的瘟疫）的温床。这一名称可能是对在恶臭扑鼻、疾病肆虐的牢房里蔓延的传染病的统称。自16世纪以来，“监狱热”间歇性爆发，不仅使大量犯人丧生，而且波及看守和居民。1577年，它横扫牛津，48小时内使300多人毙命。11年后，500名埃克塞特居民亦死于此病。18世纪早期，由于监狱和地牢的犯人增加，“监狱热”仍然流行。1728年，伦敦马歇尔希监狱（Marshalsea）和弗利特监狱的一些看守因被控谋杀、抢劫囚犯而遭到逮捕。随后，成立了一个以詹姆斯·奥格尔索普将军（James Oglethorpe）为首的调查委员会，旨在调查监狱内部情况并为消除腐败现象和“监狱热”提供合理化建议。调查结果令人震惊。

与某些现代监狱一样，18世纪的监狱是私人的、营利性的，所用监禁费用并非由政府而是由囚犯自己承担。伦敦纽盖特监狱的囚犯每人要付3几尼的入住费，一张床位每周半几尼，蜡烛、餐具、食物则要另外付费。在马歇尔希和弗利特监狱，囚犯甚至要为他们佩戴的镣铐付费。为从犯人家属那里勒索钱财，看守不断折磨犯人。如果囚犯拿不出钱，除非中途有人使钱把他们弄走，否则不论他们是否犯了罪，或者是否已经服完刑，都将被一直关押至死。

委员会发现，为了抢夺一小块变质的食物，一个犯人不仅要打败其他饥肠辘辘的同伴，同时还要对付成群的耗子。裸露的阴沟从牢房穿流而过，散发着阵阵恶臭。付不起床位费的犯人被迫睡在潮湿的地上。一个记述曾提到，一个人带着他的狗去监狱，来保护他免受老鼠侵扰：结果老鼠咬死并撕吃了这条狗。另外一份报告描述了频繁对犯人实施的鞭刑场景之恐怖："我看到一个血淋淋的男人穿过院子，他浑身是血，血从撕裂的伤口不断往下流，他每走一步，鞋子里灌满的血就直往外涌……成群的蚂蚁在搬运鞭打时散落到地上的肉屑。"其他故事之恐怖令人难以详述细节，报告只好以"不可思议的恐怖"一笔带过。调查委员会的报告呈交议会后便被束之高阁，好在不断有热心的市民、司法界人士甚至行政机构的成员，在探索一条更加文明、更可行的司法改革之路。

1748 年，即奥格尔索普调查委员会的十几年之后，一个名叫威廉·约克（William York）的 10 岁男孩因捅死了一名年轻女孩而被判处绞刑。内政大臣为他说情，改判为 10 年监禁，条件是服刑获释之后，他必须加入海军服役。存在争议的不是罪行，而是死刑的效果，特别是在罪犯如此年幼的案件中，以及为了震慑其他人犯下相同罪行的情况下。在威廉案的四年之后，霍勒斯·沃波尔（Horace Walpole）——著名的政界权威人士、政论家——在海德公园（Hyde Park）散步时遭到歹徒袭击，面部中枪。在给一个朋友的信中，沃波尔写道："这个国家已摇摇欲坠。"就在他写信当天，在伦敦著名的泰伯恩刑场有 17 人被绞死，但伦敦的犯罪率仍居高不下。原因之一是有组织的犯罪团伙的增加。与"莫豪克"不同，这些组织由最冷酷无情的亡命徒组成，其犯罪行为高效且利润不菲。

亨利·菲尔丁（Henry Fielding）是当时伦敦的一个治安法官，同时也是小说《汤姆·琼斯》（*Tom Jones*）的作者。在沃波尔遇袭前的几个月，他在谈到有组织犯罪问题时写道："司法官员应受到谴责，因为他们不敢下令逮捕罪犯，使罪犯们逍遥法外；事实上，这种情况也不能全怪司法官员没有尽心竭力。"菲尔丁认为监狱是地狱的最好呈现。罪犯们在里面交流信息，拉帮结伙。须明白迟至 1751 年，在英国伦敦以及其他任何地方都尚未建立有

这幅图反映了**带枷示众场面**是多么受大众欢迎。

组织的警察系统。当地居民自发到街上巡逻，显然这对犯罪行为的威慑力微乎其微。在明了这一状况之后，对菲尔丁的言论就不难理解。鉴于此，菲尔丁和他的兄弟约翰决定付诸行动。1753年，他们说服政府出资组建了由兄弟俩担纲的“弓街跑探”(The Bow Street Runners)。这是英国历史上第一个专业侦探组织，其成员对犯罪活动进行调查，查找线索，走访证人，如果运气好的话，还能逮捕罪犯。回溯过去，这似乎是打击犯罪的一个理所当然的方式。

在菲尔丁这样的改革先驱们的带领下，1755年，约翰·霍华德（John Howard）重举奥格尔索普将军的改革大旗，为改革监狱系统而奔走呼号。他也坚持认为，如果英格兰不改革它的监狱制度，那么称其为进步民族是绝对名不副实的。和奥格尔索普一样，霍华德把现存的将男人和女人束缚到墙上的监狱制度描述为对人力资源的巨大浪费和损耗，因为当局本来可以授人以渔，让他们从事生产性劳动。霍华德报告提供了大量的数据（这是奥格尔索普报告中缺失的）。在被调查的4375个囚犯中，一半人是因为无力偿还债务入狱。大多数惯犯——至少是没在泰伯恩刑场吊死的那些人——被流放到殖民地，他们被鞭笞、披枷带锁、打上烙印。霍华德在报告中总结到，监禁中的大部分囚徒是债务人、等待审判的人和穷得无力付费出去的人或是犯了轻罪的人。该报告引用了以前报告中的数据：在英国，每年大约有5000名囚犯死于饥饿。20年后，政府才开始考虑霍华德的报告。1774年，他终于成功说服议会着手调查英国监狱。虽然世界上越来越多的人不断在呼吁应该重新考虑人类对待社会不合格成员的方式，和45年前奥格尔索普调查成果的命运一样，新的报告不过是被束之高阁。

1764年，意大利米兰的律师贝卡利亚（Cesare Beccaria）发表了《论犯罪与刑罚》(*Crimes and Punishments*)。贝卡利亚在文中认为，降低犯罪率的最好方法是预防而不是惩罚；案件应该及时审理；使用酷刑，无论是为了逼供还是惩戒，都是无效的。该著作引起了广泛关注，被译成22种语言，八个月内在意大利再版六次。五年后，一位英国官员表达了类似观点，他写道："真令人难以相信，在英国法律中，死刑竟然适用于多达160种罪行。"而70年前，绞刑应用于32种罪行，死刑的范围将会继续扩大，可以预见，到该世纪末将扩展到220种。然而，似乎没人愿意采取变革行动。当英国国王乔治三世（George III）组建一个15人委员会，重新仔细审察除谋杀之外的每个死刑案件时，其意不在变革。随着死刑范围的扩大，被绞死的人数直线上升。人们只是在挖空心思设计出更高效的绞刑。1760年"坠落式"（drop）绞刑出现。与传统绞刑不一样，犯人不再是被吊到空中挣扎，乱踢乱蹬，直到慢慢被勒死。新式绞刑使犯人忽然失重下跌，利用自身的重量使脖子折断迅速死亡。菲尔斯伯爵不幸成为新式杀人方式的首个试验品。但在行刑过程中，活动板门未能按预定打开，他实际上是窒息而死。

这是马萨诸塞塞勒姆镇中被判为巫觋的可怜人的最后命运。

1783 年，当局终于认定：公开行刑除了取悦嗜血的观众外并不能消除犯罪现象。因而绞刑不再公开实施。1783 年 11 月 7 日，著名的泰伯恩刑场迎来了最后一个在这里走上绞刑架的人。改革者为此欢欣，而备受尊敬的塞缪尔·约翰逊（Samuel Johnson）——第一部英语词典编纂者——则认为此举简直意味着文明的终结。“这个时代被改革者搞得太疯狂，”他痛苦疾呼，“甚至连泰伯恩刑场都不能免受其害。刑罚意在让围观的人受到震撼，如果没有观众，很难说行刑的目的已经达到，公众需要这个过程。”八年后，绞刑和公开鞭笞女人被废止——鞭刑仍然施用于女囚，但不能在公开场合进行。

虽然存在种种不足，在18世纪，对待犯人和疑犯的方式已有明显好转。新的规则和程序使采纳道听途说为证据的做法变得更不可接受；刑讯逼供已成为非法；被告在法庭无举证责任。如果犯人的证词未被采纳，那么刑讯逼供已无任何价值。1827年通过法案规定，如果疑犯拒绝申明自己无罪或有罪，那么法庭将默认为疑犯已为自己做无罪辩护。比起强迫疑犯申辩，这是一个巨大的进步。类似情况出现在美国，宪法第5修正案规定：任何人不得自证有罪。

18世纪前10年，不计其数的英国人被判处死刑，但实际上，执行绞刑的人数不到其中的1/3。法院可以选择将死刑减为“流放”（Deportation）。流放到北美殖民地被认为是一种更加人道的死刑替代方式（1776年美国独立后，澳大利亚成为另一个罪犯倾销地）。然而囚犯并不这么认为，他们宁愿被绞死。对流放的恐惧并不难理解，运载囚犯的船只堪比中世纪最糟糕的地牢。仅1750～1755年，就有2000多名囚犯死于运输途中，他们的尸体被抛到纽约湾，数以千计的尸体漂浮在北美港口，天知道到底有多少人葬身海洋。英国政府对自愿去澳大利亚建设殖民地的人采取奖励措施：每人400英亩土地、40头牛、40个囚犯奴隶。鉴于此，流放刑的价值清晰可见。澳大利亚新南威尔士（New South Wales）的首任总督阿瑟·菲利普（Arthur Phillip）曾写信给国王：“尊敬的陛下，可否允许我把谋杀犯和鸡奸犯卖给当地人以换取肉食?”真不知道他会得到什么答复。

尽管流放过程本身充满危险，甚至连其拥护者也对此疑虑重重，但它在实践中成效显著，成为英国刑罚制度改革的催化剂。当英国公众得知，不计其数的犯人在北美和澳大利亚新兴城市筑路、从事基础设施建设时，他们开始要求在英国也推行类似的改革，即利用犯人进行生产性建设。

类似的变化不局限于英国。教会法庭在对灵魂不洁之人施行肉刑时逐渐感到力不从心、权威渐失。甚至在最保守的国家，地方贵族和军功地主的司法权力也在逐渐消失，当局命令他们把疑犯交给由中央司法系统直接领导的政府法庭。另一重要变革是酷刑的逐渐废止。1721 年，普鲁士选帝侯腓特烈一世（Elector Frederick I）颁布法令，规定酷刑只能在他本人亲自审查案件后才能决定是否采用。1754 年，腓特烈二世（Frederick the Great，腓特烈大帝）完全废除了酷刑。1734 年，瑞典成为第一个废除任何形式任何目的酷刑的国家；1738 ~ 1789 年，两西西里王国（The Kingdom of Two Sicilies）废除酷刑；1769 ~ 1776 年，澳大利亚废除酷刑；很大程度上归因于贝卡利亚的著作，意大利于 1786 年废除酷刑；尼德兰也于 1787~1794 年废除了酷刑。

1801 年，俄国的一位在酷刑逼迫之下招供的犯人最后被证明是无辜的。这件事情使沙皇亚历山大一世（Alexander I）警醒。于是，9 月 27 日，沙皇颁布如下法令：

> 帝国任何地方的任何人都不得罹受残酷刑罚折磨，此令必须严格执行……被控之人在法庭必须申明自己从未受到不公正的审讯……使人类备受侮辱的肉刑，应该永远从公众记忆中消失。

迟至 1812 年，西班牙才颁布类似法令，同年撤消了宗教裁判所，终止了 1484 年以来的司法恐怖。

如西班牙的表现一样，法国在刑罚制度和肉刑改革上比其他欧洲邻国显得更消极无为。18 世纪中期，一个人刺杀路易十六未遂。刽子手砍掉他的手，把融化的石墨和沸腾的油倾倒到他鲜血淋漓的残肢上，这只是他将经受的可怕的分尸刑的一个小序曲。接着，将他的四肢分别拴在四匹马上，马被狠抽，朝四面狂奔而去，但想必此囚犯非常健壮结实，他居然没有被撕裂。刽子手只好暂停行刑，先用刀砍断了他的四肢关节，最后再施行四马分尸。

迟至1791年，仍然有一些受害者在油锅里被活活烹死。1789年对法国刑罚改革史而言具有重要的意义。7月14日，愤怒的群众冲进巴士底狱（Bastille），标志着专制君主的垮台。法国大革命以及随后的恐怖统治暴力血腥，而革命议会废除刑讯中肉刑的步伐也同样激进。数以千计的无辜民众以革命的名义被判处死刑，比叛国罪稍轻的是潜在的君主制度拥护者和以“先生”（Monsieur）——而不是更具政治性的用语“公民”(Citizen）——称呼其邻居的人。法庭对他们的宣判如下：“你的国家宣布你有罪！法庭将剥夺你的法国公民身份。”这些人并不像在英国那样流放到北美或澳大利亚，而只是被驱逐出法国，没有人关心他们路在何方。而那些真正的反革命者，等待他们的将是臭名昭著非同寻常的一种死刑，这种特殊的死亡方式早在大革命和恐怖统治前就有了。

那是 1738 年 5 月一个和煦的下午，在巴黎的轮刑行刑现场，一个犯人在车轮下粉身碎骨。恐怖的场景导致一个挺着大肚子的孕妇惊吓过度当即早产，幸运的是母婴都平安无事。她和丈夫给婴儿起名为约瑟夫，姓氏为盖卢定。1785 年，约瑟夫·盖卢定（Joseph Guillotine）开始试验用机械装置斩首。正如我们此前看到的“哈利法克斯断头机”一样，其他国家也已经使用了机械刑具，但那些发明师没有一个是法国人。因此砍头机器在法国颇难被接受。1789 年 10 月，革命议会掌权，约瑟夫尝试向公众阐释：断头机与当时法国废除肉刑的政策是吻合的，因为该机器能够在瞬间使犯人身首分离而快速死亡。罗伯斯庇尔（Maximilien Robespierre）——这个老谋深算的公共安全委员会首脑曾经以自由的名义结果了数以千计的人的性命——在公众面前落泪，他说自己讨厌伤害他人身体，而断头机则是完全无痛苦的。对满脑子平等理念的革命议会来说，断头机再好不过了，因为它可以施用于任何阶层的罪犯，至少在死刑上法国人实现了完全的平等。

大革命爆发两年半后，法国政府通过了一项法案，批准断头机作为共和国执行死刑的刑具。这台被称为“盖卢定夫人”（Madame Guillotine）的笨拙的新式杀人机器迅速声名鹊起，短时间内遍传法国。它还有许多绰号，例如“人民复仇者”（The People's Avenger）、“国民剃刀”（The National Razor）、“圣盖卢定”（Saint Guillotine）等。第一个死在断头机下的是一个名叫尼古拉斯－雅克·佩尔蒂埃（Nicholas-Jacques Pelletier）的窃贼，他的刑期特意被拖延，以便可以试验一下这个大革命的新式杀人玩具。在多数情况下，利刃落下时总是鲜血四溅，因此，机器漆成红色，佩尔蒂埃穿着同样色调的囚服。很快，改进版的盖卢定四处涌现，有些带有复合刀刃，有些则像多蹲位厕所一样，一次可以处决多个犯人。孩童的玩具中出现了用玻璃和瓷器做的洒满香水

◀**左页图**：在法国医生盖卢定的率先倡议下，通过了一项法案：**所有死刑（包括平民）都使用无痛砍头刑具执行**。从此，痛快速死不再是贵族专利。在用公共医院的尸体做了大量实验后，1792 年 4 月 4 日，第一台断头机在巴黎的格雷沃广场粉墨登场。4 月 25 日，它顺利地砍掉了第一个死囚的脑袋（公路工人案）。这项发明迅速成为 1792 至 1794 年的显著标志。值得注意的是，整个事情背后的动机是消除公开刑罚中的残忍因素。死亡，应是瞬间发生，使人感觉不到痛苦的事情。至少，理念上应是如此。

的断头机模型。罗伯斯庇尔本人也在蓝色的旗帜上挂了一个模型，向大革命创造出的新式宗教“理性女神”献祭。

现代科学发现了一个惊人事实（被神经生理学证实）：在脑袋被利斧或断头机快速砍掉，滚落到地上，装到篮子的整个过程中，大脑都能意识到自己的遭遇，行刑过后很长一段时间，感知继续存在。人们一直称呼这个新发明的机械刑具为“机器”，直到1793年路易十六和皇后玛丽·安东尼特喋血断头台，才有了新的绰号“路易松”或“路易赛特”。1800年后，新绰号“盖卢定”出现。

然而，这和真正的大革命精神相去甚远。人们开始质疑：新式刑具果真如宣扬的那样迅速致命吗？人们不止一次地看到，犯人的脑袋滚下断头台，跌落到血泊中，眼睛居然还在转动试图开口讲话。当夏洛特·科迪（Charlotte Corday）——因谋杀大革命的宣传鼓动家马拉（Jean-Paul Marat）而被判死刑——被砍头后，刽子手捡起她的脑袋，朝她脸上扇巴掌，科迪则对着他怒目而视。我们忍不住要猜测，当罗伯斯庇尔本人最终也难逃一劫，亲密接触这位犀利的夫人洒血丧命的断头台时，他会作何感想。难怪断头机在法国以外并未广泛应用。

当"盖卢定夫人"正以每周结束上千反革命者的速度高效工作时，伦敦正保持着每两周绞死一个犯人，尽管这样，死刑犯罪依然在增长。1820 年，人们因种种"十恶不赦的罪行"而被绞死：偷一小块木头，损坏滑铁卢桥，冒充切尔西兵营的退休军官。英国在刑罚制度改革方面的无能让人感到愤慨，于是，国王的臣民自发行动了——至少在他们当选为陪审员期间。陪审员们抓住任何可以挽救被告的法律稻草，如果一个人被指控偷了 10 英镑，陪审团则假装价值为 39 先令——轻微罪。另一个人被指控偷了头羊，陪审团假装他仅偷了羊毛——又是轻罪。同样，一个马贼只被当作偷了马毛——从轻处理。

虽然英国的绞刑仍很普遍，但在其他领域的确取得很大进展。肉刑已被废除，当一个罪犯在接受烙刑时，看守让犯人拿一块火腿肉，然后把凉烙铁按到火腿片上。毫无疑问，在这象征性的惩罚之后，犯人通常会挨一顿痛斥，但比起真正的烙刑带来的痛苦而言简直不足挂齿。烙刑和鞭刑像恐龙般慢慢灭绝了，英国最后一次鞭刑发生在 1817 年的苏格兰。1820 年，鞭打女囚的刑罚已经废除。两年后，针对男性犯人的鞭刑也被废除，但直到 1881 年，鞭刑仍然作为整饬军纪的手段在皇家海军使用。

真正深有远见的做法，是 1820 年沃里克郡法庭开始对青年

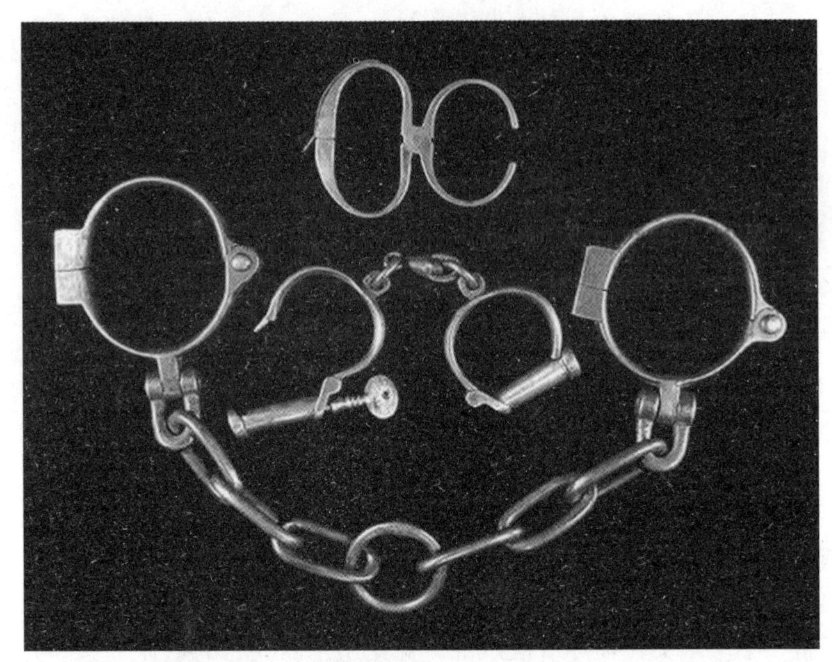

这些**桎梏刑具**显示出其中世纪祖先所没有的精湛技艺和人道主义。图片最上端是牵引手铐，戴在犯人的手腕上，便于牵引着他从一地转移到另一地。中间的手铐边缘圆滑，装有锁，戴上较前者宽松舒适。最下方是脚镣，其设计出于同样的目的。这些刑具显示出司法由公开或私下的酷刑折磨逐渐转向监禁。

犯实行一日拘留制。这项极富创意的制度要求青少年当天晚上必须回到自己家中，其父母一定要为孩子将来的行为作出郑重保证。而就在几十年前，上一代的青少年则要为偷一块面包走上绞刑架。一日拘留制开始实行时并未得到官方认可，但其卓著成效使其始终受到伦敦政法界精英的高度关注。

当然，这些道听途说并不能证明仅凭少数几个开明法官的努力或某个人简单的大笔一挥，延续数个世纪的苦痛与折磨就能消失。1823 年，格雷·班尼特（Grey Bennet）在上院做证：在过去的七年里，仅他所知道的、发生在英国监狱里的鞭刑就有 6959 例。但是，总体来说，英国犯人正在与桎梏和锁链告别，污秽的牢房也变得越来越整洁，一些囚犯开始轮番从事一些单调的工作，比如操作通风风扇，让监狱恶臭的空气变得清洁，并且可以排出牢房潮湿的空气，或者用抽水机抽出牢房的污水，引入干净的水，还有一些犯人同时从事四种工作。虽然这些简单的工作并不能给犯人传授一门谋生的手艺，但比起被锁链禁锢在潮湿地牢的墙上，这已经是很大的进步了。

1829 年，伦敦成为欧洲最后一个着手组建警察队伍的大城市。在罗伯特·皮尔（Sir Robert Peel，1812 年他在爱尔兰创建了类似的组织）的领导下，伦敦都市警察（The London Metropolitan Police）——通常根据创建者的名字被人们昵称为“皮尔们”（Peelers）或“鲍比们”（Bobbies），也因他们制服上佩有铜质纽扣而被称为“铜扣仔”（Coppers）——开始打击犯罪。犯罪活动越早被侦破，犯罪分子就会越早意识到法网难逃，伦敦的守法市民——甚至英国、欧洲以及世界其他地区的每座城镇的民众——就越早得到安宁。

虽然各国社会改革者作出了不懈的努力，但还是无法同时达到打击犯罪和减少刑罚这两个目的。无论刑罚制度是严苛还是宽松，始终有犯罪分子在世界的各个角落游荡。直到今天，立法与司法系统仍在为寻求解决问题之道而孜孜以求，在可预见的将来，同样的问题仍将继续困扰着世人。下一章节，将会探讨在不同的历史阶段，欧洲以外的其他国家如何处理犯罪问题。

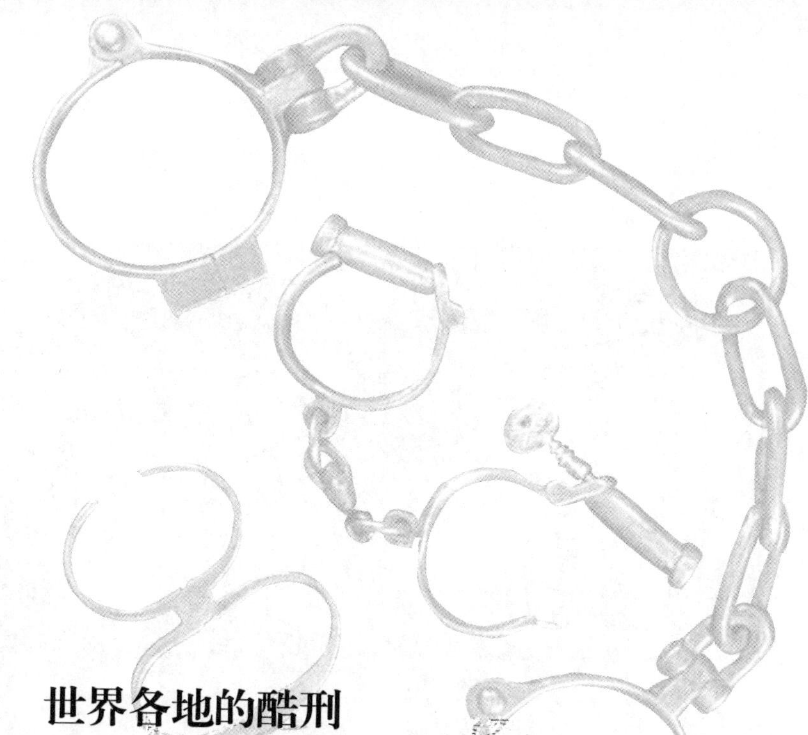

第 5 章　世界各地的酷刑

基于目前已经讨论的内容，读者很容易想当然地认为酷刑是西方独有的现象。这显然是个误解。残忍的刑罚不是某一文化所特有，亦不局限于某一地域、某一时代。当心怀恐惧的虚弱的人类企图紧握权柄不放，便从此欲望中衍生出借上帝之名用酷刑镇压他人的力量。本章将探究几个世纪以来，视酷刑为社会结构中不可或缺的重要组成部分的几种文明类型。在这个参照系里，古代中国显然应放在首位来考察。

在西方人看来，古代中国拥有种种匪夷所思、古怪残忍的刑罚。之前已经见识了西方文明中的刑罚文化，倘若再认为中国的刑罚比世界其他地方更酷烈，那就大错特错了。客观地说，虽然中国的刑罚改革要比西方国家晚得多，直到 20 世纪早期，中国刑罚制度仍是以《唐律》（*Tang Code of Law*）为基础的。但这种稳定性使得中国有几乎一千多年的时间来完善它折磨人的方式，事实证明，的确达到了炉火纯青的地步。

如许多人类早期文明一样，古代中国有高度完善的等级划分。惩罚是根据一个人的社会地位来施行的。奴隶伤害了自由民处以

这张20世纪的中国明信片展示了一种耗时漫长的刑罚：犯人被长时间禁锢在露天的竹笼里。这些可怜的人全身重量是否全靠颈部支撑，他们的脚踝是否被锁链固定，从图中均看不出来。

死刑；自由民杀死奴隶则最多判处监禁一年；贵族杀死奴隶或自由民不受任何惩罚。对于人数最多的阶层——所有非贵族的自由民——根据罪行的严重程度和性质以及犯人的社会地位，有大量的刑罚种类可供选择。等级较高者侵犯、抢劫或者杀害了地位较低者，比等级较低者以同样方式侵犯地位较高者所接受的惩罚要轻。这种情况与中世纪的文明惊人的相似。我们必须考虑到古代中国社会对秩序和规则的极其重视，任何形式的犯罪都会扰乱社会秩序，造成社会有机结构的失衡，混乱接踵而来。因此当务之急是尽快恢复原有秩序。《唐律》旨在惩罚不端者以维护整个社会在规定的框架内有条不紊地良性运转。

为了使这一复杂的制度切实可行，《唐律》分成两部分：第一部分阐述民事和刑事法律的基本原则；第二部分为所有可以想象出的犯罪行为制定了不同种类的刑罚——根据犯罪条件以及罪犯和受害人的社会地位来选择相应的惩罚。因为中国是个哲思的民族，《唐律》中包含了冗长的内容来解释为什么一种刑罚比另一种更适用于某种罪行。这似乎是相当复杂的，但这至少保证了案件是根据法律详细的规定，而不是像西方国家时常出现的那样根据主事法官的一时兴致来断定。为了保证整个法制系统运转高效，保持公正，判定犯人的罪行必须做到确证无疑。达到这个准则的唯一方式是招供。那些在审判之前事先招供的人——这将为法庭节省大量的时间和金钱——比那些在众多铁证如山的事实面前仍拒绝认罪、顽抗抵赖之人处理得要宽松。今天我们称之为"坦白从宽，抗拒从严"。对于那些拒不认罪之人，有足够多的方法可以使他改口。

刑讯逼供方法之一是"跪链锯"（kneeling on chains），犯人的拇指和大脚趾从身后反绑在一起，整个重心落在膝盖和脚趾上，疑犯的膝盖下是一堆盘绕的锋利链锯。犯人会剧痛难忍，膝盖被撕裂，有时伤口太深以至于筋被割断。施刑时间过长，会造成犯人的膝关节永久性残疾。

有时候，即使这样残酷的刑罚也不能奏效。一般来说，在"跪链锯"几天或几个星期之后，中国监狱里最顽固的疑犯也会松口。白天，疑犯可以在公共牢房里自由走动，晚上则被铁链拴在床铺上。他们平躺在床铺上，脚被镣铐固定在床腿上，无法翻身，为了防止犯人从脚铐中挣脱，另外给他戴上手铐，用铁链锁在墙上。还有一条铁链绕过胸前绑在床上，疑犯在夜里插翅难逃。

当犯人招供、罪行已判的时候，正像许多其他民族的做法一样，轻罪者往往被处以罚款。然而在中国，罚款通常伴随着社会地位的丧失。对于罪行微乎其微的犯人，地位的丧失只是暂时的，稍重的罪行则可能是永久性的。如果法官认为罚款、剥夺社会地位的做法太过严苛，就以揪耳朵作为对犯人的惩罚。两个彪形大汉按住囚犯使其不可动弹，抓住犯人的耳朵使劲扭，力道不可过大，以防耳朵被扯裂，但其痛苦足以使犯人终生难忘。对于比这稍重的罪行，比如小偷小摸、公开醉酒、侮辱高一等级的人，当即直接在公堂上杖笞（Flogging）一顿了事。为了确定杖笞的杖数，法官要严格遵照《唐律》规定。根据案件的性质以及背景来选择作为刑具的杖的规格大小，杖数从 10~100 不等。所施惩罚必须该图所呈现的古代中国**“跪链锯”**刑罚，虽与文中所描述的不完全一致，但将罹受此类酷刑的囚犯所承受的痛苦很好地展现了出来。

古代中国的牢房。是否普遍存在试图逃跑的事情不得而知，但图中囚犯戴着手铐、脚镣、颈铐，这些刑具都固定在床栏杆上，据此可推测，门或牢笼亦是锁着的，应该还会有武装看守在监视。

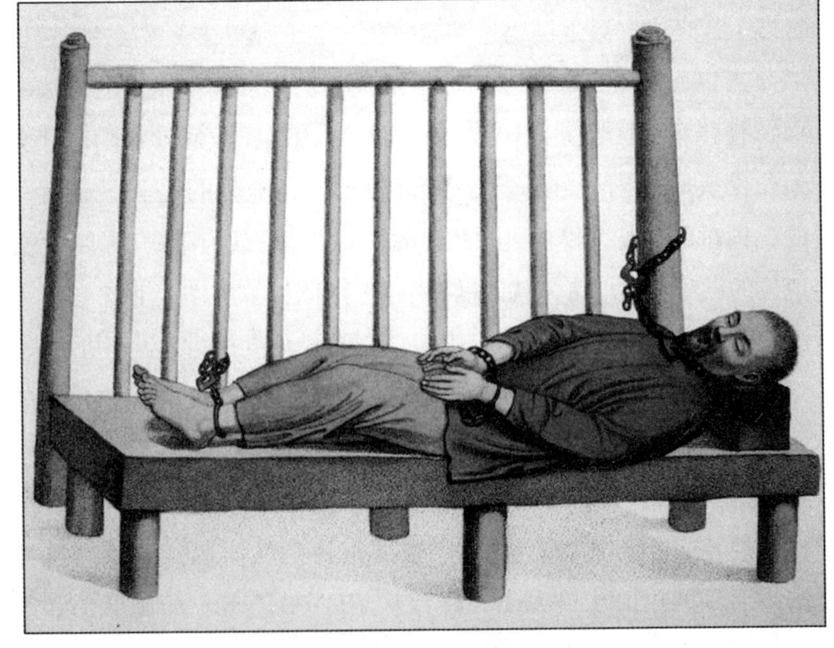

与罪行完全符合。待用刑轻重确定之后，行刑人用竹杖击打犯人的背部和臀部。犯人的皮肤可能不至于破裂，但会很快造成整个背部和臀部皮下组织出血和水肿。

这种残酷杖笞的一种替代刑罚是枷号（fcan hao，cangue）。和欧洲的枷刑类似，犯人被迫在规定的时间里在脖子上戴上笨重的木质项圈。枷号意在侮辱，不在致命。项圈内缘有时订有铁钉，使得罪犯的脖子始终保持在最难受的状态。犯人在带枷之前通常先挨一顿鞭子。

作为一个地广人众、居民操不同语言的大帝国，翻译人员是中国社会不可或缺的一类人。一项特殊的刑罚专门适用于那些在翻译过程中出现谬误的人，通常是强迫受刑者保持跪姿，再用粗竹杠压在他的膝盖后面的小腿上，其重心完全落在膝盖以及竹杠上，接着两个施刑者用力踩竹杠的两端。压杠子能引起剧痛，但不会给受刑者造成永久性的肉体损伤。对于“有伤风化”（淫乱的雅称）的妇女，通常有更奇特的“拶指刑”等着她。用绳索穿系着 5 根小木棍夹住犯人的手指，施刑者用力拉紧绳索，轻者皮开肉绽，重者指骨可能被夹断。大多数情况下受刑者保持跪姿，除了显示对法庭的屈从外，还是对犯人的一种侮辱性惩罚。

在那个高度重视礼制的社会，犯人在受刑时对法官卑躬屈膝——跪在地上——谦卑地恳求法官的谅解、宽恕是惯常现象。无论这种悔罪的仪式性表达对法庭或者正在讨论中的罪行判定是否有效，审判在许多情况下仍能使意志最坚强的人弯腰乞饶。在古代中国，对犯了淫戒的和尚的惩罚很特别。先用烧红的铁棍在受刑者颈部肌肉上穿一个洞，再用铁链从烧焦的洞里穿过，绑在脖子上，和尚赤身裸体，像只惊恐的狗一样被牵着游街，被迫沿街乞讨。只有当乞讨的钱达到规定的数额时，可怜的人才被放回寺院。还有一种更酷烈的肉体惩罚：致盲刑。用石灰水浸泡的布

这张图片出自20世纪的中国明信片。图中囚犯所戴的枷与欧洲颈手枷有些相似。

摩擦受害者的眼睛，几分钟后，眼睛就彻底毁掉了。

为了覆盖众多的非民事和刑事案件，唐律制定了著名的“十恶不赦之罪”（Abominable Crimes）及其惩罚。罪名只有10个，但

这张 19 世纪的中国版画，最早描绘出中国司法系统存在的现象。这些现象亦曾存在于欧洲。对于 19 世纪的欧洲人而言，图中所示的刑罚似乎过于残忍野蛮，此时的欧洲已经进行了刑罚改革，监禁越来越多地取代了酷刑。

其含蕴模糊而具有广延性，因此在确定哪些行为构成了十恶不赦之罪时有很大的灵活性。根据《唐律》，这些罪行包括：一曰谋反；二曰煽动叛乱；三曰叛国；四曰恶逆；五曰不道；六曰大不敬；七曰不孝；八曰不睦；九曰不义；十曰内乱。对于第一种罪行，只要牵连其中或意图谋反，已经构成了谋反罪。接下来的两种罪行，必须发现有实际行动才能定罪。前三种罪行判处斩首，但还有其他惩罚。一般认为这种罪大恶极的行动不可能靠一己之力单独完成，他们定会向家人亲戚吐露，因此株连其家人。犯人的父亲和年满 15 岁的儿子要被勒死。年幼的儿子、兄弟、祖父母、妾和仆人被卖作奴隶，所有女眷都被流放。类似残酷的株连家人的惩罚同样适用于谋害三个或三个以上家族成员的罪犯。

中国人一向聚族而居，宗族在其生活方式与价值观中占有重要地位。因此，针对家庭成员的犯罪活动被看作和反叛政府同样凶残，同时这也是对自然秩序的一种极大冒犯，因而，必须接受最残酷的惩罚。谋划杀害双亲或祖父母要判处死刑，殴打父亲或母亲也要判处死刑。如果孩子误伤了父母，那么他也必须为自己的鲁莽粗心付出生命的代价。甚至当父母被控犯了罪时，他的孩子也会被判处鞭笞 100 下，监禁三年。因为通常认为揭露自己父母的行为属于不忠，孩子对父母绝对服从才符合伦理道德，才能维持整个家族有序运行。父母殴打孩子，命令他们承认自己的罪行则不应该受到惩治。这听起来相当冷酷，但《唐律》对伤害家人的惩罚也有例外。当被告不满 7 岁或超过 90 岁时，处罚就不那么严重，有时直接取消。7~15 岁、70~90 岁之间的犯人免除肉刑折磨，但罪行严重者需要缴纳罚金。精神或肢体残疾者免受任何形式的酷刑。如果被告的父母已近风烛残年或身体残弱，而被告又是其父母的唯一赡养者，那么通常对他减刑以减少对其父母的伤害。

对谋逆、煽动叛乱和叛国罪犯人的处决绝不是砍头那么简单直接。当一个人了解了这些囚犯罹受的惨烈折磨时，他不禁要设想，这个犯人当初在行刺皇帝的过程中还不如直接死在侍卫的刀下呢。一种方式是把犯人四仰八叉绑在架子上，刽子手不断对其踢跺踩踏，直到受刑者骨头全部碎掉，再用大棍将他活活打死。除了跺死、砍头、勒死，有一种著名的肉刑尤其血腥，主要施用于那些极不明智的弑父者，这就是臭名昭著的“凌迟”（Ling Che），也叫“千刀万剐”（Death by a Thousand Cuts）。犯人像圣诞火鸡那

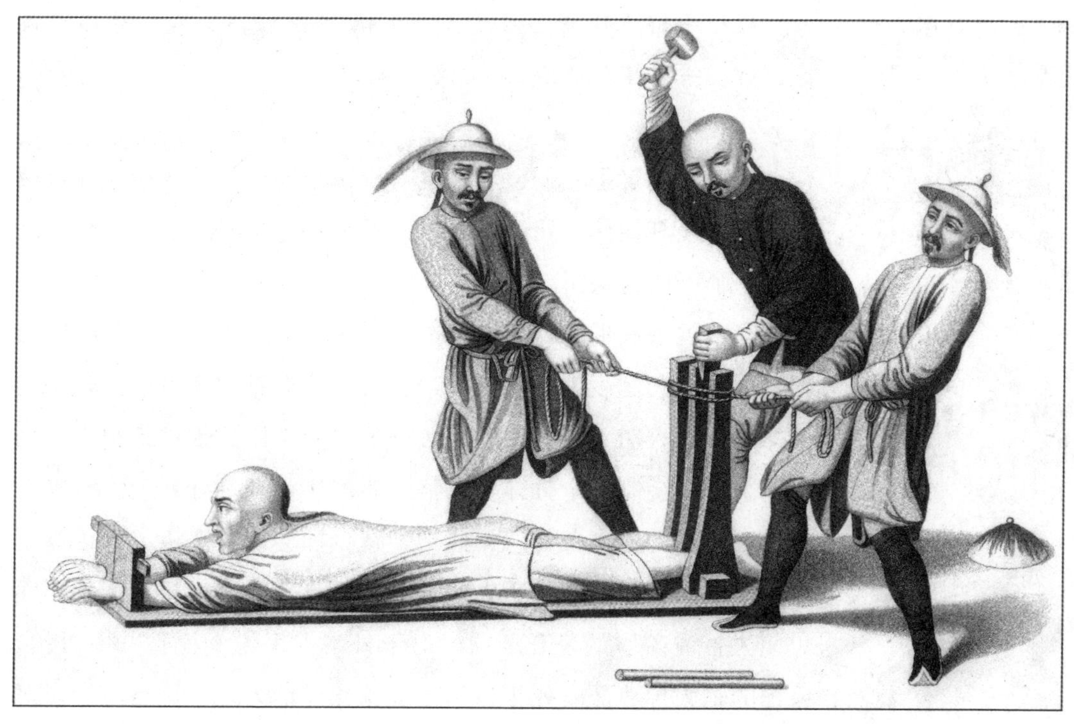

样被切成一小片一小片。经过了几百年的不断完善，刽子手手法精准，游刃有余。在凌迟过程中，可以根据法官的要求，使行刑时间尽可能延长或缩短。公开行刑吸引了大批人群围观，犯人被绑在中间柱子上。刽子手带着一个工具篮出现，里面装满了各式各样锋利的刀具。每一个特殊的器具都是为切割人体的某一部位而量身打造的。接着刽子手从篮子里随手拿出一个工具，根据刀具的类型来决定是先割他身体的哪一部分。首先遭罪的可能是他的耳朵，也可能是胳膊或大腿，如果犯人的家属事前很大方地贿赂了刽子手，那么受害者将是如此幸运——专门处理心脏的尖刀首先被“随意地”拿了出来。英国人亨利·诺曼（Sir Henry Norman）曾在游访中国时亲历凌迟现场。他描述如下：

图片显示了**中国版本的“刑靴”**。受刑者五体投地趴在刑具上（便于实施鞭笞或其他酷刑），刽子手将楔子用力楔入固定双腿的板条中间，目的是刺断犯人的踝骨。这种酷刑可能很少在刑讯逼供中使用，它更倾向于是一种惩罚。

> 刽子手抓住受害者身上多肉的部分，如胸脯或大腿，然后把它一块块割掉。再切掉鼻子、耳朵、脚趾、手指。然后

▶**右页图：**字面直译为“千刀万剐”，中国的凌迟恐怕是有史以来可以想象出的最痛苦、最难熬的“慢死”了。根据传统，受刑者被绑在木架上，刽子手提着一个蒙着布的篮子登场。篮子里装满了各式各样的刀具，每一种尖刀都是为切割身体不同的部位而特制的。刽子手从布下面随机抽出一把刀，根据刀的类型决定要切割的部位。手指、小腿肌、乳房、大腿肌、鼻子、眼睛、嘴唇的命运，全取决于那随手一抽了。根据不同情形，有时行刑过程可长达数个小时。显然，那把专门为心脏而打造的刀最终要现身。此时，痛苦的煎熬终于可以画上句号了。很有可能的是，如果囚犯家属贿赂刽子手，那把刀会在施刑刚开始就出现。

砍掉手腕、脚踝，接着是胳膊肘、膝盖、肩膀、臀部。最后，一刀捅在心脏上，再把头割掉。

凌迟不仅仅是一个超乎想象的残忍酷刑，它旨在给受刑者带来耻辱，使其即使在死后也无颜见祖先。这对犯人的今生与来世都是一个可怕的惩罚。

与中国一衣带水的邻国日本，同样发展出了一套严苛的刑罚制度。在这套制度中，名声和荣誉与惩罚本身同样重要。和中国一样，日本人对不甚严重的违法行为，通常用竹板杖打犯人或处以罚金，罚金制度十分详尽完整，罪行严重则判处死刑。日本人有高度发达的个人荣誉感，这对于减少社会罪大恶极的行为起了很大作用。上层社会的犯人通常有剖腹自杀的选择权，而不用面对使人备受羞辱的公开刑罚。对于日本人来说，死亡并不可怕，可怕的是失掉尊严。死于自己之手比死于他人之手更有尊严。对于犯了谋反罪的人，死亡难保尊严。“二十一刀死刑”（Death of Twenty-One Cuts）几乎是中国凌迟刑的模仿。1865年左右，英国游访者理查德·吉普森描述了叛乱首领蒙吴（Mowung）所罹受的“二十一刀死刑”，我们可以与前文所述凌迟刑作比较。

> 不幸的蒙吴似乎拥有超人的自控力，他咬紧牙关，默默地忍受着漫长的折磨。刽子手把他脸上的肉一片片地削掉，然后是他胸脯上的肉、胳膊上的、腿上的……刽子手小心翼翼地绕过身体致命的部位，剧痛终于使蒙吴呻吟不断，他恳求对方给他痛快一死，结束这非人的折磨。然而，凶残的刽子手根本无动于衷，他正陶醉在折磨受害者的过程中，为自己精准高超的杀人技术暗自高兴。

同样酷烈的死刑是把犯人的身体绑在一堆干树枝上，然后点燃枝条，这种取悦围观者的死亡景象，是烧死在火刑柱上这个古老的欧洲传统刑罚的变体。不同的是此刑为了吸引观众做了些改进。成千上万的人蜂拥而来观看“死亡舞蹈”。可怜的人在剧痛中疯狂地乱蹦乱跳，直到活活烧死。

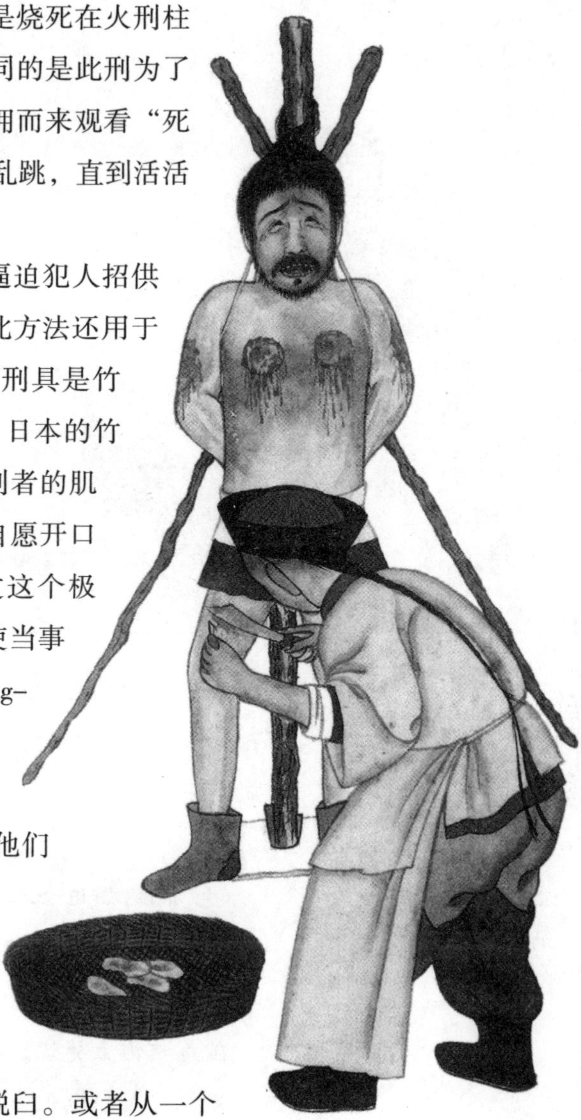

与中国一样，在日本，刑讯折磨是逼迫犯人招供的惯用手段。正如中世纪的西方一样，此方法还用于迫使证人做伪证。这种司法恐怖惯用的刑具是竹条。在中国，笞杖主要施用于轻罪犯人。日本的竹条边缘锋利无比，如利刃般深深切入受刑者的肌肤。鞭打会一直持续下去，直到受害者自愿开口为止，或者达到 150 下即停，因为超过这个极限，犯人定会死于鞭下。刑讯逼供或迫使当事人做伪证的另一酷刑是“抱石刑”（Hugging the Stone），这是一个基本的刑罚，但非常酷烈。受刑者被迫跪在一堆如利刃般锋利的碎石片上，巨大的石块压在他们的腿上。

另一种酷刑是吊刑（Yet Gomon），几乎与西班牙宗教裁判所采用的一种刑罚一模一样。将犯人双手腕反绑身后吊起，使其在空中晃来晃去，直到肩关节脱臼。或者从一个制高点猛地将其掷下，利用犯人自身的重量使其双臂瞬间脱臼。这种残酷的惩罚只能施用于谋杀、纵火、偷盗、抢劫、伪造公文或政府公章一类的罪行。

在日本悠久的历史中，17 世纪属于司法恐怖的年代，尤其表现在迫害基督徒上。日本野蛮的宗教迫害在历时之久以及程度之深重上都堪与西班牙宗教裁判所相比。在西班牙宗教狂热中，大

该图显示了**滑轮和鞭刑相结合的刑罚**。犯人的双手被细绳反绑身后，可以看出，受刑者遭受了一系列骇人的酷刑折磨。

批的男人、女人和儿童被杀害。有些人先被当众剥光衣服，赤身裸体，然后从很高的悬崖上掷入滚烫的盛满火山熔浆的“大锅”中。西班牙众多的活火山口就是天然的“大锅”。其他的基督徒四肢分别被拴在四只牛身上，然后牛被驱赶，朝不同方向奔去，把受刑者撕扯成几块。1622年9月，50名基督徒在长崎同时被活活烧死，这种宗教迫害的场面该有多么血腥！这次集体行刑发生40年后，同一个城市又发生了可怕的迫害基督徒事件。1662年9月的恐怖场景被两个欧洲编年史家——法国的弗朗索瓦·卡隆（Francois Caron）和荷兰人约斯特·司格顿（Joost Schorten）——记录下来：

> 他们强迫女人和她温顺的侍女在街上爬行，然后，找恶棍强暴她们，她们备受虐待，然后被赤裸着扔进又大又深的桶里，那里面装满毒蛇。他们把年轻的男人和他们的父亲绑在易燃物上焚烧。被迫害者罹受了常人难以想象的磨难和痛苦。有人朝他们身上不停地倾倒滚烫的沸水，直到他们被折磨死。有些人经受了两三天的非人的折磨。数以百计的人被脱光，在额头上烙上易识别的印记，然后被放逐到森林中。在死亡的威胁下，没有人敢违反公告，为他们提供食物、饮水、衣物和庇护所。之后的每一年重新审讯一次，每个人都要在教堂公薄上蘸着自己的血签名，宣布放弃基督教。

与东方及欧洲一样，印度次大陆的司法审判和刑罚制度不可避免地和宗教以及社会结构的稳定联系在一起。在印度，正是宗教建构了社会等级。印度教是官方宗教，第一部经书《吠陀》(Vedas) 成书于公元前1000年左右，此时，印度教已有相当长一段历史。印度的社会根据信仰划分为严格的、不可逾越的等级，也称“种姓”制度。最初的种姓制度，从高等到低等排列如下：婆罗门 (kshatriysa)、刹帝利 (brahmans)、吠舍 (vaishyas)，最低等级是首陀罗 (shudras，被称为“不可接触者”)。公元前500年，刹帝利种姓取代婆罗门成为最高社会等级。一旦刹帝利得势，便用尽一切方法保持对整个社会的控制，他们控制一切政府和司法机构，使低等级种姓顺着金字塔形的社会结构向上攀爬成为非法和不可能。40多个次等的种族被宣布为“不纯洁”，他们的命运掌握在主人刹帝利种姓手中。而在蒙古皇帝统治下的大部分印度民众，绝不比原始社会的被征服民族状况要好到哪去。

《吠陀》以及后来的《摩奴法典》(Laws of Manu) 方便了刹帝利对低等级种姓的镇压，就像西班牙宗教裁判所对改宗基督教的摩尔人和犹太人的残忍统治一样。和西班牙对待非基督徒一样，婆罗门坚持认为，只有通过酷刑镇压，才能“拯救”那些不受欢迎的人和罪犯，在这里，“拯救”是指他们在地球上转世托生时能够获得更好的肉身。在焚烧异端和巫觋时，他们相信在酷刑或死刑中，一个人罹受的苦难越多，他被净化的机会就越大。古代印度广阔的版图和断裂的政治结构孕育了不公正的司法制度，众多的地方统治者根据自己的一时兴致和偏执怪念随意地执法。

正像中世纪早期的欧洲那样，当案件缺乏证人时，印度法庭使用神判法裁决是否有罪，按印度人的说法，即“法”(dharma) 与“非法”(adharma) ——“正义”(Justice) 与“非正义”(Injustice)。在欧洲，通常强迫被告将手伸入一大锅沸水中，拣出一块滚烫的石头；印度的典型做法是迫使疑犯将胳膊埋进盛满牛粪和沸油的盆中，若他抽出胳膊，毫发无损，他一定是无辜的。更致命的是使用毒和火。前者要求疑犯必须将手伸入装满毒蛇的篮子里，寻找特定的一个小物件。若他能够长时间在篮子里摸索，找到物件并取出，而没有遭到致命一咬，那么他是无辜的。在火验法中，他们必须在一堆赤红的煤块上行走，且保证脚部完好。另一种痛苦较小的试验法是抓阄。在树叶、羊皮纸或其他物体上写上"法"(正义）和"非法"（非正义），然后放到一个罐子里，让被告随机抽出一张，"法"代表他是无辜的，"非法"代表有罪。

如果案件有证人，获取证词就不成问题。在世界其他地方，通常使用酷刑持续折磨，直到不情愿做证的相关人员最终"回忆起了某些细节"。在这一点上，虐待成性的印度司法当局表现出惊人的创造性。他们用一种新奇的方式逼迫证人做证。他们知道，一个人通常把家人的安危放在比自己更重要的位置，这是人之常情。于是，地方官员把可能做证的那个人的幼子抓来，把他和一只凶恶的猫一同放进一个袋子里扎住口，威胁此人，如果他不开口就拿竹棍击打袋子，通常此人会立即"回想起了什么"，并表示愿意做证。

在《摩奴法典》中，值得注意的是在轻罪中，对初犯的处罚通常只是警告。如果情况允许，会根据罪行对犯人处以一定数额的罚金。再犯则会处以稍轻的惩罚或更严厉的罚款。第三次犯罪的人，会被施以永世难忘的肉刑和巨额罚款。不可救药的累犯将被施刑使其肉体致残。

损伤肉体、鞭笞、肉体虐待适用于所有的社会阶层，不过婆罗门阶层、地方首领、皇帝总是有豁免权。主人殴打奴隶，父母体罚孩子，法庭惩罚积习难改的犯人。对于罪行严重的犯人和累犯有更怪异的惩罚等着他们。为今人所熟知的当地版本的肉刑和耻辱刑包括足枷、拉肢刑、烙刑、在当地的池塘里实施的泳刑和浸水刑、把四肢浸入沸腾的油或水中。这些刑罚在印度、欧洲和远东地区普遍施用。在当地，亦存在此类肉刑的改进版。

让人难忘的是，印度似乎尤其擅于在逼供时使用“睡眠剥夺刑”（Sleep Deprivation）。在第 3 章中我们了解到，马修·霍普金斯在拷讯嫌疑人以获取口供时就热衷于使用这种成本低廉又不致命的高效刑罚，但是，直到此刑在印度司法实践中成为标准刑罚的几个世纪以后，欧洲才开始采用它。印度炎热潮湿的气候更有利于在睡眠剥夺时击垮犯人的身体和意志。在欧洲则缺乏这种有利条件。在欧洲，将犯人系在马车后面，用鞭子抽打是一种难以忍受的侮辱和折磨，由于气候的原因，在印度，同样的做法足以使犯人殒命。同样，野生动物在印度有了新用途，它们被邀请加入了刽子手的行列。把犯人绑在树上，全身涂满蜂蜜，少顷，受刑者全身布满密密麻麻的蜂群和红蚁，它们尖利的啮齿在几分钟内就能咬破受刑者的皮肤。在接下来的一天，受刑人成了它们享用的美餐。中国对犯了奸淫罪的妇女的惩罚，是将其十指分别夹在木头中间，使劲挤压。类似于此，印度是将疑犯的脚夹在硕大的木板中间挤碎。我们在古代中国，见到过许多这样的情景，犯人的拇指或手足被绳子绑着，绳子勒得如此之紧以至于陷进血肉中，深可见骨。在印度亦存在类似的酷刑，把滚烫的金属丝紧紧缠在犯人的手指、脚趾或者四肢上，然后浸入冷水中，金属丝遇冷忽然收缩，受刑者被严重割伤。

印度施刑人使用绳子技术之精湛与西班牙宗教裁判所不遑相让。用绳子的一头绑住犯人的头（绳子绕太阳穴或脖子而系），另一头绑在脚上，使犯人的头和脚在膝盖处尽量接近，或者使其反向从身后尽量拉近，其脊柱将慢慢后弯至极限，或者将犯人一条腿系住抬高，使其几乎紧挨肩膀，然后使他长时间保持这个姿势，真正使施刑人满意的疯狂折磨是迫使受刑人用另外一条腿站立，每次他失去平衡跌倒时都要遭到野蛮毒打。或者将犯人的手和脚以极为痛苦的方式交错捆绑在一起，有时把巨大、锋利的石头绑在犯人的背后，使其不能站直身或者躺下。如果此类酷刑在烈日暴晒下进行，将给犯人带来难以想象的生理痛苦。1855 年英国某一委员会的官员在报告中记叙了当时的一个庭审现场：一个付不起地租的男人和他的儿子被施以捆绑刑，两个人的双腿都被绑在一起，头和脚被绑在一起，保持弯腰状态，双手反绑身后，背后绑一块大石头，从早晨 6 点一直站到中午，难怪受刑的父亲在一个月后就死去了。在另一个类似的案件中，一个男人因无力偿付 1 卢比 4 安纳的税金（相当于 6 便士或 20 美分）而遭受捆绑刑。他的双手反绑背后，头和脚绑在一起，酷刑整整持续了两个小时。1855 年，上文提到的报告提交到英国议会，报告中包含以下段落：

> 在流行的主要酷刑中，我们发现了下面这些：用绳索一圈圈勒紧胳膊或腿来阻滞血液循环；拽着胡须将人提起；双手反绑背后，用绳子系着双手悬吊到空中；用烧红的烙铁烙；把乱抓乱挠的昆虫放置在肚脐、阴囊和其他的人体敏感部位；把人浸入井里或河里直到他们接近窒息；挤压睾丸；用棍棒击打；睡眠剥夺；用钳子夹扯肌肉；把胡椒或红辣椒放进眼睛里，或男人和女人的私处。这些非人的折磨将会持续进行，直到受害者死亡。

印度人和中国人一样聪明，他们发现竹棍除了能制作成钓鱼竿之外，还有更有意思的用途。他们用两根粗壮的竹竿捆绑在犯人的胸腔两侧，然后用力挤压，直到此人肋骨断裂，或者用同样的方式挤碎手指。更具创意的虐待方式，是把受害者的一只手的手指紧紧捆绑在一起，把边缘锋利的劈开的竹片夹板用木槌楔入手指缝隙。

所有这些酷刑均由政府立法机构施行，但是在中央权威所不及的边缘省份，小军事地主和蒙古权贵拥有毫无疑议的统辖权，地方权贵发明的酷刑比官方机构施用的更为酷烈，其中，许多酷刑的残忍性是空前绝后的。在库达斡尔地区（Cuddalore），至少有一个村庄尤其热衷于将疑犯用绳子紧紧捆在腰上，用轮子吊起，再把红辣椒粉塞进疑犯鼻孔。英国官方报告中省略了这一恐怖过程的结果，只用“糟糕至极，难以描述”一语概述。1718年，孟加拉的一个名叫穆尔希德·阿里汗（Murshid Aly Khan）的地方蒙古权贵，逼迫那些拒绝缴纳或无力缴纳税金的人喝大量的加了盐的水牛奶汁，直到他们腹泻死亡为止。

其中有一个刑罚让人联想到古代希腊的做法。受刑者来自印度的边缘地区，在那里，中央司法权威鞭长莫及。受刑者被捆绑，然后缝进一头刚宰杀的水牛的皮中，置于烈日下。兽皮干燥收缩，慢慢把可怜的人挤压至死。如果适逢雨季或乌云蔽日，犯人将会一直困于水牛皮内直到渴死或最终成为昆虫的美餐。

印度栖居着无数的奇异且致命的昆虫和巨蟒，也是一种体形硕大、外表平和的野兽——大象的故乡。这些重达两吨的巨象看起来温顺，却成为许多酷刑的无心的帮凶。大象在一种酷刑中扮演了类似于拉肢架的驱动的角色。用锁链把犯人的腿绑到大象后腿上，然后引导大象在院子里走动，巨大的拉力使受刑者的腿被撕扯掉，在这一血腥惨剧的末章，大象一脚踩踏在犯人头上，或直接坐在上面，把受刑者的头碾作粉尘。

如果说在地球上每一种文明中，民众都承受了来自统治者施加的无以言说的酷刑折磨，那么可以肯定地说，非洲人则承受了双重磨难。其一来自他们自身社会的法律，其二来自使他们沦为奴隶的外族人的严苛规则。

不幸的是非洲始终政局混乱，自文明肇始，非洲便处于当地酋长和小军事地主统治之下。这些人只知道用恐怖和腐败来保持他们的权力，这种政治造就了受苦受难的民众，他们通常选择反叛，但可以肯定地说，**使用大象**行刑这种新奇的执法手段是印度的专利。无须赘言，这张图片（英国维多利亚时期的一张插图）清晰而直观地呈现了行刑过程。

等待他们的是越来越严苛的刑罚。如果说部落组织内部存在严苛的司法，那么不同的族群对待彼此更是残暴至极。在有些非洲部落，尤其是尼日尔和喀麦隆地区，对待战俘的手段就是吃掉他们，这种现象在非洲不是普遍的。有时候，俘虏被屠杀、煮熟，然后被大快朵颐。有时候，他们得忍受慢慢的煎熬。捕捉者一次从他们身上割掉一块肉，对他们极尽嘲笑辱骂之能事，受害者亲眼目睹自己的肉被津津有味地吃掉，一块接着一块，直到流血致死。

在许多非洲族群中存在的恐怖刑罚中，登峰造极的是施用于通奸罪的惩罚。比古希伯来把通奸的女人乱石砸死要可怕得多，在尼日利亚的依博部落，通奸者被迫在拥挤的围观者面前发生性关系，待到他们达到高潮后，使其保持在最后的拥抱姿势，将两人捆绑一起，用一根锋利的木桩贯穿二人的身体。这一行为经过了精确的计量，以免受害者被刺入要害部位立即毙命。接着押着二人在村子里游行示众，在游行过程中，刽子手不停地旋转木桩，恰如一枚人体螺旋桨。死亡之旅的终点在当地的一条河里。二人被扔进鳄鱼巢穴附近的河水里，变态血腥的死亡剧场终于结束在鳄鱼锯齿状的尖牙嘎吱嘎吱的嚼食声里。令人叹为观止的是，这个部落为通奸的人至少准备了两种传统的惩罚。第一种酷刑，两人被迫在村庄里游行，然后被带到圣树林里，重叠着捆绑在一起，用绳索将其悬吊在树上，男人的头朝下，对着女人的裆部，女人的头放在男人的相同部位，一直被吊到两人死去。先死去的通常是男人，因为他是被倒置的。对婚外性行为的终极刑罚是把两人面对面绑在两根柱子上，相距只有 4 英尺，以便眼睁睁看着对方被摧毁。从第二天开始，他们便不被给予食物，只能喝一点高浓度的盐水，在热带阳光的暴晒下，他们很快脱水，且饥饿难忍。当被问到“是否需要些吃的”时，饱受饥饿折磨奄奄一息的男人除了有气无力地吐出“是的”外，别无他词。于是，守卫小心翼翼地从女人的乳房上割下一片肉，下刀很谨慎以防女人失血致死，喂给她的情人。同样的程序不断重复。为了使残酷的折磨持续尽可能长的时间，刽子手下刀十分小心谨慎，直到其中一人由于失血过多或巨大的精神刺激而死去。幸存者被迫尽可能长时间地苟延残喘，啃食情人的残骸，最终两人死于互相蚕食。依博部落的在巫术清洁祭仪上，一个年轻的非洲男孩正接受酷折磨的考验。在疾病和不幸被认为是超自然现象的地方，猎巫仍是普遍现象。

其他酷刑同样极具创意地变态暴虐。

虽然非洲部落法律是严酷而残忍的，不过更悲惨的事情还在后面。16世纪早期，非洲很多的黑人落入欧洲奴隶贩子之手，并被转运到西班牙、葡萄牙、加勒比岛，沦为了凄惨的奴隶。一向自诩文明的欧洲人像对待牲口一样买卖黑人。

17世纪中期，英国的一位律师说："作为不信基督的人，黑人只配做奴隶，即使在英国也是这样。"可以判定，这并不意味着可怜的人只要皈依救赎世人、慈悲大爱的基督就能立即得救、重归自由。但是在大不列颠和欧洲并没有对奴隶劳动力的普遍需求，而欧属新大陆的种植园却需要大量的劳动力。对于黑奴而言，跨洋航行危险重重——在此过程中，黑人奴隶被束缚着挤挤挨挨地码在船舱里——平均死亡率从五分之一到三分之一不等，目的地对于他们来说不啻于死亡判决。

加勒比海岸的种植园里种植着大量的用来酿造朗姆酒的甘

蔗，随着欧洲对朗姆酒消费需求的增加，种植园对黑人奴隶的需求量剧增。1655年英国从法国手中夺得牙买加，三年后，他们输入了大约1400个黑人劳动力到此地。1670年，输入人口总量达到8000人。1775年，也就是北美殖民地宣告独立的前一年，该数据激增到19万人。1800年之前达到25万人。1824年英国议会通过法案废除奴隶贸易时，总数高达31.43万人。当时宣布为非法的仅限于从非洲输入奴隶，拥有奴隶并不违法。

当人们可以花30英镑的低廉价格轻易购买另一个人时，人类帮助弱者摆脱厄运的善性似乎缺席了。监工和武装看守日夜监视奴隶，任何蛛丝马迹的违规行为都会招来一顿鞭子暴打。考虑到人类对占有另外同类有潜在的心理需求，轻易猜测主人和监工会从鞭打一个奴隶直到他的背部变得血肉模糊中获得病态乐趣，是不理智的。给奴隶带来磨难的不仅有田里的野兽，还有地主，有时，甚至他们的妻子也加入这个行列。下面的事情发生在牙买加的种植园里。主人是英国人恩萧夫妇（Earnshaws），女奴名叫埃莉诺·密德（Eleanor Mead）。

女主人恩萧夫人被认为是一位与人为善的优雅女士。有

在某一部落战争后，仪式化、有计划地屠杀敌方战士的场景。这可能有悖现代人所信奉的日内瓦公约中的对待战俘原则，但比起希腊、罗马和早期欧洲的做法，已经是极大的仁慈了。

> 一次，密德与其他奴隶发生争吵，夫人极其严厉地惩罚了她。密德被脱得精光，赤裸裸地平躺地上，夫人命令一个男车夫（奴隶）用马鞭在她身上抽打了整整58下。在此过程中，密德的女儿凯瑟琳被命令使劲按住她母亲的身子，当她的一侧臀部被打得体无完肤时，女主人命令车夫继续鞭打另一侧。

人们可能会设想善良的夫人之所以惩罚女奴隶可能另有隐情：或许，恩萧先生对密德表现出了过分的热情。如果女主人不小心正巧撞见不雅场景，打扰了先生的会面，或许在鞭子下呻吟的就是夫人自己了。当然，这种假设与事实丝毫不沾边。但是有一点应当承认：对奴隶经常性的惩罚有助于降低奴隶的结婚率。为什么？如果一个人目睹自己的同伴遭受酷刑折磨，是一件痛苦的事情，那么眼睁睁看着自己的妻子、丈夫、孩子遭虐该有何等的痛苦？为何种植园主在乎奴隶是否结婚？因为购买一个刚从非洲运来的成年奴隶比把一个幼奴从出生抚养到可以下田干活花费更少。这种摧毁奴隶家庭生活的怪诞例子还有多少？在英国议会，一位新教执事彼得·邓肯（Peter Duncan）做了如下证词：

> 据我所知，1823年，一个车夫（奴隶）被迫鞭打自己的母亲。1827年，一个已婚的女奴隶在自己丈夫在场的情况下被监工鞭打……仅仅因为她拒绝监工提出的性要求。为此，她被鞭打后戴上足枷，监禁了好几天。

邓肯的证词让人无比揪心，但如果想当然地认为所有文明社会的男人都勇敢抵制奴隶制度，则与事实不符。1829年，在牙买加的圣安妮城（St. Anne's，Jamaica），牧师G.W.布里奇斯（G.W. Bridges）被控虐待一个混血女奴。这位备受尊重的牧师邀请一位客人来家吃晚餐，于是命令女奴准备火鸡肉。不知什么原因，客人爽约了，于是可怜的女奴成了出气筒。他暴怒地撕掉她所有的衣服，用绳子绑着她的手将她悬吊到天花板的钩子上。接着，用一根竹竿使劲鞭笞她，直到打得她血肉模糊。

通常认为一个人鞭打他人的狗或马是不可原谅的，看来鞭打别人的奴隶则是完全可以接受的。如果该奴隶被严重打伤、终身残疾或丧命，只需要赔付等价的一个奴隶即可完事。

绑在木柱上的女奴，等待她的将是鞭打、烙刑，或她的捕获者所能想象到的任何其他酷刑，她还受到不断上涨的潮水的威胁，图片右边的鳄鱼正悄然逼近。

毫不奇怪的是，奴隶所受的惩罚不仅限于鞭打。违规奴隶还被施以烙刑，或者，正如一头牛被主人打上烙印一样，烙刑的施用仅仅是为了宣告归属权。试图逃跑者通常被戴上镣铐，用铁链锁在简易工棚的墙上。在田里劳动时给他们佩戴带铁球的链子，或者给他们戴上内缘装有大铁钉的铁颈枷，和古代中国的枷号几乎一模一样。当然，如果奴隶拒绝被禁锢或者继续逃走，他们的主人完全有权砍掉他们的一条腿。18 世纪晚期，牙买加帕拉马里博城的一位旅行者记录了在城里的见闻："不少于九个黑人因逃跑被砍掉了一条腿。"

无怪乎黑奴一次又一次地起义反抗主人。此类事件发生在 1791 年的圣多明戈岛（Santo Domingo），接踵而至的大屠杀超乎想象，每一方都挖空心思地残暴屠杀对方，无所不用其极。当一个起义领袖被捕后，他被马车拉着穿街过巷，奔赴刑场。他立在马车上，脚被牢牢钉在马车底板上。类似于中世纪欧洲的轮刑，这个男人的四肢和肋骨被砸成碎片，在最后被扔进烈火里之前，他仍意识清醒，尖叫不断。

欧洲人对在非洲殖民地从事折筋断骨劳动的奴隶施以同样野蛮的肉体折磨。在荷属苏里南，一个犯了死罪的奴隶罹受了超乎想象的折磨。首先，施刑人用大铁钩子钩住他的胸腔，钩子另一端绑在铁链子上。然后将他吊到高高的绞刑架上，或者附近的一棵大树上，使其在空中不停摇荡，直到横膈膜破裂窒息而死。迟至1900年，在比利时统治下的刚果，仍有奴隶被用绳子绑在腋窝里悬吊起来接受“审讯”，接着会在其脚上绑上重物，把形状像马的锯子放在他两腿中间。如果他拒绝招认，他将会直接掉落到马锯上，生殖器碎裂，骨盆断裂。

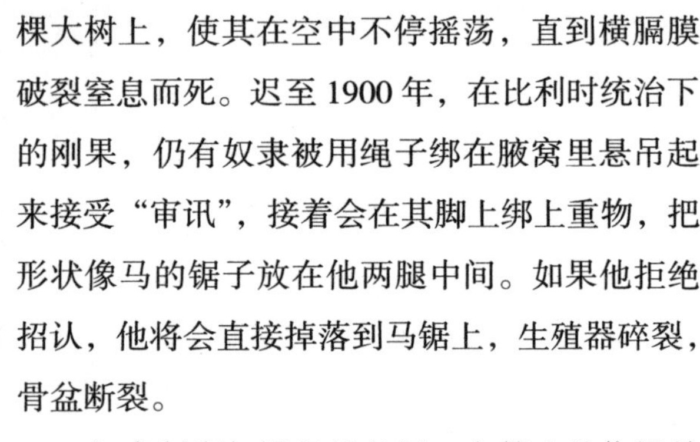

图片展示的是**“犹大尖凳”**。受刑者坐于其上。他们的手或脚被捆绑，脚踝上系上重物（如图片所示），使他们在塔尖上不断下陷。

奴隶制度如漫长的梦魇，它催生的仇恨并未随着奴隶制的废除而奇迹般终止，直到20世纪下半叶，海地的地方首领仍然在使用上文列举的酷刑，折磨着其民众。

大多数人愿意相信野蛮的酷刑已经消失殆尽，对现代社会并无影响，因此而倍感欣慰。但这恐怕只是一种自我安慰，有两个原因让我们无法释重。一方面，逝去的历史问题与现代世界是息息相关的，因为如果我们忘记历史，拒绝历史——正如一些西班牙人拒绝承认宗教裁判所真的那么恐怖血腥一样，一些修正主义历史学家否认阿道夫·希特勒的死亡集中营——那么我们注定会重蹈历史覆辙，暴行将会重现。另一方面，更为不祥的是，酷刑至今尚未绝迹。恐怖的幽灵至今游荡在津巴布韦、伊朗、阿富汗、古巴、沙特阿拉伯和地球上许多其他民族和地区。如果所有这一切蕴含深刻寓意的话，那么我们可以这么说：无论施用酷刑者费尽心机找出什么理由来为其行为做合法性和合理性辩护，酷刑只产生于一个根源——一部分人试图维持对另一部分人的统治权力，即使西班牙宗教裁判所与猎巫运动实施的酷刑和肉体折磨，虽然以上帝和维护信仰为借口，实际上也是为了维持对民众和政治权力的支配权，用以对付可察觉的（通常是虚构的）敌人。只要存在处于暴君统治下的社会和民族，酷刑将会随时出现；只要民众依旧对血腥虐待场景引以为乐，麻木不仁地闭眼转身，假装看不见的事情就不存在，或心照不宣地对政府的宣传全盘皆信，那么就像雷鸣紧随闪电一样，残暴、非人道地用酷刑来折磨同类将会接踵而至。

第三部分

酷刑大观

本书第二部分已经研究了许多不同地区、不同时代的酷刑。为了保持各章节匀称，我们省略了多种酷刑、刑具和审讯技术。这一部分将更深入地分析已知的酷刑，继续介绍其他的和许多以前没有提到的酷刑。下面，请您擦亮眼睛，猜测一下这几个世纪里人类都使用了什么令人惊愕的刑罚方式。

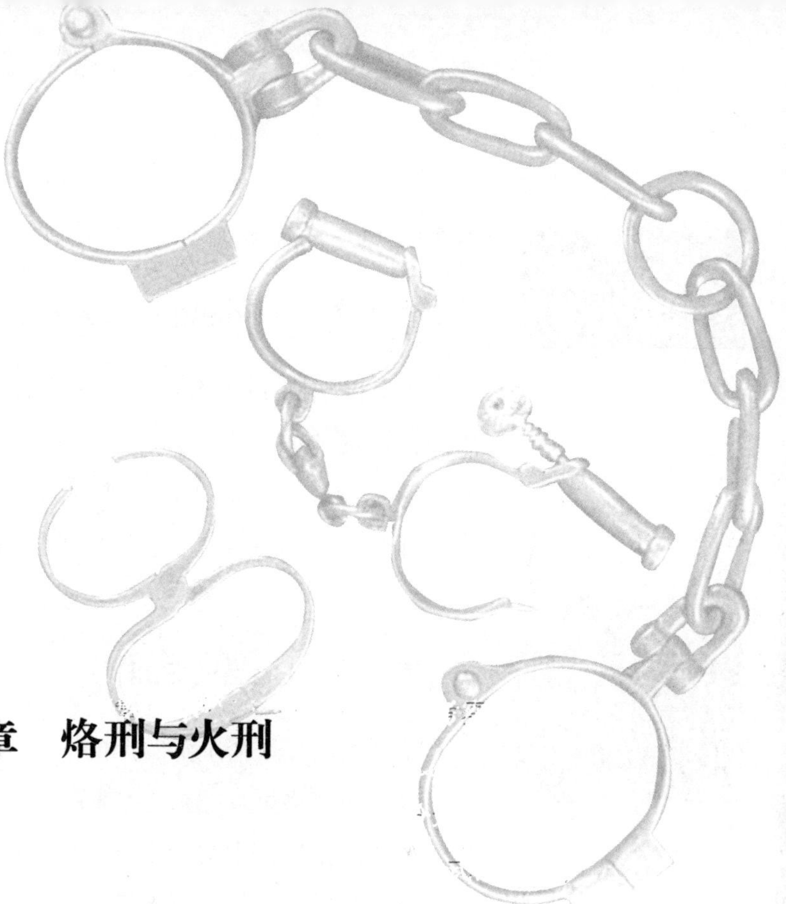

第 1 章　烙刑与火刑

烙 刑（Branding）

从古罗马时代到18世纪，如果犯人身体有烙印，就永远无法融入文明社会。他面部带着耻辱的烙印（通常在脸上或手上），昭示曾经犯下的罪行。故而，当人们出庭时需要举起手臂，展示他是否受过烙刑——这样，就有了宣誓做证时举起右手的惯例。不同国家、不同罪行的烙印是不同的。例如，罗马人会给逃亡奴隶打上不同的烙印。“F”印记表示“逃亡者”。在18世纪的英国，公开抨击政府的人会被烙上字母“SL”，意思是“煽动叛乱者”。恶棍的手部被烙上“R”，小偷的烙印是“T”，说谎者是“F”，流浪者（即现在所谓的无家可归之人）是“V”。做伪证者的额头上将被烙上“P”，渎神者是“B”。逃兵的腋窝上会被烙上“D”，违法乱纪的士兵则在相同部位烙上“BC”。当然，还有许多其他的烙印。因为语言不同，人们会用不同的字母来标记相同的犯罪。在法国，受苦役人员的皮肤上被烙上“TF”（意指苦役），而被判终生苦役的人的烙印是“TPF”（终身苦役），

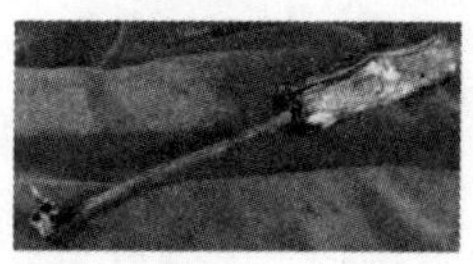
烙 铁

烙　铁

小偷是“V”（盗贼）。

热铁穿刺（Boring with A Hot Iron）

从中世纪到18世纪末期，轻罪犯人也会遭受烙刑，火红的铁条会灼透他们的身体器官。这种刑具像是一根小炭火棍，用来灼透说谎者、伪证者和渎神者的舌头，灼穿偷鸡摸狗和酗酒者的耳朵。在古代中国，人们也用同样的方式来惩罚触犯淫戒的和尚。

铜　牛

铜　牛（Brazen Bull）

在僭主法拉里斯统治时期的古代西西里的城邦国家阿克拉格斯（现称为阿格里真托），出现了铜牛这种刑具。它用青铜铸造，和真牛体积相当，中空，牛身一侧有一扇活动板门，可以由此把一个活人塞进去。然后关上活动板门，在铜牛底下生起大火，把牛身烧到通红。受刑者的尖叫和号哭从铜牛的嘴巴和鼻子里传出来，好似一头愤怒的公牛在吼叫。

烤　架

火　刑（Burning）

在历史长河中，火刑施用于众多罪行。在宗教迫害和猎巫运动时期，火刑得到了最普遍的认可。人们认为，应该把侵犯了上帝和教会（天主教或新教）的罪人当作异端烧死。他们觉得，只有火刑才能祛除灵魂中的邪恶，烧死附在他们肉体上的恶魔。活活烧死一个人的景象是惨不忍睹的，但教俗人士却认为，肉体罹受苦难要比心灵受到诅咒好得多，提前让犯人们在人间经受不可思议的炼狱折磨，或许有机会使灵魂获得永恒的救赎。因此，很多观看火刑的人并不觉得可怕，反倒觉得这是一种仁慈的行为，让灵魂获得救赎，完全是件好事。其实，有些遭受火刑的人在行刑之前已经被绞死了。他们有悔改之意，可以得到这种宽仁和怜悯，不过，由于他们的灵魂过度腐化，已经无法得到社会的接纳。

火 刑

火刑非常简单。刑场上竖立着一根较大的火刑柱，周围堆满了成捆的树枝和木材。卫兵押着受刑者爬上柴堆，然后把他绑在火刑柱上，通常还会在他的身上洒上油脂、油料或者柏油等，以加速燃烧。在点火之前，牧师会要求受刑者忏悔，让他亲吻十字架。1555年，一位目击者记下了火刑的情景，受刑者是英国格罗斯特主教约翰·胡珀（John Hooper），他因为拒绝改信天主教而被判为火刑。

灼烧脚

> 柴堆中有一些新鲜树枝，因此在点火之后火苗没有快速引燃芦苇，但其他方向却燃起了大火……约翰·胡珀开始大声地祷告："主啊，请宽恕我吧，主啊，请接受我的灵魂。"他的脸被完全烧焦，舌头肿大到无法继续说话，但他的嘴唇依然在张合，直到树胶灌满了他的嘴。他用一只手拍打自己的胸口，直到这只手被烧断，他又用另一只手拍打。随后，他的皮肉和血液顺着指尖掉流下来。最后，大火再次燃起，耗尽了他最后一丝力量……不久，他的下半身化为灰烬，从捆绑他的铁丝中跌落到地上，散落在烈火中。伴随着他的惨叫，嗜血的民众爆发出一阵阵欢呼声。用了三刻钟这位殉道者才被完全焚毁，期间他像一只小羊一样忍受了难以想象的痛苦……他的下身被烧掉了，内脏滑落到地上，而当时他还没有断气。

托马斯·汤姆金斯被烧死在火刑柱

硫黄火刑（Burning Sulfur）

猎巫运动末期，德意志的宗教审判官有时会把一块点燃的硫黄放到嫌疑女巫的腋窝里，来拷问她们。试想，硫黄在剧烈燃烧

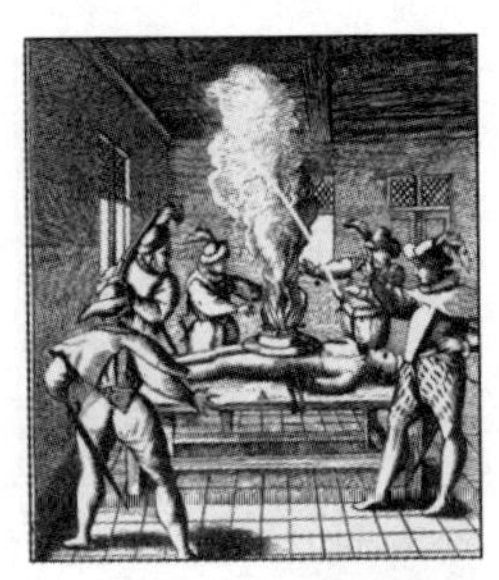

热锅老鼠

时，即使用水也扑不灭它。人的胳膊下面是主静脉和主动脉，硫黄火刑的痛苦是最难形容的。

热锅老鼠（The Cauldron）

这种酷刑在西班牙宗教裁判所很常见。刑具锅像一个大壶，中空，锅口反扣在受刑者的肚子上。在锅里放几只老鼠，然后锅底上燃起木炭。当锅被烧得通红时，里面的老鼠就会狂躁起来，拼命地刨挖和啃咬受刑者的肚子，想从这里逃生。

烧烤活人

油炸和炙烤（Frying and Roasting）

从古代亚述到 18 世纪早期的法国，不计其数的人被扔进油锅，或者像烤排骨一样炙烤。罗马编年史家加洛尼若记载了由罗马皇帝尼禄在迫害基督徒时（64 ~ 68 年）实施的油炸酷刑。

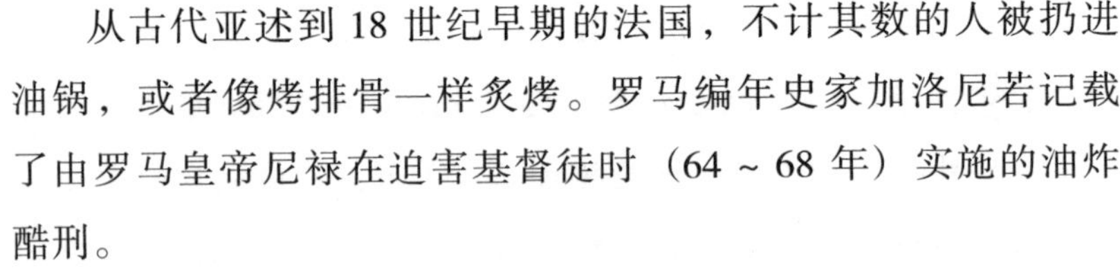

> 煎锅里面有油、沥青或树脂，然后生上火；当溶液开始沸腾冒泡时，不论男女，那些基督徒被一股脑地扔进锅里，像鱼一样被烧烤和煎炸。

罗马人偶尔也使用烤架来折磨人。烤架是一种带格的金属框，外形很像大型烤肉架。据信，殉道者圣劳伦斯（St. Lawrence）于 258 年被它夺去了性命。西班牙宗教裁判所也使用同样的酷刑。有记载表明，宗教裁判所曾把受刑者放进大锅或者大烤箱中炙烤。

热金属丝（Hot Wire）

在许多地区的很多时代，都使用过皮带或绳索捆绑犯人。不过，印度莫卧儿王朝的皇帝让捆绑刑变得更暴虐，他们用烧红的金属丝捆绑罪犯的拇指或者手掌。火热的金属丝很快灼烧入肉，不过痛苦才刚刚开始，随后他们往金属丝上淋水，使其遇冷收缩，深深勒进受害者的肌肤和骨头。

西班牙椅子（Spanish Chair）

西班牙宗教裁判所从来不缺乏独具创意的刑具。“西班牙椅子”看上去跟老式的柳条编制的庭院用椅差不多，不同之处在于，它完全是铁制的。椅背、椅面以及扶手和椅腿上面有捆绑手腕、脚踝和胸部的皮带，可以把受刑者牢牢地固定在椅子上。有时候会在椅子上装上很多尖钉，能够刺入受刑者的身体。椅子底下还可以放上炭火盆，或者直接把受刑者的脚放进火盆里，进一步增加他们的痛苦。为了防止受刑者的脚快速烧毁，会在他们的脚上涂上油或者脂肪。有人可能会庆幸地说，幸好这种刑具只出现在西班牙宗教裁判所。事实上，德意志、法国和许多中欧国家都有它的踪迹。有资料显示，甚至英国也用过这种刑具，直到18世纪才废止。

水火神判法（Trial by Fire and Water）

神判法裁决

在黑暗时代和中世纪早期，神判法是一种广泛认可的审判方式，用来判决一个人是否犯下某些罪行。虽然它的正确概率就像掷骰子一样，但教会、国王以及民众都对审判结果深信不疑——主要原因是神判法消除了人为因素对审判的影响，将审判完全交到上帝手中。在热铁神判中，被告必须赤脚从三到九个烧红的犁头上走过，或者捡起一块烧红的铁块然后走上三步，或者把手伸到一个烧红的铁丝网手套中。审判结束之后，被告受伤的部位被涂上药膏，用亚麻布绷带包扎好。三天之后，取下绷带，如果没有起水泡，则被告无罪释放。如果有明显的水泡，则证明被告有罪。沸水神判要求被告把手（通常手上缠着起保护作用的亚麻布）伸进一大缸滚烫的沸水中，拿出缸底的一块大石头。然后涂上药膏，包扎好，三天之后查看结果，步骤就像热铁神判一样。

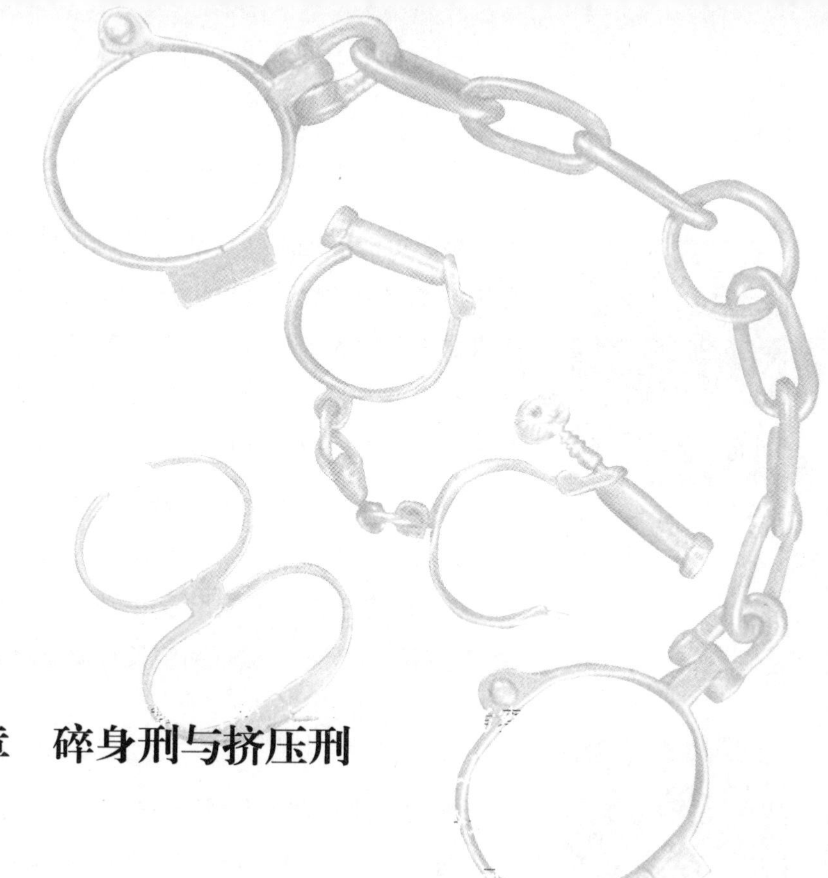

第 2 章　碎身刑与挤压刑

刑　靴

刑靴最早出现于 1590 年前后。几个世纪以来，英国、欧洲大陆和东方国家都出现了不同构造和形状的刑靴。英国和欧洲的刑靴通常是铁制的，呈靴子形状，用来容纳受刑者的脚和小腿。施刑时，在靴子和腿之间打入木楔，直到受刑者的血液、肌肉甚至骨髓从伤口中涌出，灌满整个靴子。有时，刑靴会被烧至通红，套到受刑者脚上。在印度，刑靴由两块木板组成，捆绑在受刑者的一只脚上。然后，拉紧刑靴上的绳索，使他们的脚踝甚至整个脚被挤碎。

轮　刑（Breaking on the Wheel）

刑轮可以是普通的牛车或马车的轮子，也可以是一种精心制作的轮式器械。轮子被安装在一个小木桩（或者车轴）上，横着放在地上，车轮和辐条就像一个圆形桌子。受害者四肢张开被捆绑在轮子上，等待着极其残酷的折磨。在民众的欢呼声中，刽子

刑　靴

轮 刑

手开始尽可能多地施加折磨，直到受刑者死去为止。通常刽子手会用钳子（经常烧得通红）从受害者身上撕下皮肉，然后用铁棍或木棒击碎犯人的骨头，或者用斧子砍掉犯人的手、脚、胳膊和腿。当受刑者奄奄一息时，折磨才宣告结束，这时刽子手会砍掉犯人的头。罗马人的刑轮有个明显特征，它非常高大，像鼓一样。它的底部离地1英尺，安放在一个“A”字形的架子上，看上去就像现代的摩天轮。轮子外缘安着许多长钉，受刑者被捆绑在轮上，面朝着长钉。刑轮下面的地上也安着一层尖钉。当轮子转动起来后，受刑者会被这两组长钉搅成肉泥。

木 靴

木　靴（Brodequin）

木靴主要在法国使用，它是一种三边封口或两边封口的盒子，盒子牢牢地束缚住受刑者的腿，使双腿紧紧地并在一起。施刑人用绳子紧紧地捆住受刑者，然后在他的膝盖和脚踝上砸入木楔，打碎脆弱的骨关节。有时还在大腿和小腿的软组织中砸入木楔。

夹　指（Pilliwinckes）

这是一种独特的苏格兰刑具，用来挤压手指。这种刑具不同于接下来要讲的拇指夹。夹指的外形多有变化，但用法都差不多：受刑者把手掌放平后，刑具慢慢地夹紧，从手掌最后端的关节把手指压碎。无论这种刑具的样式如何，普遍都被认为是“非常残忍的酷刑”。

夹 指

挤压刑（Pressing）

挤压刑通常用来作为逼供的方法。在中世纪和近代早期的法律中，必须要在犯人彻底认罪后政府才能没收被告的财产。如果不认罪，被告的财产仍然归他的家族所有，即便他被判为有罪也不例外。为了确保被告认罪，这种漫长而痛苦的酷刑就派上了用场。根据一份官方法令记载：

夹 指

> 囚犯一旦进入监狱，就被关进低矮阴暗的牢房里。他必须要平躺着，身下不能垫任何东西。从房屋的 4 个角落里伸出来的 4 根绳索牢牢地捆住囚犯的四肢。这时，把许多重物置于囚犯身上，直至达到甚至超过其忍受极限。除了腐坏的面包和水之外，没有别的食物供应。而且，给喝的就不给吃的，给吃的就不给喝的。就这样，一直到他死去。

很明显，这种酷刑的目的是迫使被告在死前招认罪行。不过，很多人直到肋骨碎裂也不认罪。例如在 1586 年玛格丽特·克利赛罗（Margaret Clitheroe）案中，她被指控庇护天主教徒。在持续一刻钟的挤压刑之后，压到她身上的重物达到将近 900 磅，很快肋骨就从身体侧面断折，破体而出。另一个受害者被压死的案件发生在 1692 年塞勒姆巫术审判期间，贾尔斯·科里直到被压死也不承认自己是巫觋。还有一些增重过程很慢、折磨时间很长的例子，1776 年，压在托马斯·斯皮哥特身上的重量每天增加一次，他一连遭受了一周的折磨。在精神错乱的状态下，斯皮哥特认为自己的头被压碎了，实际上，这是因为不断增加的血压让他感到剧烈头疼。最终，当他身上放置的重量达到 400 磅时，他认罪了。印度的挤压刑是用两根短小结实的竹竿夹住受害者的前胸和后背，然后用绳索不断拉紧，直到把他们的肋骨压断。印度人的目的不是逼迫招供，而是残酷地伤害他们，让他们慢慢地、痛苦地死去。

木 靴

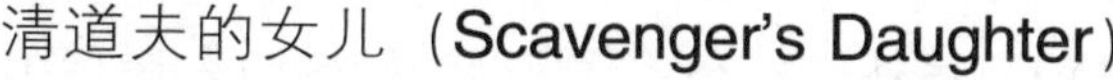

清道夫的女儿（Scavenger's Daughter）

这个刑具因它的发明者而得名。伦纳德·史蒂芬顿（Leonard

刑 轮

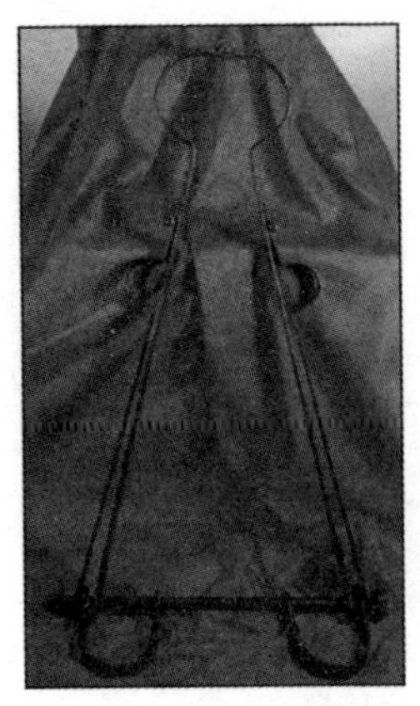

清道夫的女儿

Skeffington，后来他的名字被蔑称为清道夫）是亨利八世时期伦敦塔的官员，他发明了这种铁制刑具。它呈“A”字形，上端有一个环，能够卡住受刑者的脖子。刑具中间（大约在“A”中间的横杠位置上）的两个环用来铐住受刑者的手腕。底部两个环用来锁住脚踝。刑具非常短小，远远小于人体向前蜷缩的长度——行刑人通常跨坐在受刑者的肩膀上，硬生生把他塞进刑具里。受刑者的胸部被强烈地拉向脚踝，腹部被拉到大腿，直到他几乎叠起来呈一个球状。脊椎遭到这样非自然的拉伸后，血液会从受刑者的耳朵、鼻子和口中涌出来。只要几秒钟，“清道夫的女儿”就能让受刑者的脊柱脱臼，肋骨和胸骨断裂。鹳铐或者铁枷锁是西班牙式的A形枷锁，从记载中看，这种刑具只使用过几次。英国皇家海军以前也用类似于“清道夫的女儿”的方式折磨士兵，即用一支步枪横捆在受刑者的肩部，另一支绑到他脚下，然后，几个强壮的水手用绳索将两支枪拉近。它的破坏力跟“清道夫的女儿”不遑相让。

“清道夫的女儿”的使用方法

碎头机（Scheiden）

据说这是一种独特的德国刑具，于1530年第一次见诸历史记载，也称为“克兰兹”（Kranz）。实际上它是一个下巴粉碎机，外形像一个铁质的无檐帽子，固定在皮质的下巴托上。行刑时，随着曲柄转动，下巴托会渐渐收紧。紧到一定程度时，受刑者的牙齿会被压碎，下巴碎裂，头盖骨上的压力也会使头颅几乎爆裂。为了加强痛感，施刑人有时还会用小锤敲击铁帽子取乐。

碎头机

拇指夹（Thumb Screws）

这种刑具并不是很出名，它用来压住两个拇指关节，然后不断增压。受刑者把拇指伸到一个“M”型的铁质或木质框中，然后被一个夹板固定住，夹板上有一个曲柄或者蝶形螺母。当转动曲柄的时候，底下的夹板向上面的横梁靠拢，所产生的力量会逐渐压到拇指上。当受刑者愿意招供时，力量就会减小，如果他不合作的话，压力会逐渐增加，直到指关节被压碎。印度有一种类似于拇指夹的刑具，用竹竿夹住受刑者的手指，并用绳子紧紧捆绑住手指，然后把竹签楔入指关节。竹签能够切断肌肉、肌腱和骨头，破坏指关节，最终废掉所有的手指。

拇指夹

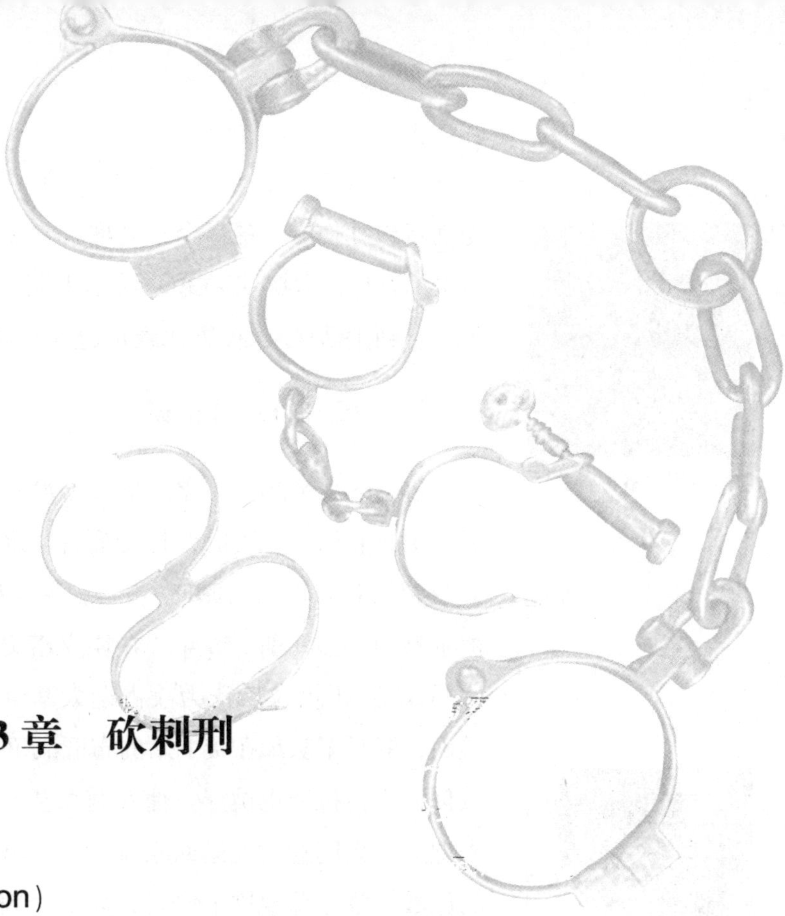

第3章　砍刺刑

断　肢（Amputation）

从人类历史早期开始，罪犯以及国家敌人就会被砍掉肢体，这既是一种惩罚，也是一种鲜明的警告。在公共场所砍掉耳朵、鼻子、小腿、手臂、脚以及整条腿，让罪犯永远残疾，从而不能养家糊口和独立生活。

断肢在中世纪法国很常见。这里的重罪犯人一般都处以断脚。小偷初犯时被割掉耳朵，第二次割掉另一只耳朵，第三次则是死刑。同样，在路易十二（1498～1515年在位）时期，八次亵渎神明的人，会被割掉舌头。在英国克努特国王（995～1035年在位）治下，通奸的女人会被割掉鼻子和耳朵。亨利八世（1509～1547年在位）统治时期，英国对断肢刑的规定达到了非常详细和精确的程度。

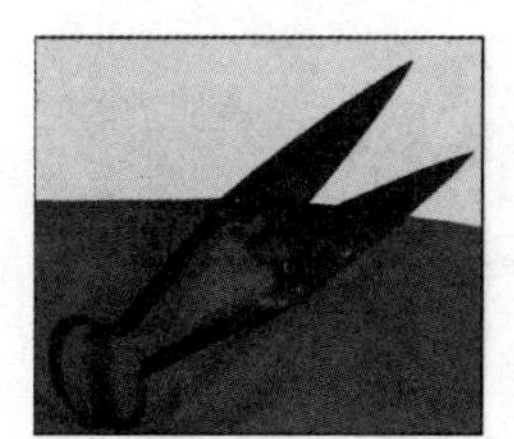

用来切掉手指、耳朵、鼻子、舌头等的剪刀

首先，施刑人用绳子牢牢捆住犯人的手，随后把手砍掉。生一堆火，把烙铁烧到通红，用它炙烙伤口处。杀一只鸡，切下鸡头，并把断肢伤口处塞进鸡身（似乎是防止发生感染）。然后医生替

肢解所用的各种斧头

受刑者包扎伤口。最后会给受刑者一点面包和一杯酒。伊丽莎白一世（1558～1603年在位）统治末期，依然有偷羊贼被砍掉两只手。直到1820年，英国才废止这种肉刑。

钉　桶（The Barrel）

钉桶的恐怖超乎想象。刑具很简单，一个内部插满长钉的普通木桶或卷筒。行刑时，把受刑者装进里面，然后从斜坡上滚下去或者扔到海里。马库斯·雷古拉斯（Marcus Regulus）就是这样被杀害的。公元前256年，在埃克诺姆海战胜利之后，罗马执政官马库斯·雷古拉斯认为攻占迦太基（Carthage）已经没有障碍。然而，罗马军队却在接下来的布匿战争（The Punic Army）中受到重创，雷古拉斯也被俘。他在迦太基度过了五年的牢狱生活，后来迦太基人同意放他返回家乡，让他努力达成迦太基和罗马之间的停战。临走前他许下诺言，如果谈判失败，会再返回迦太基来当囚犯。迦太基人信任雷古拉斯，因为他在这五年中非常顺从，他们确信雷古拉斯会为他们效力。然而，在罗马的元老院会议上，雷古拉斯却鼓励罗马奋勇抗击迦太基人，要求他们不要接受停战。雷古拉斯达到了他的目的，但他的话也传到了迦太基人耳中。当他回到非洲时，虽然辩称自己有责任为罗马人效力，还是遭到了残酷的报复。

钉　桶

迦太基人对这位英雄肆意泄愤。他们把雷古拉斯关进完全黑暗的屋子里长达一个星期，让他静候死亡来临。然后，割下他的眼睑，把他绑在北非的烈日下暴晒。最后，将他赤身塞到钉桶里，密封好之后，从一个斜坡上滚入汹涌的海浪中。

马库斯·雷古拉斯遭到虐杀

斩　首（Beheading）

从斧子诞生之后，人们就用它来砍掉敌人的头颅。不过，通过司法判决实施斩首的历史可能要追溯到征服者威廉时期。威廉

斩　首

在1066年占领了英格兰，屠杀了很多盎格鲁-撒克逊人。当他要处决违反法律的诺曼人时——很可能是诺曼贵族——便希望用一种不同的处决方式。于是，他发明了断头台和斩首斧。斩首从1066年出现后，一直到18世纪才被废除。期间，如果英国或欧洲大陆的贵族犯下死罪，等待他们的将是斩首。英国和德国人一般用斧子，而法国人用剑。结果是一样的，不过有记载称，用锋利的剑比用斧子更利落。詹姆斯二世时期的刽子手杰克·凯奇可谓臭名昭著，他常常砍三四斧才能使人头落地。人们想方设法使处决更有效率。1300年前后，德国人发明了断头机。这种刑具的外形无从考证，但它肯定非常有效，因为意大利、爱尔兰和英国人很快都仿制了。14世纪中期，英国人在哈利法克斯、北约克郡都设置了断头机，其中哈利法克斯断头机比较有名。这种断头机与下文所提及的绞刑架不同。据载，在哈利法克斯断头机使用了一个世纪后，苏格兰才开始采用这种刑具。在各种断头机中，最有名的无疑应属盖卢定断头机。

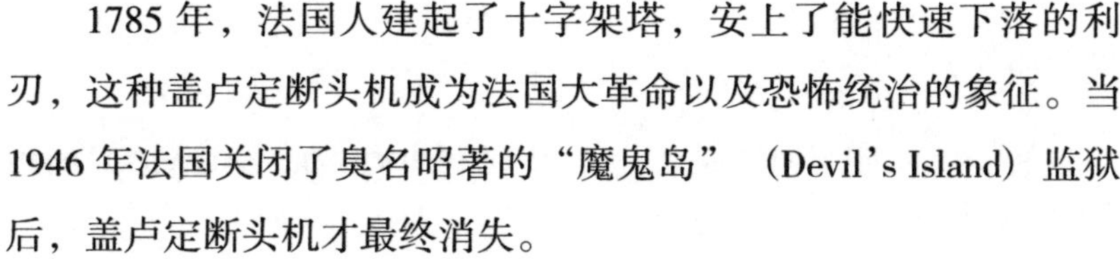
1785年，法国人建起了十字架塔，安上了能快速下落的利刃，这种盖卢定断头机成为法国大革命以及恐怖统治的象征。当1946年法国关闭了臭名昭著的“魔鬼岛”（Devil’s Island）监狱后，盖卢定断头机才最终消失。

血 鹰（Blood Eagle）

刽子手的斧头

血鹰是维京人的一种处决方式。受刑者一般是酋长或者其他权贵，他们被剥去衣服，向前弯下腰。然后刽子手劈开他们的后背，小心地拉出他们的肺，而且不能把肺拉松。受刑者至少要经历几个小时的痛苦才能死去。他们的后背上似乎有一对挥动的血色翅膀——因此而得名“血鹰”。

34 名海盗在 37 分钟内被全部斩首

千刀万剐（Death by One Thousand Cuts）

参见下文“凌迟”。

剥　皮（Flaying）

恐怕自从有“残忍”这种观念以来，人们就开始从活人身上剥皮了。但最早的剥皮记载出现在 1100 年前后的中世纪欧洲。这种残忍的行为存在了多久无从知晓，但直到 1366 年它仍存在，这一年，罗斯伯爵因为背叛法国里昂、投靠英国而被剥皮处死。在剥皮时，受刑者一般被倒挂在方形框架上，四肢伸展。然后，行刑人用锋利的小刀在受刑者脚踝上进行环切，形成一个切口，方便向下剥皮。腿上的皮一直可以剥到生殖器的位置，然后继续向腹部和胸部剥去。整个过程就像猎人剥猎物的皮一样。如果受刑者的皮被剥掉，娇嫩的肌肉将直接暴露在空气中，这还不算可怕。当剥到腹部的时候，内脏会掉落出来，盖在受刑者的脸上。当受刑者的皮肤完全被剥掉之后，他会因惊吓和失血过多而死。

剑子手的斩首剑

绞死、掏出内脏和分尸（Hanging, Drawing and Quartering）

绞死、掏出内脏和分尸是中世纪一种著名的酷刑，由英国国王亨利三世于 1241 年发明。对它最好的描述是法官向叛逆者宣判的内容。法官在法庭上会宣读：

> 把囚犯从监狱中带出来，捆到囚车或者栅栏上，拖到刑场，用绳子施以绞刑，直到半死，然后直接砍断绳子，使他跌落到地上。随后，刽子手掏出犯人的内脏并烧掉，砍下头颅，把身体分成若干块。最后，这些尸块还要在许多公开场合示众。

官方记录并未记载更多细节。通常情况下，当绞杀犯人时，刽子手会往他脸上泼水，使其保持清醒，否则他将看不到接下来的事情。接着，在开膛破肚之前，刽子手会切掉受刑者的生殖器，扔到火中烧掉——意思是叛逆者被禁止繁衍后代。如果刽子手技术娴熟，在掏出内脏之后，受刑者意识还是清醒的。这时，趁着他还在痛苦地尖叫，刽子手会把手伸进其体内，拽出心脏，冲着台下疯狂喝彩的围观者喊道："大家看，这是叛逆者的心脏！"许多记载都显示，受到这种痛苦折磨的人在被掏出心脏或者斩首之后才最终死亡。在官方的宣判中，许多尸块——包括头颅和四肢等——还要在加了月桂叶和茴香籽的汤水中煮至半熟，这等于给尸块涂上一层自然的保护膜。然后，尸块会被插到矛头或挂到桥头城墙上示众。这些防腐的尸块能够保存十几年，直到被乌鸦吃得只剩下骨头。1586 年 9 月 20 日，英国最后一次施行这一酷刑，受刑者是四个密谋杀害伊丽莎白女王的人。

早期断头机

邪教尖叉（Heretic's Fork）

这种颇具创意的刑具用来处死被判为异端的人。它看上去像一个皮质项圈，其右侧末端安着两个叉子。当把项圈戴到犯人脖子上后，叉子的一端就会插进下巴下端，另一端插进喉咙下面的喉窝处，一直顶到锁骨上。如果受刑者想低头或者摇头，叉子会更深地刺入肉里，甚至戳到喉咙里。叉子的长度不足以伤害致命部位，其意只在制造难以忍受的痛苦。

刺　刑（Impaling）

刺刑并不需要特殊的矛，只需要一根足以承受身体重量的长杆就可以了。行刑时，受刑者坐在地上或者一个桌子上，然后长杆从他的直肠插入，尽可能地向上穿，但不能穿破头部。长杆和受刑者会被固定在地上，让所有的人看到。如果刺杆避过了心脏，

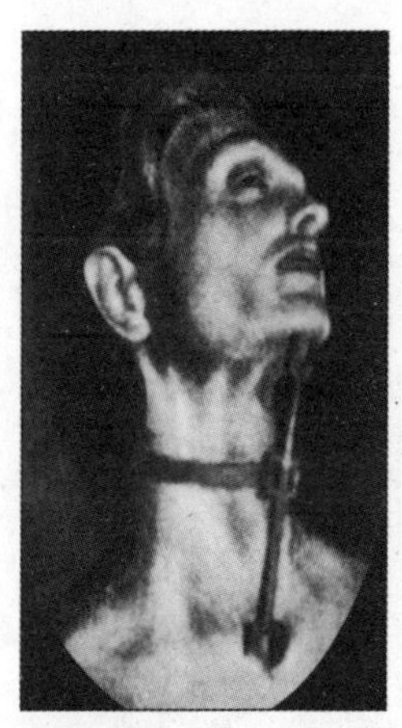
邪教尖叉

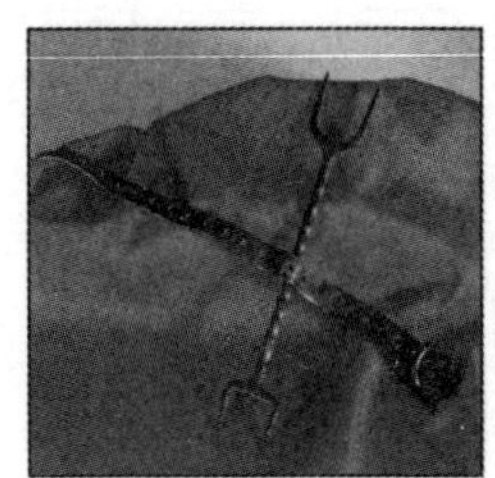
邪教尖叉

受刑人一般还能存活几个小时，并不停地尖叫。历史上实施该刑次数最多的人，无疑是瓦拉齐亚大公弗拉德三世（1448～1476年间断续在位），他亦被称为“龙之子”（他的父亲曾被封为龙骑士）和“穿刺公”。很多人都曾使用这种酷刑杀死敌人，但弗拉德却将之发挥到极致。他环绕着自己的城堡划定了警戒线，在那里用上千个刺穿而死的土耳其人尸体进行展示。不用说，土耳其人闻风丧胆，再不敢接近弗拉德的领地。

铁处女（Iron Maiden）

刺　刑

铁处女是德国人发明的，15世纪前后诞生于纽伦堡。它的外形看起来很像埃及的木乃伊棺材。外壳雕刻成女性形象，门和棺材的内壁上全是4～6寸的长钉。当受害者被推进去后，门一关，他们立刻受到来自各个方向的穿刺。这个刑具的目的不是立刻刺死受害者，因此长钉经过了精心设计，不会刺入心脏。行刑人可能会不时地打开门，看看受刑者是否屈服。如果屈服，则拉他出来，至少还能让他活命。铁处女没有大量制作，也难以从市场上买到，因此每一个都各有特色。其中有一些专为伤人性命，而另一些可以刺穿受刑者的眼睛和脑袋。虽然这种刑具出自德国人之手，但西班牙人和意大利人也在用它，甚至早在中世纪之前，就有人制造了类似的刑具。据我们所知，类似刑具最早出现在古代斯巴达的僭主纳比斯时期。他下令以妻子爱琵加的形象铸造了一个铁制雕像，它的胳膊可以活动，打开胳膊就会露出一排排的长钉。纳比斯跟臣民谈话时，如果话不投机，就会把对方推到爱琵加的手臂间，然后手臂啪的一声关上，刺穿这个人。由于手臂的位置正好在胸部，当拔出尖钉时，受害者往往已经一命呜呼了。

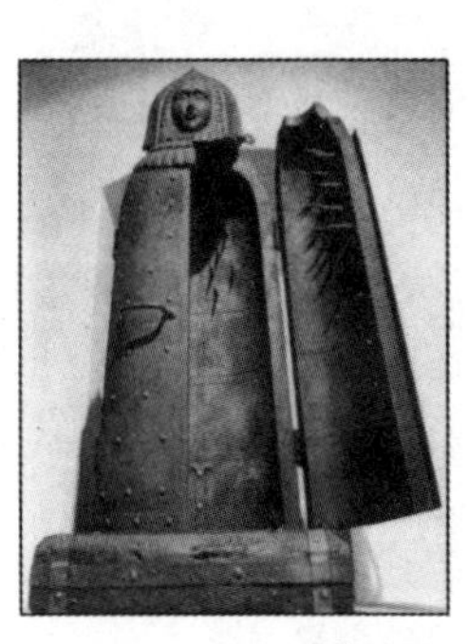
铁处女

凌　迟（Ling Che）

受刑者被千刀万剐，中国的凌迟恐怕是有史以来可以想象出的最痛苦、最难熬的“慢死”了。受刑者一般被捆在刑架上，刽子手提来一个蒙着布的装满刀具的篮子。每一种尖刀都是为切割身体不同的部位而特制的。刽子手从布下面随机抽出一把刀，根据刀的类型决定要切割的部位。手指、小腿肌、乳房、大腿肌、鼻子、眼睛、嘴唇的命运，全取决于随手一抽。如果受刑者运气差的话，整个行刑过程会持续几个小时。当然，如果第一把刀是挖掉心脏，则受刑者的痛苦会在几秒内结束。受刑者的家属会向刽子手行贿，要求他能最早拿出代表心脏的那把刀，以减少受刑者的痛苦。日本也有类似的刑罚，被称为“二十一刀死刑”，这可能代表了刀割的次数。

铁处女

尖钉摇篮（Pass or Cradle）

这种怪异的刑具只在德国出现过，那些没有钱制造“铁处女”的城镇可能会使用这种刑具。它的外形非常恐怖，像一个大号的婴儿摇篮，由几块矩形大木板组成，底下安装着摇动装置。木板内壁上布满锋利的铁钉。当受害者赤身被推进去后，摇篮就剧烈地前后摇晃起来，其结果不言而喻。

刺死婴儿

钟摆刑（Pendulum）

读过这本书或者更多此类书籍的人都熟悉埃德加·爱伦·坡（Edgar Allan Poe）的小说《深坑和钟摆》（*The Pit and the Pendulum*）。这是一个令人毛骨悚然的故事，讲述一个人被钟摆切成了两段。钟摆的巨大叶片像剃刀一样锋利，当发条让钟摆缓缓下降的时候，一次能移动一英寸，受害者在接下来的七个小时里将目睹死亡步步紧逼。这个故事可能是虚构的，但这种奇特的刑具却真实存在，是由西班牙宗教裁判所发明的。

还有一种使用滑轮折磨犯人的酷刑，即“吊刑”（garrucha），有时候也被称为“钟摆刑”。这个酷刑的独特之处在于，受刑者

被斩首的中国海盗的首级

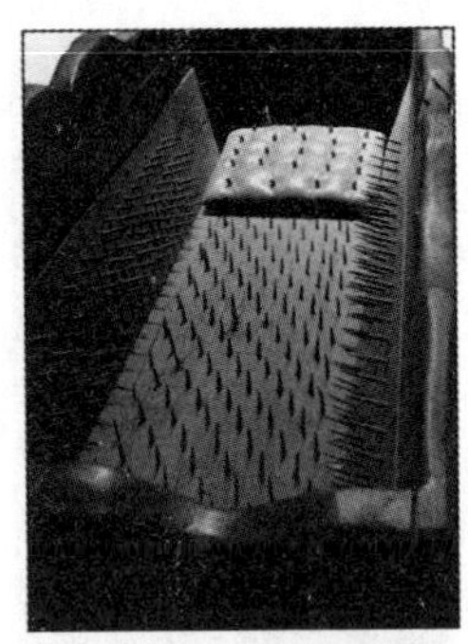
尖钉摇篮

全身重量都集中在脚踝或脚尖上，他们悬挂在空中来回摇摆，令人非常痛苦。详见下文的“吊刑”。

肉　钳（Pincers）

这种刑具用来撕下受刑者的肉，其外形和工作原理都跟老虎钳相似。在中世纪，这种刑具一般不是用来处死犯人的，它在欧洲大陆国家中很常见。

钟摆刑

英国似乎没有用过这种刑具，但法国、德国、荷兰等其他国家都经常使用它。肉钳经常被烧到通红，以增加受刑者的痛苦程度。在法国，如果在受刑者的伤口灌进熔化的蜡和铅，无疑进一步加剧了痛苦。

巫　刺（Pricking）

这是一种鉴定一个女人是否为女巫的工具。其用法是，把铁针安装在木柄上，用针头戳刺女巫。

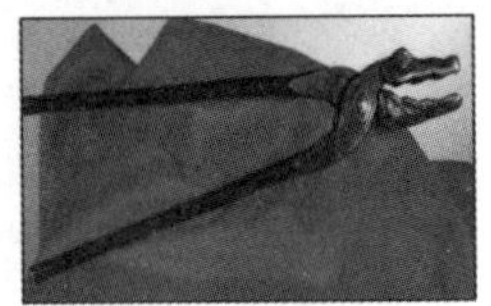
肉　钳

根据当时的理论，女巫身上都有一些“圣痕”，若戳刺这些地方，由于受到魔鬼相助，女巫是感觉不到疼痛的。事实上，每个人身上都有神经末梢很少的几个部位，特别是背部。或者由于受害者频繁地被针扎，相应神经系统已经麻木了。此外，许多猎巫者还使用一种有伸缩针头的巫刺，臭名昭著的马修·霍普金斯就是其一。他所用的巫刺扎到受害者肉上时，针头就缩到柄里了。表面上看，针已经扎进肉里了，实际上因为压力太小，受害者根本感觉不到疼痛。

肉钳的使用

锯　刑（Saw）

对这种酷刑其实无须太多介绍，除了在绘画中之外，现实中已很少见到了。不过，这的确是一种死刑方式，其过程是非常缓慢而痛苦的。受刑者往往倒挂着，刽子手从他的腹股沟开始拉锯。

由于受刑者的血液还在循环，还能呼吸，因此直到心脏或肺部被锯时，他才会痛苦地死去。

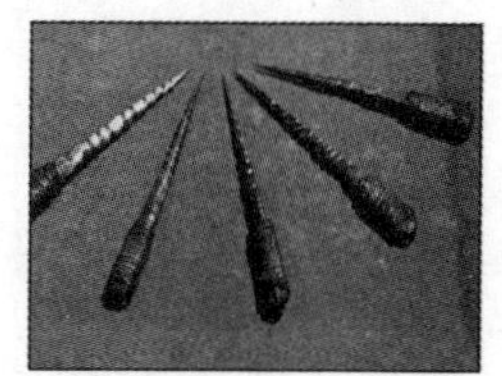
巫 刺

剥头皮（Scalping）

剥头皮可能在远古时期就已经出现了。剥头皮最早见于历史，是在英格兰国王克努特时期的编年史中。许多世纪之后，法国人重新开始了这一残忍的行为——他们想消灭北美殖民地的英国定居者——并传授给印第安人雇佣兵，使之成为杀死英国人的凭证。由于头皮比脑袋更容易运输，因此法国人根据头皮数量向印第安人支付酬金。实际上，剥头皮并不致命，受刑者依然可以继续存活。不过，由于他的头骨一直暴露在空气中，因此需要不断地抹油，这样才能防止头骨变得过干。

锯 刑

头皮被剥之后的情形

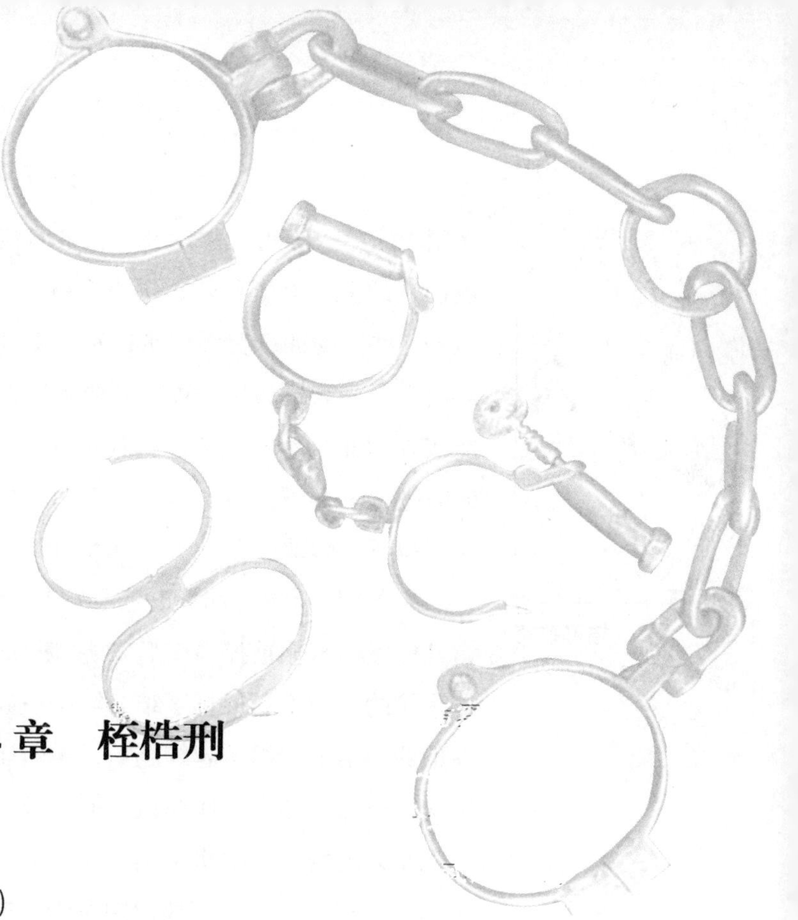

第4章　桎梏刑

锚形镣铐（Anchor）

这种残忍的刑具迫使犯人摆出屈辱的服从姿势。有时候，若在潮湿的地牢长时间使用这种刑具，会对犯人的脊椎造成永久性伤害而使其残废。人们曾在波兰东部克维曾城堡（Castle of Kwidzin）的酷刑室中发现了不同型号的镣铐。

脚　镣（Bilboes）

脚镣由一条18英寸长的铁链和两个脚踝镣铐组成，看起来很像套在马腿上以防止马乱走的腿套。很明显，脚镣一词得名于西班牙城市毕尔巴鄂（Bilbao），相传脚镣正是在这个城市发明的。这种刑具可以用来防止犯人逃走，或者增加一条链子，将犯人牢牢拴在门柱、墙壁或其他牢固的物体上。

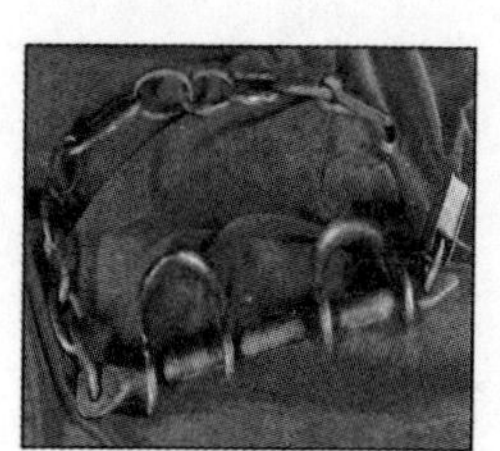
脚　镣

捆　绑（Binding）

世界上最可靠、最快速也是最廉价的折磨人的方法之一，便

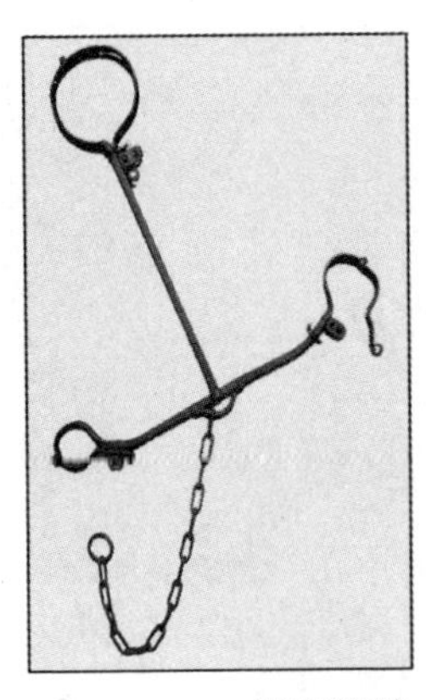

锚形镣铐

是用绳子将人绑得无法动弹、血液滞流。犯人被捆缚得越紧，痛苦也就越大。毋庸置疑，历史上各个地区的人都明白这一常识，但是一些人的捆绑造诣似乎比别人更胜一筹，他们目的明确，即对犯人尽可能施加最大程度的痛苦。在印度，犯人被以几乎不可能实现的非自然方式绑着，比如说把一条腿捆在另一侧的肩上，同时把绳子尽可能地扯紧；或者用绳套束住喉咙，绳套的末端从背部拉下与脚踝捆在一块。犯人稍微动一下就可能被勒死。

在英国亨利八世时期的马克·斯米顿案（Mark Smeaton）中，宫廷歌手斯米顿被控与王后安妮·博林通奸。为了令他承认罪行，斯米顿的头被用一根打了结的绳子缠起来，绳子上的结被特意抵在他的眼睛上。绳子越绞越紧，不断压迫着斯米顿的眼睛，直到眼珠被挤爆。还有一些西班牙的宗教裁判所，常常使用细小的绳子把犯人的两个大拇指绑到一块，绳子捆得十分紧，以至于血从指甲盖下喷射而出。宗教裁判所十分擅长用绳子做刑具，下文将会介绍一些他们所发明的绳子酷刑。

绞刑架（Garrotte）

用绞刑取犯人性命在古代非常普遍，在中世纪的西班牙，它更是成为各项罪行的标准处决方式。作为西班牙宗教裁判所的官方刑具，绞刑架由一个小凳以及一根矮柱连接而成。受刑者坐在小凳上，手和脚都被捆着，脖子被套上一个连着柱子的铁项圈。在项圈的后面，有一个曲柄或者螺杆，用来使项圈变得越来越紧，直到受刑者的脖子慢慢被拉近并碰到柱子上突出的尖钉。理论上讲，尖钉能马上刺穿颈椎骨，在几秒钟中之内使犯人毙命，但实际上受刑者常常是窒息而死。

铁项圈（Iron Collar）

一条铁链，它的一端连着铁项圈，另一端固定住嵌在地牢或监狱单人牢房墙上的铁环上。自铁制品问世以来，铁项圈已经成为最受欢迎的桎梏刑具之一。它能把犯人牢牢束缚住，或者在需要的时候将犯人拖到不同地方。有时候犯人会被紧紧地束缚在某个固定地点，如在英格兰北部的卡莱尔城堡，连着项圈和墙之间的链子非常短，以至于犯人不小心滚下床，就可能被勒死。有一种非常流行的叫“套脖”的铁项圈变体。套脖几乎与铁项圈没有区别，不同之处就是后者固定在监狱牢房里，套脖则固定在教堂的墙上或当地交易市场的十字架上，这是为了令渎神者在反思他们罪恶生命的同时，受到公众的羞辱。

立锥黑牢（**Little Ease**）

位于伦敦塔中的立锥黑牢臭名昭著，尽管严格说来它并不算是刑具。牢房非常小，以至于关押在内的囚犯几乎不能站立或平躺，只能一直保持蜷缩的姿势。尽管如此，立锥黑牢还算是有记载的监禁方式中最好的一种了。可以想象，中世纪以及后来的 18 和 19 世纪会有多少这样地狱般的牢室。

绳刑木床（**Porto**）

声名狼藉的绳刑木床是西班牙宗教裁判所的绳类刑具。它是一种类似拉肢架的木床，床的不同位置钻了许多孔。当受刑者躺在床上时，绳子从双臂以及双腿边上的孔穿过。在绞盘的帮助下，绳子紧紧束缚并勒进皮肉，常常勒至骨头才停止。绳刑木床有一种变体，即把绳子系在墙上而不是木床上。这种情况下，犯人坐在矮凳上，他们的双手、双臂以及腰都被绳子套着，绳子最后穿过墙上嵌的铁环。当绳子被拉得足够紧的时候，犯人坐的矮凳被一脚踢开，他们被捆缚在墙上并不断忍受绳子摇晃带来的折磨，直到犯人表示愿意合作，折磨才会停止。

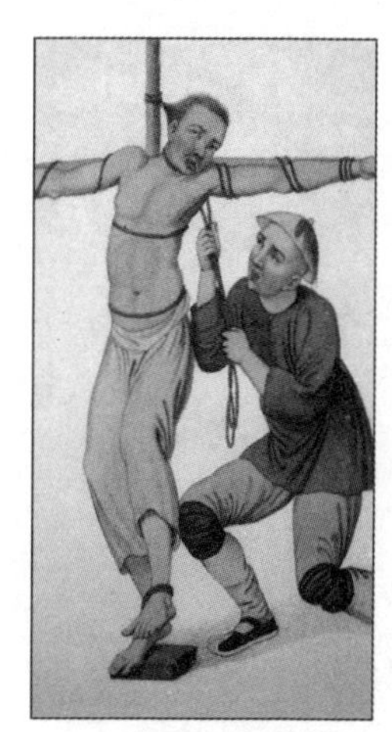

古代中国的绞刑架

溺杀桶

木　马（Wooden Horse）

西班牙宗教裁判所经常使用这种刑具，它也可以作为第 7 章《水刑》中提及的“注水刑”的一部分。所谓木马，即一个浅浅的木箱，非常像水槽，大小可以容纳一个人躺在里面，同时脚可以放在里面或放在边台上。一根铁条从槽中受刑者腰部位置横贯木箱，当人被置于槽中时，这根铁条会抵在这个人的腰椎上，防止他平躺在箱子的底部。一旦摆好姿势，受刑者被从箱子底部孔中穿出的细绳牢牢绑住。绳子常被置于人的手臂、大腿以及胫骨处，然后被紧紧拉着——有时候用绞盘拉动，绳子常常能嵌入皮肉而直达骨头。此时，若施刑人想进一步增加受刑者的痛苦，可以接着使用本书提到的其他几种水刑。

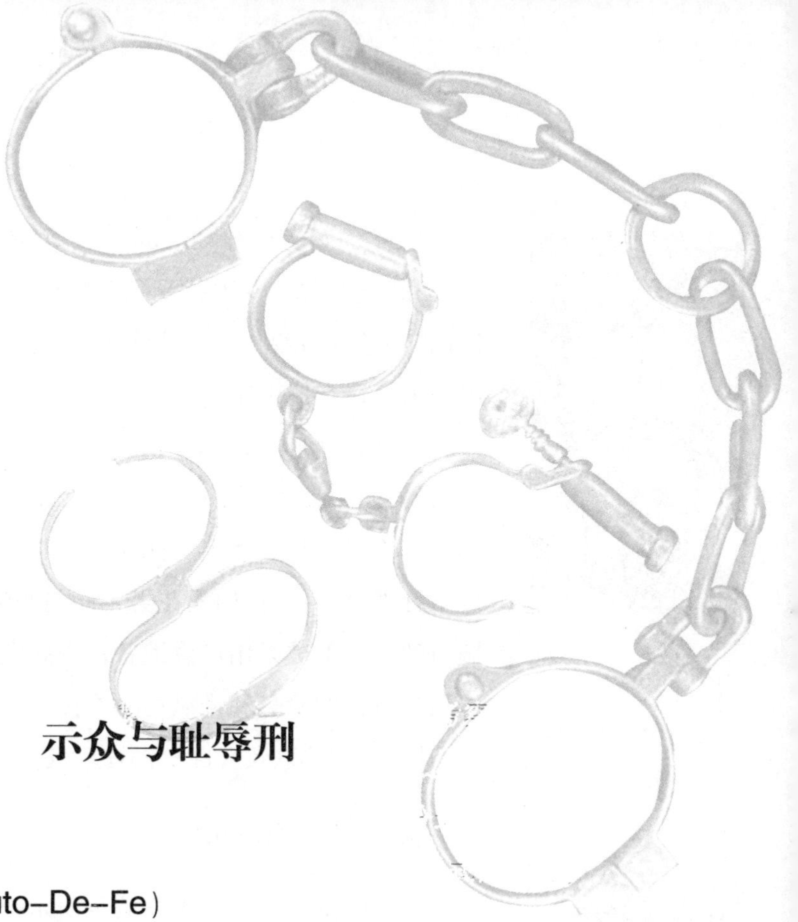

第5章　示众与耻辱刑

宗教审判大会（Auto-De-Fe）

作为西班牙宗教裁判所残忍酷刑以及火刑的从刑，宗教审判大会（西班牙语里的字面意思是"信仰之举"）是一场公共仪式。在仪式中，有罪之人以及为自己"异教观点"忏悔之人被迫在众人围观的城市街道上游行，并将自己犯下的越轨行为示众。一些人在自己脖子上挂着写有罪行的标牌，以方便他人看到；那些要被施以火刑但不马上执行的人穿着背后缝有倒置火焰的袍子；马上要被烧死的人的衣服上的火焰则是直立的。当游行队伍到了指定地点而所有参与者完成宗教仪式后，犯人被交予世俗机构，等司法程序完成后，最后才将犯人捆到火刑柱上并点起火。

宗教审判大会

口钳（Branks）——羞辱面具（Masks of Shame）

从1500～1800年，这种刑具（与下文将要介绍的泼妇笼头有密切关系）出现了多种样式。口钳常用来惩罚那些违反社会习俗的人。在这四个世纪中，数不尽的妇女因为繁杂的家务以及

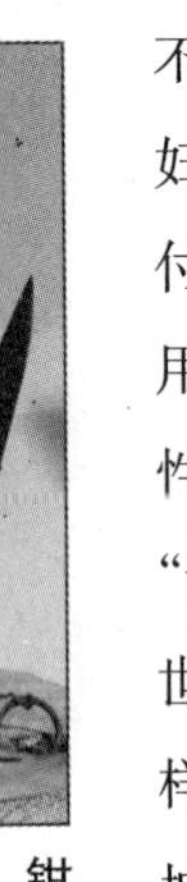

口　钳

不断地怀孕而变得神经衰弱、歇斯底里，她们被形容为“长舌妇”和“泼妇”，并因此受到羞辱或折磨。当局用这种刑具来对付社会上的嘲弄者、不守规矩的平民以及离经叛道之人，教会则用它来惩罚有较小违规行为的人。绝大部分的受刑者通常都是女性，此外，此刑罚依据的法则是“教会中的妇女守则”，正所谓“让妇人们在教堂中沉默”——“教堂”指处于统治地位的教会和世俗机构，二者天生都对女性有小心防范心理，所以就形成了这样一种观念——“让妇人在男人面前闭嘴”。受刑者受人监视，在城市的广场上被人用口钳锁着，受到众人的粗暴对待。她们不得不忍受可怕的殴打和排泄物的涂抹，情况更糟的是受到致命伤害(尤其是在胸部以及女性私密处)，这只能算她运气不佳。

枷　号（Cangue）

古代中国的双人枷

一种中国刑具，用于公共场所示众。犯人被迫在一段时间内戴着这种硕大而笨重的木头项圈。枷号看起来像油炸面包圈，由被铰链连接的两部分构成，可以打开从而把受刑者的头卡在中间的孔里，然后再关上并锁好。戴枷号的受刑者没法躺下，对他们来说，走路或者站起身都有折断脖子的危险，更别说自己吃东西或喝水了，所以在此期间他们不得不仰仗别人的慈悲与怜悯。

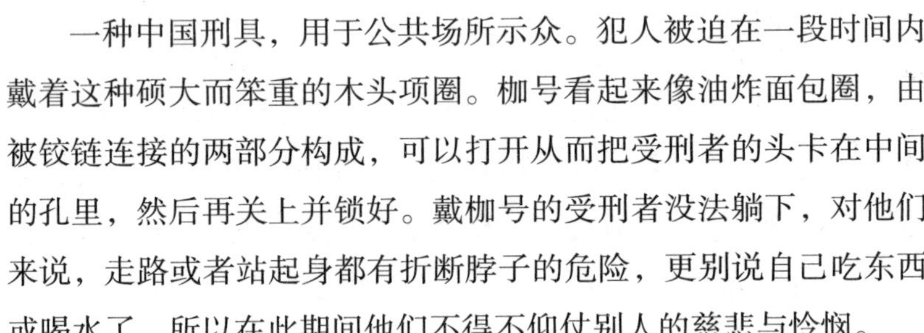

大便椅（Chucking Stool）

大便椅在1066年诺曼征服之前就已经出现，该种独特的英国式羞辱工具是为那些不能或者不愿控制自己尖酸刻薄性情的妇人准备的。用当时人的话来说，大便椅是“一种臭名昭著的椅子，妓女以及责骂不休的泼妇坐在上面，忍受着来往行人的嘲弄，她们被迫赤着脚，头上也不允许有任何遮挡”。大便椅是配有两根抬竿的木质扶手椅，非常像18世纪没有遮蔽的轿子。椅子底部有一个洞，把妇女的裙子撩起来，强迫她们坐在上面游街示众，这使得她们裸露的屁股暴露在众人猥亵的目光中。

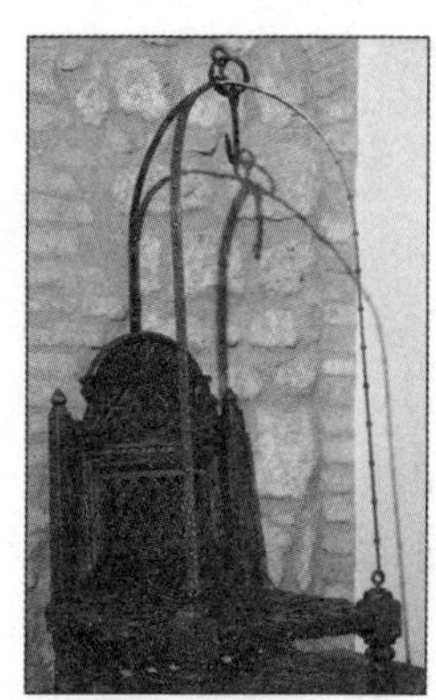

大便椅

酒鬼斗篷（Drunkard's Cloak）

英格兰国王詹姆士一世设计（很有可能在他身为苏格兰国王詹姆士六世，尚未统治英格兰之时就开始使用）的酒鬼斗篷（有时被称为“桶枷”）是一种罪行与惩罚相符的刑具。所谓酒鬼斗篷，即把一个大啤酒桶的底儿给敲掉，并在顶上开一个足以使人头通过的洞。在规定的时间内，那些酗酒的酒鬼只要出现在公共场合，就被迫戴上这种“斗篷”。有时候，桶的周身也会开一些孔，方便受刑者用手分担一些木桶的重量。为了防止受刑者抛下刑具，在他脖子上戴一个木制或铁质的带锁的项圈。尽管可能看起来很可笑，但是，任何一个尝试搬过 36 加仑正常尺寸木桶的人都会知道那有多重。酒鬼斗篷不仅仅只是一个逗趣的东西，其重量能轻而易举地撕裂脖子与肩膀之间的肌肉。这种斗篷在 1690 年皇家海军秘书塞缪尔·皮尔斯（Samuel Pepys）的日记中还被提到。

酒鬼斗篷

浸水椅（Ducking Stool）

详见《水刑》中的“浸水刑”。

提琴枷与长笛枷（Fiddle and Flute）

提琴枷和长笛枷是可以移动的便携式颈手枷。一旦受刑者被锁进去，他们的脖子就会被项圈牢牢套着，并被锁链牵引着游街示众。有时他们必须一直戴着提琴枷或是长笛枷，直到从某个城市被逐到另一个地方。与上文提到的中国枷号类似，受刑者在戴上提琴枷或长笛枷后不得不依靠路人的同情与怜悯而活下去。他们不能自己进食，所以只能依靠路人发善心，施舍给他们一点食物和水。这种刑具很大程度上也是为刁泼性情的妇人准备的。

酒鬼斗篷

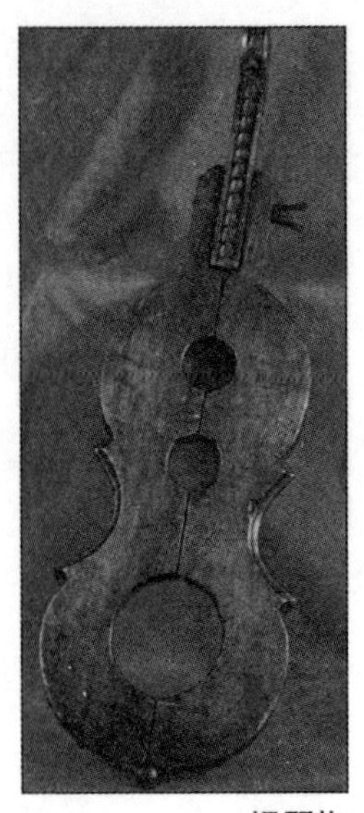
提琴枷

套　脖（Jaggs）

参见《桎梏刑》中的“铁项圈”。

苦行赎罪（Penance）

在《韦伯斯特新大学词典》中，苦行赎罪被定义为“一种屈尊纡贵或虔诚承受屈辱以表达对罪行进行忏悔的痛苦行为”。在中世纪，被教会判为应受惩罚或违法乱纪的罪犯会苦修赎罪，他们可能是神职人员，也可能是世俗之人。当罪行较轻的时候，苦修赎罪也比较温和，比如说短时间的禁食或祷告，或者去某个圣地朝圣。一些犯罪情节比较严重的，比如某案件中一个法国人因杀死自己的孩子而被判有罪，他被强制背上婴儿尸体一路走去罗马，途中还要受到神职人员和武装看守的严密监视，最后这个人是死是活已经无从得知。

指　枷（Finger Pillory）

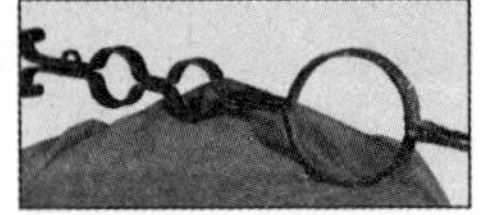
铁制提琴枷

指枷用来惩罚那些屡次妨碍礼拜仪式的人。它安装在教堂的墙上，由两块铰链相连的木板组成。其中一块板子上钻有四个小洞，能容纳普通人的手指。在相反的另一块板上，有相对应的靠近手指的四个凹痕或凹槽。人们通常会把不守规矩的人的手锁进指枷里，希望以此使这些人把更多注意力放在上帝圣言上。

颈手枷（Pillory）

颈手枷是一种将犯人的头和手锁进木枷中的刑具，被安置在当地集市广场等公共场所。很明显，“颈手枷”得名于一个“透过门去看”的希腊词汇——形象地说明了某人的头和手从枷中伸出来。颈手枷最早见于历史可以追溯到古希腊。盎格鲁－撒克逊人称之为“半挂”(healfang)，在整个中世纪，颈手枷使用频繁——英

指　枷

国国王亨利三世在1269年将之定为正式的刑罚——直到19世纪早期，英国、欧洲大陆以及美洲还在使用。颈手枷用来惩治犯了各种轻罪的人，比如公共场合酗酒、打架斗殴、同性恋行为、扰乱社会治安等，成千上万的男男女女因为犯下的一点小过错而被套上颈手枷示众。根据19世纪的英国法令，这些罪行可能是“出售烂肉、臭鱼、腐鸟以及掺了铁以增加重量的面包”。在纽约还是荷兰殖民地的时候，倘若男人偷窃了卷心菜，他会被套上颈手枷示众，同时头上系着一个卷心菜。当犯人在公共场所示众的时候——持续时间从一个小时到一周——他们不得不忍受着邻居们的嘲弄，此外，根据他们罪行的轻重，还会受到烂菜叶、泥巴和石头的不断袭击。有时候，由于对戴颈手枷的犯人折磨过重，受刑者常被打得人事不省，或者由于整个身体的重量都压在脖子上而有窒息的危险。在18世纪伦敦史密斯菲尔德马市，当时的两个男人，即詹姆斯·伊根和詹姆斯·萨蒙，被石头、马铃薯、砖块以及动物尸体击打。

颈手枷

根据当时的一个目击者记述：“他们受到殴打，头上肿起很大一块，人们拉扯他们的衣摆使其几乎窒息而死。”伊根当场死亡，而萨蒙在这之后不久死在监狱中。仅仅在伊根和萨蒙惨案发生的几年之后，一名同性恋者被套上了颈手枷并受到连续殴打，以至于他的“脸马上呈灰黑色，血从鼻孔、眼睛以及耳朵中流出来，但是民众依然狂暴地对他进行攻击”。当从颈手枷中被放下来时，他“倒在刑具旁并死去”。颈手枷也经常被当作一系列惩罚措施中的从刑。一些人在戴颈手枷的同时也受到鞭打，还有一些人的耳朵被钉在颈手枷上，等到宣判结束后，耳朵被扯下或者割掉。

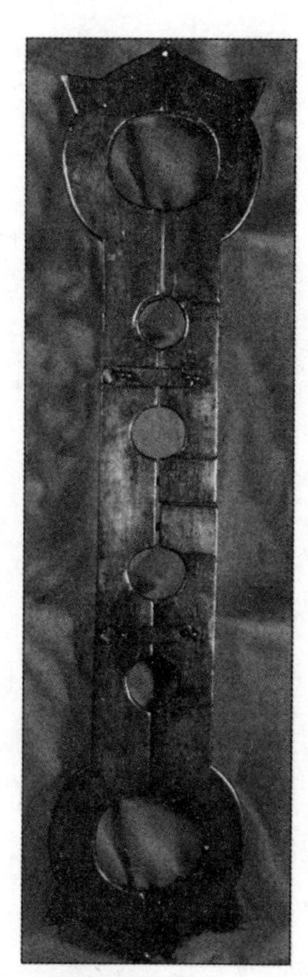

双人提琴枷

骑　刺（Riding the Stang）

已经有了这么多专门对付无教养妇女的刑罚，看起来只有让家暴的男人以及在小酒馆斗殴的男人受到同等的羞辱才算公

骑刺木驴

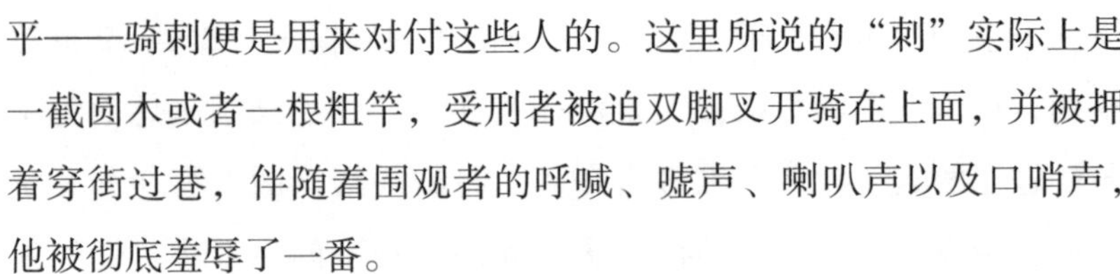

平——骑刺便是用来对付这些人的。这里所说的“刺”实际上是一截圆木或者一根粗竿，受刑者被迫双脚叉开骑在上面，并被押着穿街过巷，伴随着围观者的呼喊、嘘声、喇叭声以及口哨声，他被彻底羞辱了一番。

它的一些变体也出现在军队刑罚中，其中最极端的是一种叫西班牙木驴的刑具。在军队刑罚中，“骑刺”的“刺”指的是木制的马或者驴（有时候带有轮子，有时候带着摇杆），“马”或者“驴”上有一个布满尖钉的座位或者座位干脆就是V状楔形的。犯人双手被绑在身后，然后跨坐在“马”或“驴”上，施刑人用轮子拖或不断摇晃这个刑具，以此令犯人受到折磨。此外，当额外的重量被施加在双脚上时，“骑者”常常不得不承受着更大的痛苦。

骑刺木马

泼妇笼头（Scold’s Bridle）

（可参见口钳）泼妇笼头和浸水椅以及大便椅一样，专门用来惩罚说话恶毒尖刻的泼妇。在中世纪，英国和欧洲大陆都有这种刑具。泼妇笼头看起来像头盔，由铁皮制成。妇人的整个头被笼头锁住，然后被拉着穿街过巷。为了增加痛苦，铁制的舌状物或球状物被强塞进妇人嘴中，堵住受刑者的尖叫或诅咒。1665年纽卡斯尔地区的一份记录中有这样一段描述：

> 他看见安妮·布理德斯通被一名官员押着穿过街道，他一只手里握着绳子，另一只手抓着笼头……笼头紧紧钳着她的头和面部，她的嘴里还被强塞了一个铁制的舌状物，血从嘴里汩汩而出……

泼妇笼头

17世纪的猎巫运动也使用了类似的刑具，用来让犯人在法庭上保持沉默。

耻辱标示（Signs of Shame）

比黥刑更具人情味的是美洲殖民地的一项风俗——让犯人戴上标牌或贴上布告，使得每个路人都了解其可耻行为。毫无疑问，最出名的此类标示就是纳撒尼尔·霍桑（Nathaniel Hawthorne）的小说《红字》（*The Scarlet Letter*）里所描写的缝在海丝特·白兰（Hester Prynne）衣服上的红色字母“A”。真实的海丝特·白兰（在1671年新普利茅斯殖民地被审判并定罪）并不像霍桑小说中描写的那样是个悲剧女英雄，事实上她被判通奸和酗酒，并戴上字母“A”和“D”表明她的双重罪行。另外，在1633年的波士顿，罗伯特·高斯被罚款10先令，并被迫戴上写有“酒鬼”字样的标牌。1650年康涅狄格的一个男子因侮辱牧师并扰乱礼拜而被判罪，他戴的标牌上写着“屡教不改违背上帝神圣律法之人”。类似的还有安·伯德佩戴的写有“公共和平破坏者”字样的标示。如果受刑者不按要求戴上标示，很有可能会被以更严重的罪名起诉，或受到比原先更严厉的惩罚。

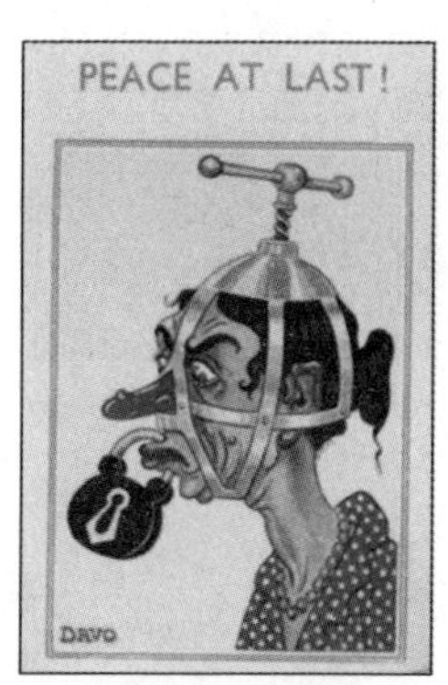

绘有滑稽版泼妇笼头的明信片

兰开斯特城堡的口钳

足　枷（Stocks）

大体来说，足枷与颈手枷在结构和用途上都十分相似。这种刑具为木制的，装有铰链，能锁住犯人的脚踝。足枷和颈手枷一样古老（至少可以追溯到盎格鲁－撒克逊时期），并且也设置在公共场合，令受刑者受到公众的羞辱与虐待——有记录显示，足枷不是残忍暴虐地折磨罪犯，而是让他们守规矩、讲诚信。1426年的英国法律很清楚地写道：流浪汉被锁在足枷三天三夜，在此期间只给他面包和水。一份15世纪中期的材料显示：在伦敦，“四个妇女整个晚上都被锁在足枷中，直到她们的丈夫赶来把她们带走”。在18世纪马萨诸塞的波士顿，爱德华·帕默因盗窃一块木板被判戴足枷一个小时。相比颈手枷而言，足枷所能造成的

绘有滑稽版足枷的一张明信片

足 枷

身体伤害更小，但是为了确保犯人不会过于舒服，在行刑时，要求他们必须坐在木板的边缘。在中世纪早期的法国，这一刑罚增加了其他令人痛苦的方法：在犯人的脚底涂上盐水，让山羊舔舐他的脚底。在旁观者看来这似乎十分可笑，但是山羊的舌头和砂纸一样粗糙，几分钟不到，它所造成的痛苦就令人难以忍受了。脚枷意在羞辱，至今俗语中还有这样一句话："身陷足枷而成为笑柄。"

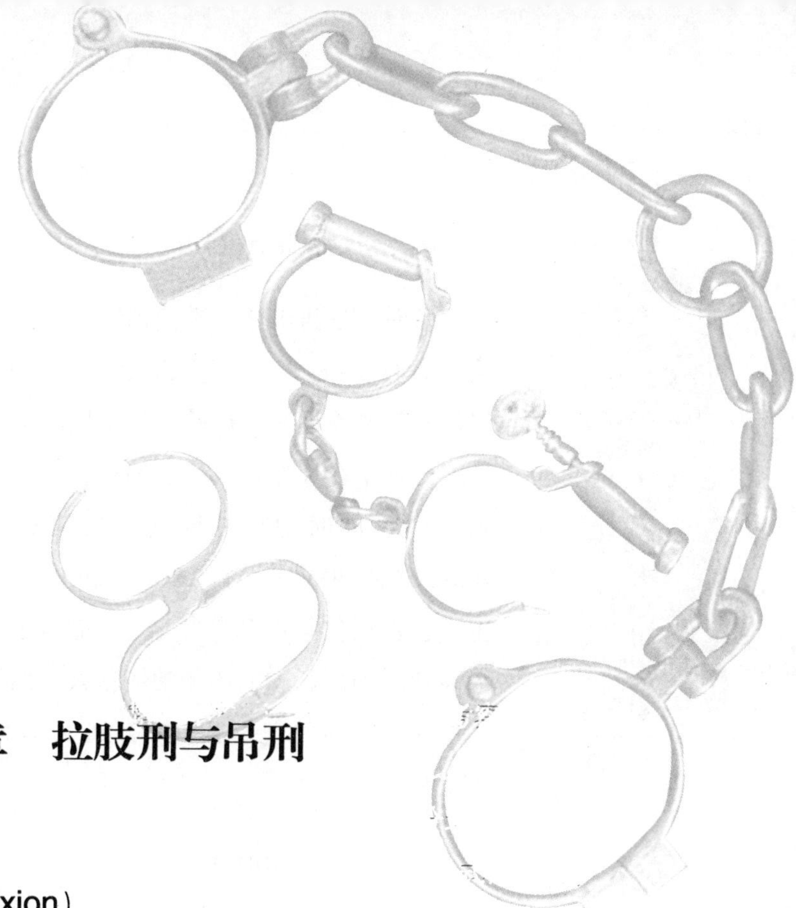

第6章 拉肢刑与吊刑

十字架刑（Crucifixion）

很多早期文明，包括古希伯来，都用十字架刑处决犯人，但罗马人更青睐这种进程非常缓慢的刑罚，还形成了自己的特色。一个罹受十字架刑的人在十字架上的情景如何，其实无须赘言：每个到过教堂的人都会对耶稣受难的画面记忆犹新。不过，需要稍微解释一下受刑者如何死去。与我们通常的理解不同，受刑者一般不是被钉死在十字架上——他们被吊起后，身体的重量会令钉子撕裂手掌。钉子只是增加了他们的痛苦而已。一开始，把受刑的犯人绑在横放在地上的十字架上，然后把十字架立起来，放进一个深坑里，受害者脚下有一个小平台，能让他们暂时缓解一些双臂承受的重量。由于身体的全部重量都集中在受害者的手腕处，拉力会撕破他们横膈膜上的肌肉，使他们无法呼吸。每个拒绝死亡而坚持站在小平台的人，最后会被长柄大锤砸碎膝盖。不论何种方式，或迟或早，受刑者都会难以呼吸，死于缓慢的窒息和风吹日晒。

滑 轮

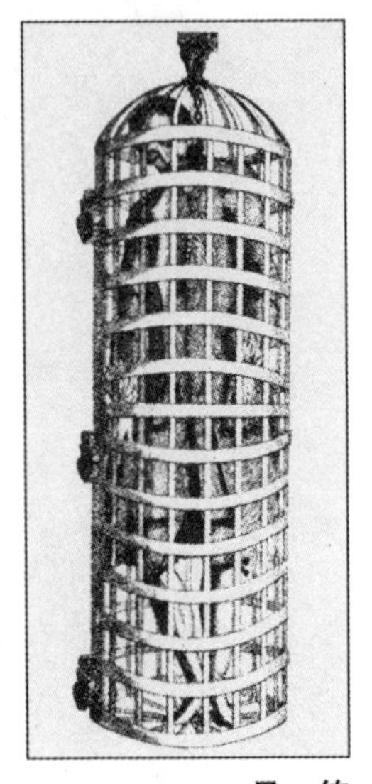
吊　笼

吊　刑（Garrucha）

吊刑，是西班牙宗教裁判所惯用的酷刑之一，其他地区也出现过类似刑罚，尤其是印度和日本。尽管它们会有微小的变化，但是其基本原理是一样的，都是把囚犯的双手反绑在背后，系住手腕，悬吊在天花板或横梁的滑轮上。当绳索拉紧时，囚犯被吊到空中，同时他们的胳膊慢慢地从关节处脱臼。有时，把100~205磅的重石系在犯人的脚腕上，以增加他们的痛苦。有时，犯人会被反复拉起和摔在地上，甚至摔在一大堆尖利的石头上。意大利人和德意志人还经常使犯人突然下落几英尺，造成肩关节忽然受力。相关记录显示，直到1778年，这种酷刑仍然出现在意大利。

吊　笼（Gibbet）

吊笼出现在16世纪，是一种用铁皮条制成的囚笼，用来装载吊死的受刑者示众。当没有合适的吊笼时，还可以把尸体用铁链吊在树上。当然，从某些方面看，有位残暴但很有想法的人——无疑是指亨利八世——想知道：如果把一个死囚犯关在吊笼里，让他在风中受折磨，直到暴晒或饥饿而死，到底会发生什么情况呢？无论活人还是死尸，吊笼的受害者变得如此众多，它们像路标一样出现在欧洲各地，经常成为为旅行者指示方向的路标："越过这座石桥，经过吊笼，就到了村子。"对那些不幸活着进吊笼的人来说，他们是奇形怪状的点缀，例如，在17世纪早期，一个到德意志游览的英国旅行者写道："在林道城的附近，我看到一个罪犯被铁链吊在绞刑架上，他的身旁各吊着一只饥肠辘辘的巨犬，它们可能会在罪犯饿死之前撕吃他的肉……"为了给平淡无奇的刑罚增加趣味性，一些罪犯会被赶入囚笼里或者被锁链固定，吊在退潮之后的海岸上。

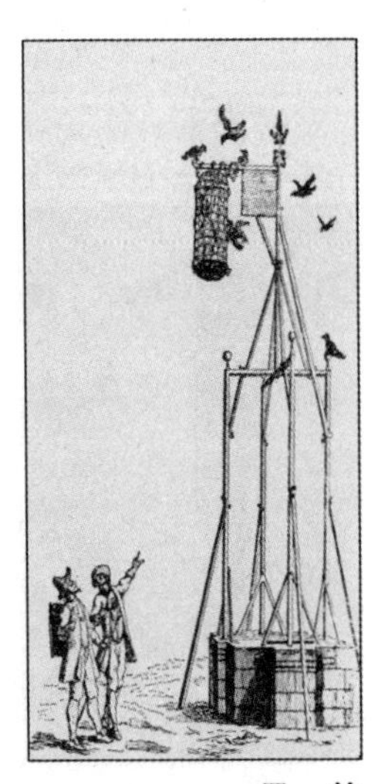
吊　笼

当潮水涌至，他们会被海水吞没。

绞　刑（Hanging）

从技术层面上说，绞刑不是酷刑，而是一种死刑方式。在19世纪中期“坠落式绞刑”——绞刑架地板中间有一个活动板门，当它打开时，受害者忽然下坠约6英尺，继而扭断脖子——以前的绞刑并不是一种快速死亡方式。犯人被一根绞索套住头部，吊到空中，他一直挣扎和悬荡，直到窒息而死。根据受害者的体重和身体状况，这一过程可能需要5~20分钟。很多情况下，犯人的朋友们会拽着他的腿而竭力往下拉，以加速其死亡。毫无疑问，历史上最臭名昭著的绞刑场是伦敦的泰伯恩刑场（位于现在大理石拱门旁，人行道旁立着一块铜匾作为纪念）。它自从1196年成为惩罚和处决的场地以来，历经中世纪，直到18世纪，超过了史密斯菲尔德马市，成为英国施行死刑次数最多的刑场。1571年，一座牢固的绞刑架在泰伯恩村的一个十字路口竖立，被称之为“泰伯恩之树”（The Tyburn Tree）。这棵“树”由3根结实的柱子构成，高约20英尺。柱子顶部用3个横梁连接起来，构成一个大三角形。在接下来的212年中，不计其数的罪犯在此迎来生命的终点与围观者的嘲笑、欢呼和口哨声。由于绞刑架是三角形结构，因而可以同时容纳很多受刑者。一次性处决人数最多的案件发生在1649年6月23日，当时23个男人和1个女人进行所谓的“跳泰伯恩吉格舞”。1783年，“泰伯恩之树”被拆除，可是绞刑在20世纪依然非常流行。

吊　刑

吊　笼

拉肢架（Rack）

拉肢架使用非常普遍，无须过多介绍。它像一张平放的木床，可以把罪犯置于其上。受刑人的脚绑在架子的一端，手绑在另一

拉肢与撕裂

刑　梯

刑　梯

端的圆盘上，圆盘由绳子绕在一个大绞盘上。随着绞盘转动，绳索勒紧，受害人的四肢被拉得越来越紧，直到肩关节脱位和（或）脊柱脱节。假如施刑精心，时间控制在每次10或15分钟，一天不超过两次，这个惩罚几乎能够一直持续下去。

据推测，1420年左右，时任伦敦塔总管的埃克塞特公爵（The Duke of Exeter）把拉肢架引入英国，因而得名“埃克塞特公爵的女儿”（The Duke of Exeter's Daughter）。公爵从哪里学到这个新玩意不得而知，但在整个中世纪晚期，拉肢架被广泛使用。法国、西班牙和德意志都有自己的拉肢架，在德意志被称为“刑梯”（Ladder）。

德国的拉肢架通常称为“疯狂的伊莉莎”（Schlimme Liesl）。这种刑具没有木床，犯人双脚被锁在或绑在几个固定于地上的铁环上，同时双手被绑住，使用滑轮将绳索往上拉。同时，犯人的裸背会遭受严厉的鞭打。

四马分尸（Torn Apart by Horses）

四马分尸

犯人的四肢被捆绑在四匹马上，马向相反的方向疾奔，使犯人支离破碎。除非四肢的某些关节事先被割断，否则四马分尸的效果并不理想。如果四肢完好，这个刑具会像拉肢架一样，只是把关节拉脱臼。通常，刽子手会先用剑或斧头砍断犯人的关节，这样，马才能真正把受害者撕裂。

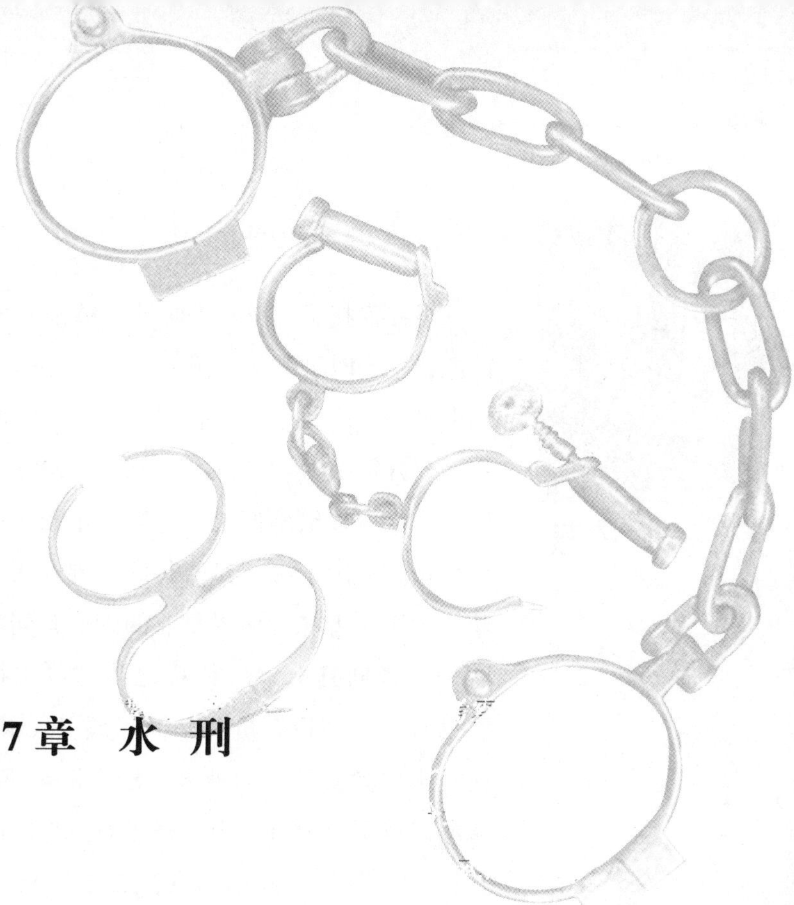

第7章 水 刑

烹 煮（Boiling）

第一个被活着烹煮致死的人是谁，已不得而知。可以说，从新石器时代开始，人们已开始利用沸水（或油，或其他溶液）来施刑。现存的记载显示，古代亚述国王安提阿古·伊皮法尼烹煮过犹太人战俘，罗马人也在异常残忍的环境中——通常称之为“竞技赛”——烹死基督徒。1531年，英国国王亨利八世颁布一个特别法令，宣布把烹煮列为处决罪犯的方法之一。当时发生了罗彻斯特主教的厨师理查德·罗斯投毒杀害主教家中14人的案件。据记载，受刑时，罗斯两个多小时之后才最终死去，因此，我们可以断定，他不是被投入一个装满沸水的大锅，而是放进温水里，然后水温慢慢加热至沸腾。日本人采取一个更慢的方法烹煮受害者：把受刑人投入盛满沸水的大桶里，一次一个，历时好几天。1662年的一份记录显示，许多皈依基督教的日本人被用这种方式杀害，不过，这只是一次更大规模屠杀的前戏。

烹 煮

浸水椅

浸水刑（Ducking）

早在盎格鲁-撒克逊时期，英格兰南部就把妇女没入池塘进行惩罚，当时被称为“泼妇椅”（Scealding），不过这种浸水刑直到中世纪才广泛应用，扩展至整个英国和欧洲。在这一时期，浸水刑公开惩戒妓女和泼妇，既可以确保她们不会受到永久性肉体伤害，又可以给她们上一堂事关正派得体、良好举止的课。要让一个长舌妇闭上嘴，最流行的一种方法是把她浸到当地的湖或池塘里。诽谤者和爱搬弄是非的人也有同种待遇。犯人被绑在一个椅子或者刑具上（一般称之为“浸水椅”，但准确的叫法应是“泼妇椅”、“投石机”）。椅子被浸入水中，然后马上拖至岸边。在浸水刑频繁使用的地方，浸水椅被牢固地安装在一根长长的、能够保持平衡的杆子上，样子有点像跷跷板。通过这个巧妙的工具，三四个壮小伙用 10 或 15 秒就能把一个泼妇浸入水中并拉起。这个惩罚的重点是尽可能地羞辱受害人。一旦她变成了笑柄，那么她的大嘴毒舌就可能失去了往日的毒辣尖刻。不过不能把浸水刑与检验女巫嫌犯的“泳刑”相混淆。

船底拖曳（Keelhauling）

这是一种流行于海军的刑罚，顾名思义，就是把受害者拖在船底龙骨处，然后拉到船另一侧，用来惩罚罪行严重的水手。将犯人绑在一根从船底穿过的绳子上，然后扔到海里。水手们从船另一侧拉拽绳子，用力把受害者拖过船底。如果绳子慢慢地拉紧，犯人可能下沉得比较深，从而避免了背部被锋利的船底外壳割伤，不过这样会有溺亡的危险。相反，如果绳子拉得比较快，在水下的时间就较短，但是被劈成碎片的机会更大。若罪行非常严重，船底拖拽的行程就是绕着船从船头拖至船尾；这是一种非常高效的死刑，因为一个人屏息憋气的时间是有限的。最早提及船

注水刑

底拖曳是一份1560年的荷兰海军记录，直到1853年这种刑罚才被正式废除。这种酷刑的一个变种，是绑住歹徒的手腕或者脚踝（或者两者都绑），在整个航行期间都将他“拖曳”在船尾。在这种情况下，一个人难以把他的头伸出水面，这与判处死刑没有区别——即便水中没有鲨鱼。

烤面包笼形状的浸水刑具

泳　刑（Swimming）

判定女巫的方法有很多，最流行的是使用“泳刑”检验嫌疑人。与上文描述的“浸水刑”相似，把嫌疑人绑在椅子上，或者手脚捆绑投入池塘里。与“浸水刑”不同的是，浸水刑意在羞辱，受刑人待在水中的时间较短，泳刑则让嫌疑人一直待在水中，直到法官或教士判定出她是否是一个女巫。15和16世纪流行的一种理论认为，水是神圣的，是生命之源和洗礼所采用的中介，因此不会接纳一个邪恶之人。判定有罪或无辜主要取决于嫌疑人在水中漂浮还是下沉。这个方法虽简单，却存在根本的缺陷。如果她们浮起来（也就是说，如果水拒绝了她们），那么肯定是女巫，将受到审讯——结果一般是死罪。相反，如果她们沉下去（没于水中的时间让法官和围观者满意），那么肯定是清白的，但因没水时间过长，此时嫌犯通常已经溺死了。到底有多少无辜的男男女女在证明自己清白之前就溺死了，这就永远不得而知了。

注水刑

注水刑（Tormento De Toca）

溺毙或者窒息而死是非常可怕的，令人毛骨悚然。那种特殊的恐惧、疼痛和惊慌，引导西班牙宗教裁判所发明了一种特殊的注水刑。施刑时，罹受人手脚捆绑平躺着，把一块细孔布料（一般是亚麻布）蒙在他的口和鼻上；虽不足以让他窒息，但肯定能令他惊恐不定。然后，把大量的水浇到布上，水被受害人吸进喉

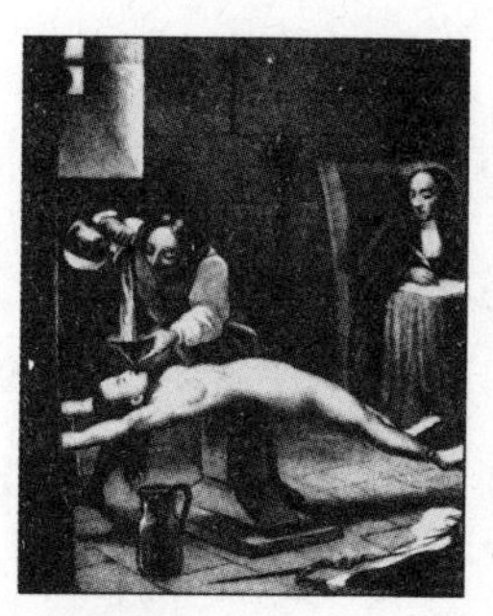

注水刑

咙和鼻孔，当受害人几乎昏厥时才把布拿走。根据目击者的记述，从口中抽出的布上常常满是鲜血，据记载，受刑的感觉“像把他的内脏给扯了出来”。这种酷刑还有一个邪恶的变种，把一个漏斗强塞进受害人的喉咙中，然后往漏斗里猛灌水。受害人很快就窒息和呕吐，但是灌水并不停止，直到受害人的胃开始膨胀和扩大，随后水倒灌进喉咙，涌出嘴外。然后，用一根绳索勒紧他们的脖子，或者往嘴里塞一块破布，来阻止吐水。随后，这可怜的家伙被拖下拷问台，被迫在难忍的胃部剧痛中在地上来回翻滚，最后，解开破布或绳索，允许受刑人在接受新一轮审讯之前把水吐出来。

据此推断，在问讯开始之前，经受这种可怕惩罚的一些人就死于胃部破裂或窒息。同一时期的法国也使用类似的酷刑，尽管受害人所受的残酷虐待似乎没有这么严重。在第一阶段，即“一般审讯”（Question Ordinaire），受害人会被灌进 4 品脱水。假如这不能使受刑人招供，水量会加倍，进入“特殊审讯”（Question Extraordinaire）阶段。

沸水神判（Trial by Water）

参见《烙刑与火刑》中的“水火神判法”。

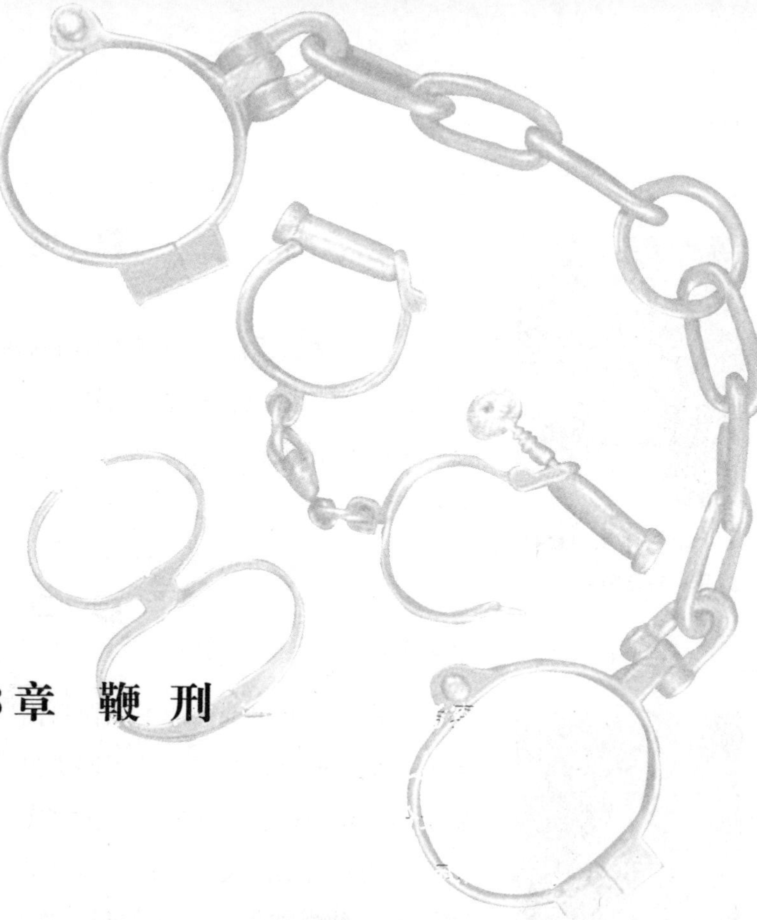

第8章　鞭　刑

由于所有的鞭刑（Whipping）都差不多，本章将不依照鞭笞方式进行论述，而是依据不同文明所使用的不同鞭子来归类。实际上，自文明初现以来，鞭刑就一直是最常用的惩罚方式之一。它一般只限于非致命的用途，但某些情况下，它可以像绞刑或火刑一样致命。

自古埃及和古巴比伦国王汉谟拉比（公元前1792～1750年在位）时代开始，直到今天，每一种文明都有鞭刑。大多数情况下，被打的鞭数与罪情相称：罪行越严重，被打的鞭数就越多。

埃　及

在古埃及，鞭笞一般使用几束芦苇。或许，这听起来像是一种相对轻微的惩罚，但是记载显示，极个别情况下它也会取人性命，这是由伤口感染所引起的。直到19世纪，伤口感染都是鞭刑中常见的副作用。

公开的鞭刑

古代波斯（鞭打脚底）的笞跖刑

波　斯

古波斯法庭采用笞跖刑（Bastinado）惩罚犯人，即用芦苇编成一根轻鞭，反复抽打罪犯的脚底。与后世一样，这种惩罚很少致命，但是现存的记录表明，长时间的鞭打也有可能杀死受刑者。

罗　马

链　枷

尽管罗马人很少用鞭子惩罚自由民，可是五花八门的罗马鞭子——每一种旨在造成一种不同类型、不同程度的肉体伤害——显示出罕见的残忍。这些鞭子大多专门用于鞭打奴隶、战俘、违犯罗马法的附属国民众和违抗命令的士兵。罗马很可能最早把鞭刑作为一种附加惩罚，比如犯人在被拖去处决的路上会受到鞭打。据说，耶稣在押去见罗马驻犹太总督本丢·彼拉多（Pontius Pilate）之前就受到了鞭笞，就像他在被送往十字架刑场的路上一样。这时，罗马人使用的鞭子是下文所描述的重皮鞭。

轻皮鞭（Ferula）

最轻微的罪过会遭到轻皮鞭殴打，这是一根简单的扁平鞭子，它能够造成剧烈的疼痛并留下条条鞭痕，肉体伤害在短时间内非常严重。

羊皮纸鞭（Scutica）

羊皮纸鞭是一种用羊皮纸编成的罗马鞭子，宛如世界上最锋利的纸刀，在抽打受害人的背部时能够产生可怕的效果。

飞镖鞭(**Plumbatae**)

飞镖鞭是多股鞭，但与后来的九尾猫不同。有时，鞭尾会缀上小铅球，或者在皮条上缀上锋利的金属条和金属片（鞭子在这种情况下被称作“爪”）；这都是为了增加鞭子的伤害度。

重皮鞭（**Flagellum**）

倘若持续地猛烈抽打，任何鞭子都会致人死亡，但唯一把鞭子设计成死刑刑具的只有罗马。跟大牛皮鞭一样，重皮鞭能够把受刑人抽成碎片。角斗士在竞技场上常用重皮鞭作为近战武器，在尼禄（公元 54 ~ 68 年在位）时期大批民众围观的竞技赛中，重皮鞭也常用来抽打已被定罪的基督徒。

中 国

从古代直到不久之前，中国人都在使用笞杖来施加鞭刑。它用长竹板制成，虽然比埃及芦苇鞭更重更结实，但是没有记录显示有人被杖笞而死。中国笞杖所造成的伤害——部分原因是鞭数受到一定的限制——是把受害人的脊背或大腿打得鞭痕累累、血泡连连。在中国和日本，鞭刑使用得极其普遍，受害人一般脸朝下趴在地上。在清朝时期，杖笞的技艺发展到最高水平。清朝的鞭刑手在训练时通过鞭打一块豆腐来练习，直到他们能使豆腐表层完好而里面破碎为止。

古代中国游街示众时候的鞭刑。

日 本

跟中国一样，日本人也使用竹板鞭子，但他们把竹条锋利的边缘朝外绑在一起。锋利的竹条打在人的皮肉上，后果可想古代

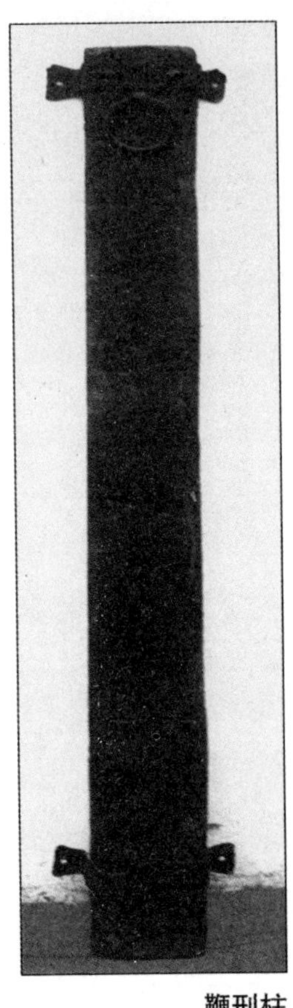
鞭刑柱

而知。依据日本法律，鞭刑少则几下，多则不超过 150 下。但是即便在这个程度上，受害人想要幸免于难，也只是纯粹凭借运气。

中世纪的欧洲

从中世纪早期到 18 世纪，英国和欧洲使用公开的鞭笞来惩罚轻罪行为。已定罪的犯人一般被绑在或铐在一根被血染成了鲜红色的鞭刑柱（Whipping Post）上，这样可以确保他们在行刑过程中难以逃脱。一些情况下，鞭笞只是一种更重、更复杂的刑罚的附加刑，也可能是在公开示众的时候进行，有时，把醋或盐抹在伤口上，以加剧痛苦——这种痛苦，丝毫不亚于鞭笞本身，同时醋和盐也能防止伤口感染。

英　国

1530 年英国颁布了《反流民法案》(*The Act Against Vagrants*)，界定出流民这一特定的群体。暴躁的国王亨利八世认为很有必要对他们定期进行严厉的鞭笞。为了惩罚这些流民（一种笼统的称谓，一般指吉普赛人、在城镇之间毫无目的地游荡的流浪汉，还有其他拒绝工作的人），一般的公开鞭刑会添加一些花样。犯人双手被绑着，并用一根长绳子系在一辆马车后面；在车子穿街过巷的同时鞭打受害人赤裸的脊背。行进中鞭打持续不停，鲜血沿着受害人的背和腿流下来，在路上留下斑斑血迹。

有时候，鞭笞这样简单的惩罚，也可能完全走样。18 世纪晚期，英国诗人威廉·考珀（William Cowper）给朋友的一封信中描述了这样一件事情。考珀写道：

夹道鞭刑

> 这个小偷看似坚强，实则不然。鞭打他的是当地的一个巡夜人，他左手握着土红（用在染料和涂料中的一种赭色干色素），每打一次之后，就把土红抹在鞭绳上，从而在小偷皮肤上留下明显的伤痕，实际上挨打者毫发未损。这个惩罚是治安官判定的，他跟在巡夜人后面监督行刑，他（治安官）用自己的拐杖敲打巡夜人的肩膀。这个场景现在变得很有意思。巡夜人并没有使劲地鞭打小偷，这激怒了治安官，从而敲打得更厉害；这样的双鞭刑持续进行，直到一个姑娘……因为同情巡夜人，就抓住他（治安官）……把他往后面推……恼怒地打他的脸……巡夜人鞭打小偷，治安官敲打巡夜人，而这个女士打治安官，而小偷则成了唯一免于疼痛的人。

在18和19世纪，英国发明了很多有创意的鞭笞形式，丝毫不亚于古罗马人。为了让下层民众安分守己，以下所描述的鞭子均被狱卒、巡夜人和其他官吏使用过。

铁链鞭（Chain Whip）

在一英尺长的手柄上安上三四根好似现在“拖链”一样的粗铁链，就成了“铁链鞭”。它或许不会打烂皮肉，但是倘若力道适中，肯定能打断肋骨、手臂和锁骨。这种工具更应该归为一种武器而非酷刑刑具。发明它的灵感来源于军用链枷，而军用链枷是对打谷脱粒的农用链枷的改进。

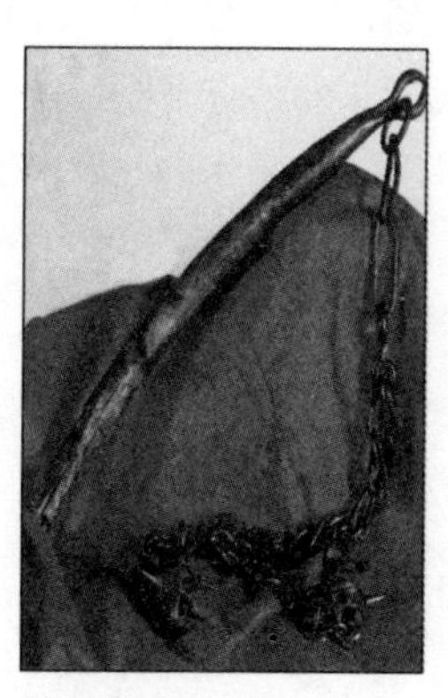
链　枷

狱卒鞭（Jailer's Whip）

狱卒鞭也有类似于铁链鞭的短粗木手柄，连在手柄上的是一条8或10英尺长的铁链，尾部缀有4~6盎司的铁块或铅块。毫无疑问，铁链鞭使用得当的话，可轻而易举击碎脑袋，如棒槌敲碎西瓜。与铁链鞭一样，创制该刑具的灵感大概出自于军用兵

链 枷

器，比如链枷、链子铁球或者钉头锤。

子弹鞭（Bullet Whip）

它的构造十分简单。把20或30多个步枪子弹缀在一个皮管上，然后安在木手柄，或者一根能缠在手腕上的简易皮带上。当它卷起时能够藏在人的衣兜里，但打起人来与使用一条铁链的效果遑不相让。

英国陆军

尽管英国陆军像其他军队一样鞭打抗命不遵的士兵，但是直到1689年《军队违纪惩治条例》（*The Mutiny Act*）颁布，鞭刑才正式成为英国军法的一部分。对轻微罪行的处罚标准是鞭打10下，更严重的罪行多达39下。当然，随着鞭笞效果的降低，鞭打数也不断提高。到18世纪早期，玩忽职守的士兵会被鞭打900多下，如果是在当值或放哨时开小差，最多要遭受1500下鞭打。1762年10月，三个擅离职守的士兵，分别被处以800、600和300下鞭打。行刑时，一般会有一名军医在旁边指导，以免把人打死。如果鞭打和失血过于严重，会暂停行刑，并把受刑者送到医院，在执行余下的鞭打之前允许他在这里疗伤。军队大多数鞭刑都在全体士兵面前公开执行，鼓手会打着拍子来保持鞭打的节奏；鼓打得越慢，两次鞭打之间的间歇越长。甚至直到拿破仑战争时期（The Napoleonic Wars，1804～1815），威灵顿公爵（The Duke of Wellington）依然认为，只有让麾下士兵生活在鞭子的威胁下，他们才会真正高效地工作。威灵顿曾经论及他的部下：“他们都是些人类的渣滓。除了可怕的直接体罚，我没有其他手段来对付英国士兵。”威灵顿麾下的英国近卫步兵第一团的一名士兵，由于不服从命令，当值的时候醉酒并拒绝把枪上交给他的上司，被鞭打

500 下。在与拿破仑进行半岛战争时，一名士兵由于在检阅中军容不整受到严厉鞭打，以至几天后伤重不治而亡。

作为英国制度的模仿者，乔治·华盛顿（George Washington）统帅下的美洲殖民地士兵，所遭受的痛苦丝毫不输于他们的英国同行。美国士兵会因很小的过错受到残忍的鞭笞，比如军帽不整、装病、咒骂、没有正确擦洗枪支，以及没有带足弹药。

军队中处罚抢劫行为的鞭刑。

英国海军

在 17 和 18 世纪大部分时间里，英国海军补充兵源的手段不是依据自愿原则招募，而是暴力逼迫。一些暴力团伙在街上和监狱里晃荡，寻找能够被“征募”的人，这些人要么被诱拐，要么被打晕，等到醒过来的时候，已经在一艘远离港口的英国海军舰船上了。鉴于这些新兵对做水手一无所知，残酷的惩罚就成了训练他们的手段。当命令他们爬上船帆时，最后一个爬上的人和最后一个下来的人，通常会受到鞭打。

由于各种轻微过错，受罚者会遭受“亲吻炮手的女儿”的折磨——他们必须弯曲着身体爬过大炮炮管，同时被用一根 5 英尺长、手腕般粗的绳索鞭打。

九尾猫（Cat-O-Nine Tails）

最臭名昭著的鞭子莫过于九尾猫（或称九尾鞭），英国海军将之用于所有类型的正式刑罚。犯人四肢伸展，绑在一个悬挂于舱口的倒置格栅上，军官和全体船员此时都聚集在主甲板上来见证惩罚。一般由海军陆战队中士执行这种惩罚，倘若船上没有海军陆战队，副水手长亦可施刑。九尾猫只能在主甲板的空地上使用；下层甲板的狭隘空间和低矮的天花板使得“让猫转身的空间都没有”——这是“密闭空间”这句日常用语的起源。“猫”由九条

九尾猫

鞭绳组成，每条鞭绳约2.5英尺长，有两或三个绳结。一鞭打下去，鞭尾能够抽烂皮肤，而绳结可以使血肉横飞。每打一鞭，行刑的军官会停下来整理一下“鞭尾”，以便能够使出全部力气，以恰当的弧线挥舞手臂，让鞭子结结实实地抽在犯人身上。据目睹过这种惩罚的人说，九尾猫的撕咬好比一只狂怒的老鹰用利爪撕下脊背的肉。英国海军档案详细地记录了使用这种残忍武器的次数。1759年，使用九尾猫执行的“严厉”鞭刑（20下以上）只有4起。约翰·葛拉德因违抗命令被鞭打600下，詹姆斯·曼斯菲尔德因盗窃受刑400下，汤姆斯·戈尔登和弗兰西斯·弗兰奇因开小差和“可耻行为”每人挨了350下。

俄国

与英国和古罗马不同，俄国的鞭子种类不多，他们使用的是15世纪由伊凡三世（Ivan III）引入木柄皮鞭。

木柄皮鞭（Knout）

木柄皮鞭和九尾猫一样，是单手鞭，但它有三四条鞭绳，且材质不是熟牛皮，而是生硬弯曲的生牛皮。每个鞭尾有一个环，可以串上其他更细的线绳，这是为了在鞭打时撕裂受刑者的皮肉。更残忍的是，有时，在行刑前把整条鞭子浸泡在冰水里，让它结冰。当被问及多少鞭才致人毙命的时候，一个俄国鞭刑手说，一般人20鞭就会被打死，非常强壮的人需要25鞭。

重木柄皮鞭（Great Knout）

重木柄皮鞭和上文所描述的皮鞭一模一样，不同之处就是在鞭尾缀有成串的铁环。几鞭下去，就能把人打得血肉模糊。

法　国

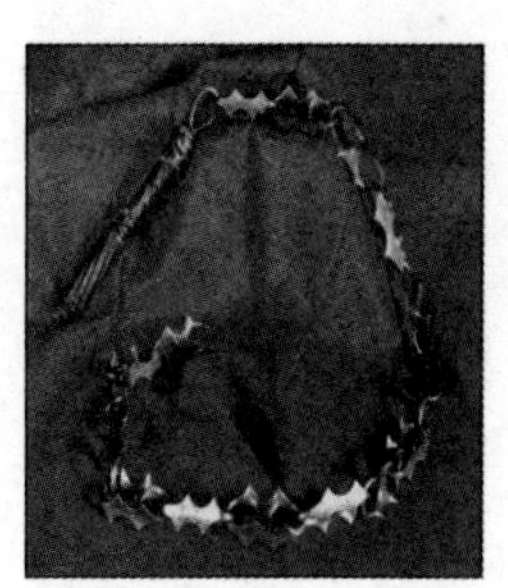
链　枷

法国人和英国人使用相同的鞭子，但“捣衣桨”这种很有意思的鞭子是他们特有的，在18世纪末和19世纪初法国迫害新教徒的时候开始使用。

捣衣桨（Battoir）

捣衣桨并不是一根真正的鞭子，而是由普通的洗衣房划桨变化而来——长柄的捣衣桨用来搅拌盛满沸水的洗衣桶。为了使这种刑罚更加残忍，人们对捣衣桨进行了改装，在木浆扁平的尾部加上钉子，钉子稍微露出表层。法国人一般会使用捣衣桨鞭打新教徒或者嫁给新教徒的妇女。受害者身体前倾，她的裙子和衬裙被掀到头上，裸露的臀部受到鞭打，像一个目击者所说的：“女人血流如注，惨叫连连。”

第四部分

结论：所有这一切意味着什么？

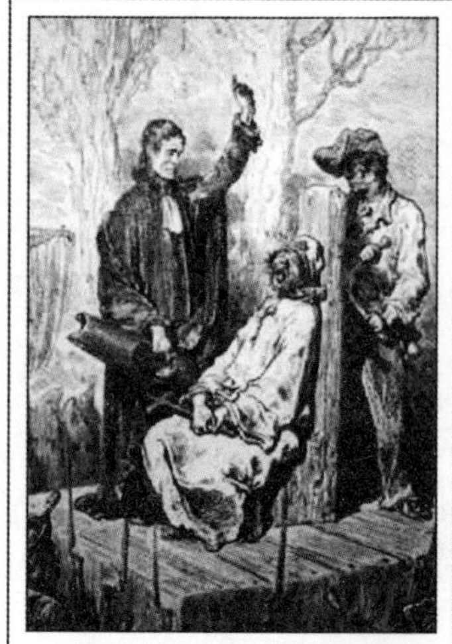

本书之意旨不只简单罗列一连串的恐怖事情、展示堕落的人性，还试图探讨一个基本问题：驱使一些人欣然地施加酷刑，并从他人罹受的痛苦中获得快感的究竟是什么心理？我们在第二部分第 4 章（《18 和 19 世纪的改革》）中看到，一个世纪多以来，很多政府和个人采取勇敢的行动改革审讯方式和刑罚制度，兴利除弊。这好像没什么不合情理，因为自古希腊时代起，一些理智之人就明白，酷刑作为一种榨取信息的手段根本行不通。几乎每个人都会为了免受皮肉之苦而选择招供。

不幸的是，自第二次世界大战结束以后，改革运动不仅步伐放缓，甚至在很多地方还有所倒退。很难准确地确定滥用酷刑现象的严重程度。据我们所知，很多情况下，虐待犯人的现象比以往更多。有时，甚至堪与“往昔的黑暗时代”相比。可以肯定，依然有一些国家的酷刑机构如四五个世纪之前那样普遍存在。在中东和东南亚的很多国家，小偷仍然会被砍掉双手，严重罪行会被斩首，很多刑罚继续公开施行，这不禁让人联想到法国大革命中的断头台或伦敦的泰伯恩之树。根据大赦国际的统计，至 20 世纪 70 年代，至少 60 多个国家依然使用严酷的肉刑惩治罪犯。1991 年，巴巴多斯（Barbados）重新启用九尾鞭来惩罚贩毒者。对任何一个国家或群体来说，与独裁者残忍的奇思怪想相比，实

施酷刑需要一系列更为复杂的条件：警察和军队即便不通力配合，至少也要默许；整个司法制度必须把酷刑列入可用和可接受的范围，至于酷刑的严厉程度则取决于这一政权在极权主义的道路上走了多远。当局有时采取公开支持的方式，有时则是表面上否认所发生的事情而暗地里支持。后一种情况存在于中世纪和文艺复兴时期的英国和苏联时期，以及现在美国和其他很多国家。倘若你的第一反应是否认酷刑仍然存在，特别是在看似文明化的西方国家中，那么请阅读一下大赦国际2007年5月23日所发布的一份报告。在报告中，大赦国际认为这个世界正在遭受“一场人权灾难”、“恐怖政治”。这份报告认为，“促使践踏人权情况急剧恶化……‘反恐战争’和伊拉克战争以及它们践踏人权的累累恶行，造成很多重大分歧，对国际关系罩上阴霾。美国政府正在把全世界当作反恐战争的巨大战场”。

为何酷刑继续存在，并仍然被所谓的文明国家使用，答案在本书第一部分就有阐述：虚弱的、无安全感的和偏执的领导人只有确认、隔离和摧毁一个或更多“敌人的阴谋”，才会感到更安全。一旦这个敌人得以确定（对西班牙宗教裁判所来说，它就是异端；对马萨诸塞殖民地塞勒姆镇的清教徒来说，它是女巫；对约瑟夫·麦卡锡而言，它是共产主义者；对罗纳德·里根来说，它是“邪恶帝国”；对乔治·布什而言，它就是“邪恶轴心”），它的成员会受到囚禁，被逼着招认其罪行和同谋者的名字。逼供的公开性越大，所施压力越大，宣传价值就越大。这就是为什么中东的恐怖分子强迫受害者在摄像机前认罪的原因。

不能否认，这个世界正面临着恐怖分子、政治狂热分子、原教旨主义者和任何其他危险分子的威胁。但是事实并不是如政府所宣扬的那样简单——倘若真的存在阴谋，也许并不是如我们被告知的那样普遍存在和有组织性。但是政府和军队的领袖需要找出一些简单利落的方法来应对这些并不难确定的问题。他们想让公众相信存在一些妄图摧毁文明社会的阴谋，必须侦破阴谋，揪出它的成员，然后消灭他们。正是由于有了这些巧妙缜密的假定，才有了古罗马迫害基督徒，宗教裁判所火烧异端，希特勒把犹太人赶入毒气室等事件。美国、英国和他们的盟友采用相同的理由作为“反恐战争”的依据。当然，为了追捕这些坏人（耗资甚重），政府和军队必须使他们的人民（支持他们执政的选民）相信，一种非常真实的、可确定的危险是存在的，而且只有“老大哥”（Big Brother）

才懂得如何化险为夷。这种说服需要做很多的宣传工作。让国民信服的第一步，就是让深陷于阴谋中的人被“某人”辨认出。异端者必须被确定，并受到公开羞辱，或者对其施以酷刑直至他们招认自己的罪行。有时候，当局在这一过程中会得到很多帮助。在把注意力转向伊斯兰教极端分子之后，特别是 1990 年侯赛因·萨达姆（Saddam Hussein）侵略科威特之后，美国政府所需要的最大宣传点出现在 2001 年 9 月 11 日，当时，一伙疯狂的恐怖分子劫持了几架客机，并撞毁了纽约世贸中心和五角大楼。来自恐怖分子的威胁或许是真实的，但这改变不了一个事实，即政府一定会找出隐藏于暗处的敌人，至于敌人是谁，他真正能带来什么样的危险，就无关紧要了。伊拉克参与“9·11”事件似乎相当不可能，但是这对美国宣传机器来说根本没有影响。在伊斯兰教极端分子之前，美国的敌人是苏联，在苏联之前是纳粹，再之前就是美国内战时期的南方邦联。在这种情况下，大阴谋的成员受到逮捕，在民众面前被公开示众，就像以前西班牙宗教审判大会上的忏悔者一样。随着从一个无形的阴谋到一个受嘲笑的有形目标的变化，恐惧的对象也随之从抽象变为一种令人憎恶的真实目标，使酷刑作为政府的官方政策被接受。

不可避免的是，为了把恐惧和猜疑变成一项制度化的酷刑政策，对敌人的挑选非常精心，辨别的方法是他们的行为举止是否明显不同于其他人。在中世纪的法国、西班牙和德意志，它是犹太人和异端；在希特勒时代的德国，它是犹太人、共产主义者、波兰人和俄国人；在斯大林时期的苏联，它是西方帝国主义者和反革命分子。每种情况下，在拷打、火刑柱、毒气室和枪决施行之前，首先要确定一个特殊的群体并把它妖魔化。一旦少数异端（或共产主义者、犹太人、恐怖分子）被指责为上帝和人类的共同敌人——就是说，他们不再是正常的人类了——之后再拷打折磨他们，似乎就不那么耸人听闻了；事实上，支持对这些“邪恶生物”进行应有的惩罚成了每个人的责任。要想对诸如此类的偏执狂进行更深入的了解，可以阅读一下《我的奋斗》（*Mein Kampf*），它是阿道夫·希特勒（Adolf Hitler）的政治辩护，也帮助了他攫取权力。倘若你对此书难以忍受，我们可以引用美国参议员约瑟夫·麦卡锡（Joseph MaCarthy）一次演讲中的一段话，他在20世纪50年代早期发动了对美国共产主义者的大搜捕。

> 除非我们相信这个政府的高层人士正在谋划把我们拖入一场灾难之中，否则如何解释我们现在的处境呢？这一定是一个大阴谋的产物，它的规模如此之大，能使人类历史上任何类似的冒险相形见绌。一个臭名昭著的阴谋是如此黑暗，当它被揭露出来时，它的主要成员将会受到所有正直善良人们的诅咒。

正是由于麦卡锡参议员花言巧语的鼓动宣传和他的那些盲信的追随者，很多无辜的人（从清洁女工到政府职员和电影明星）失去了工作，一直受到怀疑。很多人锒铛入狱，其中至少有两人——朱里斯和伊瑟尔·卢森堡夫妇（Julius and Ethel Rosenberg）——被送上电椅。像所有独裁者一样，麦卡锡强调，他所做的一切都是为了维护国家安全。希特勒所讲的也是同一套说辞，托尔克马达和从古至今很多独裁者莫不如此。这种鼓动宣传的目的就是领导人试图使民众相信，对参与“隐藏的阴谋”的成员进行搜捕和拷打是唯一可行的、爱国主义的行动。正如在中世纪，倘若有人继续否认女巫存在，那么自己就面临着被指控为女巫的危险。

通常在政治或经济困难时期，大多数民众更容易相信存在一个“迫在眉睫的危机”。当社会环境恶化时，民众就开始寻找可以为这些问题承担责任的人，政府就会把一些人当作现成的替罪羊，只要理由简单易明，并且受害者似乎不太像自身群体的一员时，民众就非常乐意接受。在此过程中，宣传鼓动起了很大的作用。在冷战时期，所有俄国人都被西方媒体描述成又矮又胖，穿着松松垮垮、皱巴巴的灰色西装的人。奇怪的是，随着冷战的结束，两亿俄国人立即变得和我们没什么区别了。

一旦确定了“敌人”，民众就会相信他们不仅是文明延续的直接威胁，而且在某种程度上还缺乏人性。不可避免，难以抑制的仇恨进一步发展为制度化的酷刑。当20世纪80年代后期和90年代初期南斯拉夫陷入自相残杀的内战时，敌对各方都根据他们的宗教信仰确定“敌人”。基督教和伊斯兰教的准军事组织花费近十年的时间摧毁了这个前共产主义阵营中最稳定、最繁荣的国家。各方都认为对方才是困扰自己的诸多问题的罪魁祸首，疯狂地进行殴打、强奸、谋杀、电击折磨、残害身体的奴役，以及只有上帝才知道的一些疯狂举动。自20世纪60年代起，酷刑制度化的情况出现在越南、卢旺达、津巴布韦、巴基斯坦、智利、乌干达、马来西亚、伊朗、伊拉克、阿根廷、苏丹和布隆迪。特别是在津巴布韦、智利、乌干达，政府对自己的民众施加疯狂的迫害；有时候，则是入侵的外部势力，就像越南，伊拉克在一定程度上也是如此。

就像每个坏习惯一样，酷刑的使用随着人们对它熟悉程度的加深也不断增多。就像酒精、毒品、烟草和其他很多有害于我们身体的东西一样，一个民族对酷刑越是司空见惯，就变得越能容忍它。没有人突然有一天从车里走出来，就决定要把自己的邻居殴打致死。为什么呢？因为这不是被文明社会的文明人所接受的行为。那么人们是如何变得对酷刑的恐怖麻木不仁，不仅默认它，还积极地从事于对其他人的身体残害和处决？变成这样一个恶魔需要多长时间呢？ 1930年的德国人和我们其他人肯定没有什么区别，但是到了1939年，那些没有直接参与使数百万人遇难的大屠杀的人，完全地并（常常）无条件地支持那些参与其中的人。他们真的不知道发生了什么事吗？即便他们对成群结队消失的犹太人视而不见，也不可能无视在波兰、捷克斯洛伐克、匈牙利、比利时、丹麦、挪威和荷兰的屠杀事件。那么这种事是如何发生的？这些文明人怎么就相信了他们的邻居是对良善正义的威胁，他们自身是怎样堕落到残暴动物的状态了呢？

为了找出这个问题的答案，1963年，耶鲁大学心理学教授斯坦利·米尔格兰姆（Stanley Milgram）设立了一个实验，来检验纳粹集中营的看守们是否如他们在1946～1947年纽伦堡审判中所宣称的那样只是“服从命令而已”，或者是否有更为邪恶的事物在起作用。米尔格兰姆的一队学生参与到这个实验，他们的任务

斯坦利·米尔格兰姆，以及他在耶鲁大学互动实验室中进行人类权威服从实验中所使用的**“发电机”**。

是向外来志愿者提出一系列的问题。当志愿者给出错误答案时，学生被告知要进行一次轻微的电击。实验对象每给出一次错误的答案，电压就要增加。尽管实验对象痛苦地扭动和尖叫——一些人恳求说他们有心脏病，会死于电击——一半以上的学生仍然坚持问完所有的问题，并按照指示施加惩罚。到后来才告诉学生，他们的实验对象实际上是演员，所谓的电击效果都是假装的。有人认为，只要被命令，就连像耶鲁学生这样有教养的人也会故意地威胁无辜者的健康和生命。这一结论让人忧惧，随后的这个实验结果更让人震惊。

1971 年 8 月，社会心理学家、斯坦福大学教授菲利普·津巴多（Philip Zimbardo）进行了一项著名的“斯坦福监狱实验”（The Stanford Prison Experiment）。在试验中，津巴多随机地分派一队学生来扮演监狱的看守，另一队扮演囚犯。在精心设定的实验条件下，学生们将在一个模拟监狱中生活几周，里面的设施装备与真实的监狱几乎一模一样。“看守”身穿警服，戴着像美国警察和高速公路巡警长期以来都佩戴的那种墨镜。“囚犯”身穿标准的橘红色连体装囚服。津巴多设置这个实验的目的是要弄明白，用他自己的话：“倘若把一个好人置于一个恶劣环境中，到底是人战胜环境，还是环境改变人呢?”

这项实验的结果超出了理智的控制，远比津巴多或者学生志愿者所能想象的要糟糕得多。实验在第一周周末就被迫终止，当时，据津巴多所说：“我亲眼目睹了赤裸的、戴着镣铐的囚犯们头上套着头套，看守们在他们做俯卧撑的时候踩他们的背，还对他们进行性侮辱。”30 年之后，津巴多回忆道：“我的实验中一些情景与发生在伊拉克的那些情况极其相似。”津巴多还发现，在监管人下班之后的夜间，虐囚事件显著地增加，这一情况在阿布格莱布监狱也被证实。

从以上两个实验的灾难性后果中，我们可以总结出两点。第一，不管人们多么善良或者是否接受良好的教育，当他们被要求这样做的时候，都有可能做出可怕的事情。第二，如果他们认为自己能够逃脱惩罚，即他们相信自己没有受到监视的时候，他们会反复地大肆施加异常残忍的行为。

把出身中上阶层的斯坦福和耶鲁大学优秀学生的行为与西班牙宗教审判法官、猎巫者和纳粹集中营看守们的暴行相提并论，看似牵强，实则令人震惊。但是真的如此吗？纳粹德国档案中的一个可怕事例充分表明，当人们认为自己能够不受追究的时候，他们会变得多么残忍。1942 年 6 月，希特勒的秘密警察组织盖世太保的头子海因里希·希姆莱（Heinrich Himmler）批准了把有限的身体虐待用于对一些人的审讯中，即“初步调查表明此人会供出颠覆活动之类的重要情报”。正如在挑选“国家敌人”这一特殊群体的所有事例中，这个命令限定的范围是“共产主义者，马克思主义者，耶和华见证会的信徒，从事破坏活动者，波兰或苏联游手好闲的懒汉”。倘若逾越了这个特定范围，希姆莱制定了严格的规定：涉嫌有虐待倾向的党卫军或盖世太保的任何成员将受到严厉的斥责和惩罚。但是毫无疑问的是，纳粹的审讯手段早已超出了希姆莱所定的限制。党卫军和盖世太保的审讯人员以及看守们经常对囚犯进行鞭笞、殴打、上镣铐、禁食。那些受到特别严厉审讯的人会被浸入冰水中、几近溺亡，会受到电击，他们的手指甲会被拔出来。倘若纳粹分子没有被命令这样做，为什么他们还施加这么恐怖的酷刑呢？因为他们被灌输了一种思想，即他们相信囚犯是比人类低等的东西，而且他们知道，他们的所作所为虽然没有政府的批准授权，但是也不会受到追究。

1944 年巴黎解放之后美国军队所撰写的一份报告同样耸人听闻，报告认为纳粹的酷刑完全是无目的和随机的。报告得出结论：“所有的酷刑都让人触目惊心，因为德国人在很多情况下并不清楚他们想得到什么情报，只是随意地折磨拷打。”这是一个真正地为了虐待而虐待的案例，然而事实上在所有这种“官方”酷刑中，罪行累累的酷吏们都认为受害者是劣等的人，当然，他们也倾向于把责任推诿给更高的机构，而不管自己的行动是否得到了正式批准。在中世纪时代，酷刑施刑人把教会看作拥有处罚权力的机构，教会则宣称授权于上帝。在法国大革命时期，处罚机关是公共安全委员会，在纳粹德国是希特勒和最高统帅部，对耶鲁大学和斯坦福大学的实验学生而言，授权来自米尔格兰姆教授和津巴多教授。这一点似乎说明了，只要人们真的拥有或者自认为拥有能够为其行为担责的一些人，那么他们将不假思索地付诸行动。

在耶鲁大学和斯坦福大学这两个实验中，随着实验的结束或取消，虐待也停止了。参与的学生们只是稍微地暴露了他们人性中的阴暗面。在战争的情况下——无论是已宣战、正在进行中的战争，还是如冷战、反恐战争等更微妙的、不宣而战的战争，或者是非洲和中东地区持续不断的准军事部队之间的内战——个人经历着年复一年不断升级的暴行，一个（可能正常）人第 1 次把手无寸铁的人殴打至奄奄一息，这肯定是一次令人厌恶的经历；第二次就容易多了；10 次、20 次或者 100 次之后就波澜不惊、司空见惯了。这样一来，残忍就有些像酒精或者毒品；缓慢而持续地陷入这种经历中会让我们逐渐习惯，并且随着我们忍耐力的增强，政府当局慢慢地加强了对目标群体的妖魔化，进而对待他们的残忍行为也随之升级。

在 2001 年 9 月 11 日世贸中心和五角大楼受到袭击之后，美国副总统迪克·切尼（Dick Cheney）出现在 NBC 电视台的新闻中。他在声明中委婉地提及一个情况，即美国将“运用一些阴暗的手段，如果你愿意这样说的话。我们不得不花费一些精力在暗处”。我们只能揣测这话的确切含义，但是部分阴暗面肯定包含着如今被 CIA——运用混淆视听和含糊其词的高明手段——所指的“高强度审讯手段”。在 2004 年 12 月的一份备忘录中，美国司法部规定：这些高强度审讯手段，比如长时间强制性地站立，强迫囚犯戴着头套，令他们经受高分贝的噪声，剥夺睡眠、食物和水，可能被看作是不人道的，但并不构成酷刑。这种观点或许会受到英国 17 世纪猎巫将军马修·霍普金斯的受害者的质疑，他们遭受同样酷刑的折磨，直到他们承认自己与恶魔有亲密交往。在为了澄清司法部的这份备忘录的讲话——其实并没有说任何事情——新闻发言人艾瑞克·安倍林拒绝详细说明哪些特殊审讯手段是残忍可耻的，却依然不能被当作酷刑。但是，他这样说："为特殊目的而造成长期精神伤害的行为"被美国法律和国际法视为非法。这是否意味着，若非故意但造成了一个囚犯精神崩溃的行为就是可接受的呢？是否每个人都对酷刑抱着同样容忍的态度？倘若不是，美国审讯人员会在折磨拷打他们之前，邀请一位心理学家来确定每个人精神和身体上对痛苦的极限吗？

美国国防部长唐纳德·拉姆斯菲尔德（Donald Rumsfeld）批准对被关押在古巴关塔那摩美军基地的涉嫌参与策划了袭击世贸中心和五角大楼的 9·11 事件的囚犯施行"高强度审讯手段"。一旦这个妖怪从魔瓶里被正式放出来，美国审讯人员意识到对施加酷刑的谴责和惩罚不可能追查到自己身上，这种行为就很快蔓延到驻扎在阿富汗和伊拉克的美军中。

一些美国士兵对关押在伊拉克首都巴格达附近的阿布格莱布监狱（Abu Ghraib Correctional Facility）中的囚犯施加了一系列酷刑和虐待，2004 年 5 月，虐囚照片在全世界几乎所有的主要电视台曝光。这些（施暴者自己拍摄的）照片中的囚犯遭到殴打、踢踏和掴耳光，被美国大兵逼迫着赤脚跳来跳去。在其他一些照片中，士兵剥光囚犯们的衣服，逼着他们手淫和模仿口交的动作，用绳子系住脖子把他们像一条狗似的拉来拉去，用不戴口套、训练有素的军犬吓唬他们。当被要求解释自己部下的所作所为时，当时主管阿布格莱布监狱的美军将领、陆军准将詹尼斯·卡宾斯基（Janis Karpinski）坚持认为，这只是“少数几个坏家伙”的个人行为。但是事实真的如此吗？或者只是这里的囚犯遭受如此非人待遇，而没有人真正关心他们在经受多么残酷的虐待吗？随后的调查结果显示，美军审讯人员不用检验身份就可以进出监狱。没有主管官员来检查囚犯们的身份或身体状况。使情况更为复杂的是，囚犯与他们的看守不讲同一种语言。除非有翻译人员在场，否则看守很难知道囚犯在讲什么。这本身也使囚犯们看起来有些奇怪和可疑。

美军的宪兵奇普·弗雷德里克（Chip Frederick）和肯·戴维斯（Ken Davis）随后的证词让一切暴露无遗，二人在事发时均供职于阿布格莱布监狱。弗雷德里克说：“很明显没有追究责任。”戴维斯补充道：

> 囚犯们被关进来之后，我们经常让他们头顶沙袋。用塑料手铐绑好他们，把他们扔在地板上，把一些囚犯的衣服给剥光。我们所有人被告知：“他们只不过是狗而已。”你会开始把这些囚犯看作比人类要低等的生物，你会开始对他们施加一些之前从未想过的残忍举动。

看来戴维斯很晚才认识到了宣传手段的可怕，这些宣传手段在中世纪时代就广为人知，自那时起就被众多独裁者所采用：确定敌人，将其妖魔化，直至民众也认为他们是比人类低等的生物，对他施加酷刑就不再受到反对了。

正如米尔格兰姆教授在 1963 年耶鲁大学实验中所发现的：倘若给予适当的指导和合适的条件，几乎所有人都会被诱导去配合、参与甚至享受对其他人的残害，即便只是间接的。

当然，在日常生活中，正常环境里的正常人不会喜欢看到其他人被虐待和羞辱。每天，数以百万的人阅读众多庸俗的“影迷杂志”，上面充斥着电影明星耸人听闻的花边新闻，比如糜烂的生活、吸食毒品、对婚姻不忠。每晚，几千万观众会守在电视机前，收看《老大哥》（*Big Brother*）、《幸存者》（*Survivor*）、《谁敢来挑战》（*Fear Factor*）、《杰瑞·斯普林格秀》（*Jerry Springer*）等“真人秀”节目和全世界几十档类似的节目，这些节目的噱头就是选手或参与者相互之间不断升级的羞辱和出洋相。读者和观众已变为在泰伯恩之树和断头台周围冷嘲热讽的围观群众，而处罚机构变成广播电视网和主办单位。像本丢·彼拉多一样，我们双手沾满了无辜者的鲜血，无动于衷地看着事情沿着可怕的路径发展至尽头。我们不是凶手，因为有其他人批准了我们的行动。但是，整个历史上有几个人会承认自己是凶手呢？

最后一个问题留给亲爱的读者您思考。对世界上的惨状和不公熟视无睹助长了非人道行为的继续存在吗？熟视无睹能否被看作是一种默认或者接受呢？是否真的如埃德蒙·伯克（Edmund Burke）所说的：“恶人得胜的唯一条件就是好人袖手旁观？”倘若事实真的如此，亲爱的读者（尽管全书均是关于这种可怕的话题，您还是坚持阅读完了），您最好问问自己想站在哪一边。您最好问问自己：“我想生活在什么样的世界里？”最后，也是最难的，您最好问问自己：“我能对它做些什么事情？”

致 谢

在此，我衷心感谢本书的编辑、萨顿出版社的吉姆·克劳利先生（Jim Crawley），感谢他一直以来的耐心与帮助。本书之完成，还有赖于保罗·哈里斯（Paul Hares）提供有关西班牙宗教裁判所的一些资料；圣吉米尼亚诺（San Gimignano）酷刑博物馆和沃尔泰拉（Volterra）酷刑博物馆的马特奥·坎帝尼先生（Matteo Cantini）允许我们对他们的一些展品进行拍照；萨曼莎·阿尤菲小姐（Samantha Acciuffi）（www.acciuffidesign.eu）不辞劳苦从事摄影与翻译工作；凯文·邓肯（Kevin Duncan）为丹尼尔调试计算机。在此，谨向以上诸君致以谢忱！

社科 · 人文

《人类智慧小史》

一本了解人类智慧发展的微型百科

《伦敦文学小史》

一本书读懂英国文学， BBC、《科克斯书评》、《卫报》感动推荐。

《人类砍头小史》

一部关于砍头及人头的全面小史。

《美国人在巴黎》

19世纪美国精英的巴黎文化寻根之旅。

《长长的阴影》

理解一战，一本书足矣。

《街头的狂欢》

一部看透人类本性的“犀利”之作，探索你我内心最深的渴望——凑热闹。

社科 · 人文

《美国世纪结束了吗？》

"美国世纪"的结束是否意味着"中国世纪"的到来？

《黑暗时代的她们》

这个世界距离倾听来自女性的声音究竟还有多远？

《山丘上的修道院》

全面透视"现代建筑的旗手"勒 · 柯布西耶与经院建筑背后那些不为人知的故事！

《回声泉之旅》

一本讲述六位美国文学大师与美酒缠绵从而激发创作灵感的性情之作。

《托马斯 · 杰斐逊与海盗：美国海权的崛起》

强于世界者必胜于海洋，衰于世界者必先败于海洋。

《性文化简史》

隐世学者李书崇解读性史与性事，触摸全人类的欲望与禁忌。